희망으로 일궈 온
친환경무상급식운동
20년

친환경무상급식풀뿌리국민연대

강석찬 강혜승 구희현 김남훈 김상기 김선임 김정숙 문명우
박미진 박인숙 소희주 신인순 신현숙 유정희 윤병선 이두열
이보희 이성아 이용기 이원영 정명옥 진헌극 허헌중

도서출판

다인아트

사진으로 보는
친환경무상급식운동 20년

중앙

서울

인천

경기

대전

전북

광주

부산

울산

경남

경북

제주

2010 행복한 급식 혁명
친환경 무상급식 풀뿌리 국민 연대 출범식
2010년 2월 10일

급식업자들의 친환경 무상급식 정책 흔들기 규탄 기자회견

2013. 8. 14. 11:00 | 서울시 신청사 앞 | 친환경 무상급식 불부리 국민연대

행복 친급식혁명 친환경무상급식

친환경
무상급식을
부탁드려요

2010 행복한 급식 혁명
친환경 무상급식 풀뿌리 국민 연대 출범식

2010년 2월 10일

부모의 마음으로
우리아이들에게
안전하고 좋은 밥상을!

눈칫밥 먹느니
차라리
굶을래요!

아이들에게
행복한

점심시간을!

급식 안전 포기!
학생건강 외면!
문용린교육감
규탄한다!

친환경 유통관리
이용률
66% → 3%
학부모 불안하다

식중독 사고 발생
친환경급식 후퇴
서울시교육청이
책임져라!

정말 농약은

환경 무상 급식 전면확

친환경무상급식 파괴하는
흑색선전·표적감사·관권개입 강력규탄한다

일시: 5.30(금)요일
장소: 세종문화회관 앞

친환경급식이 농약급식이라구
선거정치판 흑색선전 놀음에 농민들을 죽어가고 요
제발, 농민들을 괴롭히는 행위를 즉각 중단하여 주실 것

친환경급식지원센터
"급식지원센터와 함께 음식으로 행복한 세상을 만듭니다!"

60만 경남도민은 학교급식법의 조속한 개정을 청원합
2016. 7. 6. 14:30
- 학교급식법 개정을 염원하는 경남도민 일동 -

eaT 전자조달시스템 문제많다!
급식비리 근본대책 공공조달시스템 촉구 기자회견

GMO없는 안전급식

GMO 완전표시제시행

GMO OUT! 정부와 21대 국회에 요구한다

홍준표,
당신 차례입니까?

무상급식 도입 반대를 명분으로
서울시장직을 사퇴한 **오세훈**

시장직을 건 그를 비판했던
당시 한나라당 대표 **홍준표**

학교급식법개정과 차별없는 친환경의무·무상급식지키기 범국민연대

2012년 지방선거 운동 중
무상급식 유지를
TV 합동 토론회에서 **호언장담**하며,
결국 경남도지사에 **당선**된 홍준표

그런데 **왜?**
2015년 4월 돌연
경상남도 무상급식 중단!

"나는 가난한 학창시절 **도시락**을
싸가지 못해 **수돗물 먹고 다녔다.**"

홍준표 당신도 그랬으니,
지금의 가난한 학생도
여전히 **수돗물**을 마셔야 하나요?

성완종 리스트 **1억원 수수** 의혹,
해외출장 업무 중 **골프 접대** 의혹,

'김영란법' 있었다면 **퇴출**될 운명인
새누리당 경상남도 도지사 홍준표

진주의료원 폐업에 이어
의무무상급식 중단!

홍준표 지사님,
당신이 **대통령**이 되어 만들고 싶은 **세상**은
도대체 *어떤 모습*입니까?

공정택, 오세훈, 정몽준,
의무무상급식을 원하는 **민심**에 도전했다가
위기를 겪은 **정치인들**

이제 **홍준표 당신 차례**입니까?

우리는 **밥** 먹으러 **학교** 갑니다.

급식은 **교육**입니다.

잘~ 먹어야
공부도 잘~ 할 수 있습니다.
생각해 보면 학교 다닐 때
가장 행복했던 시간은
바로 '**점심시간**'이었습니다.

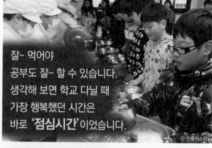

의무교육은 **무상**입니다.

급식은 교육의 일환이니
급식 역시 무상이 원칙입니다.

(헌법 제31조 3항)

'**차별금지 원칙**'

아동은 부모의 사회경제적 상황과 무관하게
어떠한 차별도 받아선 안된다.

- 세계인권선언과 유엔아동권리협약 중에서

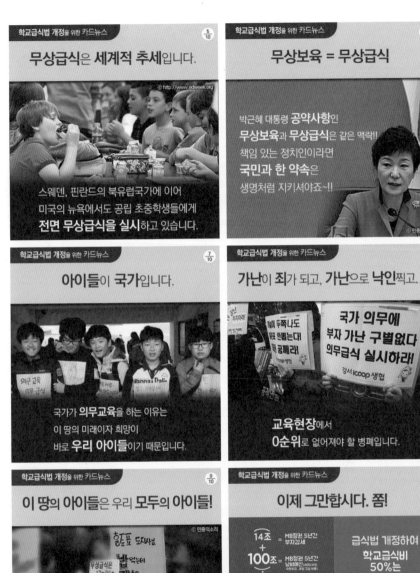

무상급식은 세계적 추세입니다.

스웨덴, 핀란드의 북유럽국가에 이어
미국의 뉴욕에서도 공립 초중학생들에게
전면 무상급식을 실시하고 있습니다.

무상보육 = 무상급식

박근혜 대통령 **공약사항**인
무상보육과 무상급식은 같은 맥락!!
책임 있는 정치인이라면
국민과 한 약속은
생명처럼 지키셔야죠~!!

아이들이 국가입니다.

국가가 **의무교육**을 하는 이유는
이 땅의 미래이자 희망이
바로 **우리 아이들**이기 때문입니다.

가난이 죄가 되고, 가난으로 낙인찍고...

국가 의무에
부자 가난 구별없다
의무급식 실시하라!

교육현장에서
0순위로 없어져야 할 병폐입니다.

이 땅의 아이들은 우리 모두의 아이들!

경남 아이들이 무슨 죄입니까?
가난한 집에 태어난 것이 또 무슨 죄입니까?
이 땅의 아이들은 우리 모두의 아이들입니다.
국가가 책임지고 무상교육 무상급식해야
우리 아이들 **차별 없이** 건강하게 자랍니다.

이제 그만합시다. 쫌!

**급식법 개정하여
학교급식비
50%는
중앙정부
예산으로**

차별급식... 가난인증... 낙인급식...
이제 그만합시다. 쫌!
국가 예산 50% 지원! 학교급식법 개정 서명하러 가기>>

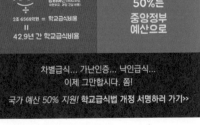

슬라이드 1

행복한 학교급식을 위한
19대 대선 2대 핵심 공약

GMO OUT! 백만인 서명운동

친환경무상급식풀뿌리국민연대

슬라이드 2

행복한 **학교급식**을 위한
19대 대선 **2대 핵심 공약** 요구

국가책임 친환경무상급식 고등학교까지 실시!!

방사능·GMO(유전자조작식품) 없는 안전한 급식 실현!!

친환경무상급식풀뿌리국민연대

슬라이드 3

행복한 학교급식을 위한 대선 핵심 공약 ❶
국가책임 친환경무상급식 고등학교까지 실시!!

초등학교 98.2% (3.4% 부분실시 학교 포함)

중학교 88.6% (2.7% 부분실시 학교 포함)

고등학교 16.8% (2.8% 부분실시 학교 포함)

급식예산 50% 중앙정부 책임

친환경무상급식풀뿌리국민연대

슬라이드 4

행복한 학교급식을 위한 대선 핵심 공약 ❶
국가책임 친환경무상급식 고등학교까지 실시!!

단체장이 바뀔 때 마다 흔들리지 않도록
학교급식법 개정

비리, 부실 막고 안전, 안심, 공공성 확대를 위해
식재료 공적조달 시스템

'**학교급식지원센터**' 설립 운영

친환경무상급식풀뿌리국민연대

슬라이드 5

행복한 학교급식을 위한 대선 핵심 공약 ❷
방사능·GMO(유전자조작식품) 없는 안전한 급식 실현!!

식재료 품질 기준 강화

식재료 비리 처벌 강화 등 법·제도 개선

GMO 완전표시제 식품위생법 개정

방사능·GMO 학교급식 식재료 퇴출 학교급식법 개정

친환경무상급식풀뿌리국민연대

슬라이드 6

행복한 학교급식을 위한 대선 핵심 공약 ❷
방사능·GMO(유전자조작식품) 없는 안전한 급식 실현!!

세계 최대
식용 GMO 수입국가

후쿠시마 원전 사고 이후
방사능 오염 급증

소비자
GMO 구별 어려움

대만은 학교급식에서
GMO 퇴출

친환경무상급식풀뿌리국민연대

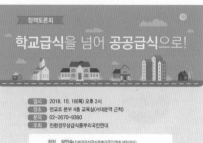

경기

대전

전북

광주

부산

중학교까지 차별없는 친환경의무급식 실현을 위한
부산시민10만서명운동선포 기자회견
2015년 7월 14일 오전 10시 30분, 시청 앞. 중학교까지 차별없는 친환경의무급식 실현 부산시민운동본부

경북

목차

밥상 이야기

여정과 과제

 좌담회

 주요 이슈 활동

시도별 활동

참고자료

희망으로 일궈 온 친환경무상급식 운동 20년, 발간에 부쳐

지난 2000년대 초반 전국에서 들불처럼 일어났던 학교급식법 개정과 조례 제정 운동은 그야말로 우리 아이에게 건강한 급식을 소망했던 학부모와 시민, 생산자, 활동가 등이 함께 했던 운동이었습니다. 더불어 농민에게 한줄기 희망의 웃음을 함께 나누고자 했던 운동이었습니다.

20여 년간 학교급식은 직영급식으로의 전환과 학교급식법의 일부 개정, 전국의 수많은 지자체에서 조례를 제정하고, 전면 무상급식의 실현과 친환경농산물 사용 비율 제고, 학교급식지원센터(공공급식지원센터 및 먹거리통합지원센터 포함) 설치 및 운영 등 참으로 많은 변화가 있었습니다.

아직 부족한 부분이 많이 있으며 우리의 적극적인 활동이 요구됩니다. 이 모든 성과는 적극적인 시민 참여와 한마음 한뜻으로 활동해 주신 학부모, 생산자를 비롯하여 전국의 급식운동 활동가들의 지난한 노력과 헌신이 없었다면 불가능했을 것입니다.

이에 머리 숙여 함께 해주신 시민과 학부모, 생산자를 비롯한 전국의 활동가 여러분들에게 진심으로 감사의 인사를 전합니다.

특히 2010년 2,000여개가 넘는 단체가 참여하여 출범한 〈친환경무상급식풀뿌리국민연대〉의 활동은 지난 시기부터 일관되게 주장한 무상급식을 시대적 의제로, 국민적 요구로 만들어 내고 전국의 지자체와 교육청이 무상급식을 실행하는 참으로 의미 있는 성과를 도출하였습니다.

이는 이후 공공급식의 확대와 국민의 먹거리 기본권 구축 운동으로 진화·발전되어 현재 진행 중입니다. 이러한 과정에서 겪어야만 했던 수많은 어려움과 그 난관을 해결하기 위해 밤낮없이 헌신하고 활동했던 여러분들에게 다시 한 번 감사드립니다.

현재의 상황 역시 녹녹치 않습니다. 윤석열 정부는 친환경무상급식을 보다 발전시킬 그 어떠한 정책도 내놓지 않고 있으며, 학교급식법 개정에도 아주 미온적입니다. 친환경먹거리 관련 예산은 삭감되어 사업이 중단되었으며, 농어업에 대한 홀대와 정책의 실종 및 폐기, 일본의 핵오염수 해양투기에 대한 사실상 지지 등 학부모를 비롯한 국민의 요구와는 역행하는 길로 가고 있습니다.

기후위기, 불평등위기 등 복합위기 시대에 생명과 생태, 안전한 먹거리, 농업의 가치를 지켜 내야 하는 우리의 소명은 계속됩니다.

이런 조건하에서 급식운동의 지난 20년을 되짚어 보고 현재 우리에게 주어진 과제가 무엇인지, 앞으로 어떻게 나아가야 하는지 등을 함께 고민하고 대안을 모색하기 위해 많은 분들의 참여와 협력 하에 『희망으로 일궈 온 친환경무상급식 운동 20년』을 발간하게 되었습니다.

발간위원회와 공동 저자 여러분을 비롯하여 아낌없이 발간 후원에 동참해주신 모든 분들에게 감사의 인사를 전합니다.

제대로 내용을 담아내려 최선을 다했지만 부족한 부분이 많이 있을 거로 생각됩니다. 그러한 점은 지적해 주시고 알려 주시면 차후라도 운동사를 정리하는 데 큰 도움이 되겠습니다.

여러분들의 건강과 행복을 기원하며, 아이에게는 건강을, 농민에게는 희망을 주는 길을 다시 출발합니다.

2023년 11월
상임대표 진헌극, 공동대표 구희현 · 박인숙 올림

학교급식에 바탕해
먹거리 공공성 실현으로

김정택
친환경무상급식풀뿌리국민연대 고문

친환경학교급식 운동이 벌써 20년이 되었군요.

그야말로 학교급식은 정말 먹거리가 세상을 바꾼다는 말을 그대로 실증시켜 준 운동이었습니다. 처음 출발 자체가 우리나라 역사에서 찾아보기 어려운, 아마 세계 어느 나라에서도 찾아보기 어려운, 바닥에서부터 들불이 번지듯이, 전국적으로 그것도 아주 짧은 기간에 삽시간에 타오른 운동이었습니다. 민간 학교급식 운동단체들은 2002년~2004년 사이에 전국의 광역·기초 모든 지역에서 건설되었습니다. 친환경학교급식지원조례는 2003년 광역 전라남도, 기초 나주시부터 해서 몇 년 사이로 거의 모든 지자체에서 조례가 제정되는 쾌거를 이루었습니다.

이런 전무후무한 사건이 발생한 것은 3.1운동과도 비견될 수 있을 것입니다. 모든 국민이, 모든 민중이 염원하고 있었다는 것이지요. 불씨만 떨어지면 확 불붙어 번질 환경이 조성되어 있었던 것은 실질적인 학교급식 대상자였던 학생들도 급식의 안전성에 대한 두려움이 무의식 깊숙히 깔려 있었다고 생각할 수밖에 없습니다.

그 두려움이 2008년 광우병 수입쇠고기반대 운동에서 중3여학생들의 청계촛불집회로 발현되었지요. 그 이후 3개월 이상 가열차게 진행된

'광우병위험 미국쇠고기 수입반대촛불집회'에는 학생들도 주체로 많은 학생들이 참여하였지요. 초등학생들까지도 부모들과 함께 참여하였습니다.

학교급식으로 촉발된 먹거리의 공공성은 이제는 학교급식에 머물지 않고 모든 국민의 먹거리 안전성, 특히 건강한 먹거리에 접근하기 어려운 약자들, 가난한 사람들의 돌봄, 인권, 문화로까지 확대 제기되고 있습니다. 이제는 촘촘한 공공성 실현을 위해서는 광역·기초의 공공시스템 뿐만 아니라 더욱 바닥으로 내려가 읍·면·동의 자치 발전과 함께 읍·면·동·마을의 먹거리 공공시스템 필요까지 제기되고 있습니다.

민의 자발적 실험들도 진행되고 있기도 하고 활발히 모색도 하고 있습니다. 돌아보면 민 차원의 읍·면·동·마을의 공공성 실현을 위한 단위들이 참 많습니다. 단위생협들, 사회적경제 지역단위들, 건강한 마을활동 종교단체들, 생산단위들 정말 많습니다. 먹거리 공공성 실현은 자급력이 20%밖에 안 되는 먹거리 식민지인 우리나라에서는 어쩌면 대안적인 독립운동인지도 모르겠습니다. 일본의 핵오염수 방류는 반드시 저지해야 하지만 일본이 한국 국민과 동남아시아 국가들을 무시하고 일시적으로 방류하는 우를 범했을 때는 현 정부와 일본정부에 대한 전국민의 분노가 폭발할 뿐만 아니라 먹거리 공공성 확보를 위한 열망도 폭발할 것입니다.

그동안 먹거리 운동을 열심히 해 온 활동가 동지 여러분! 이웃은 여러분들의 능력을 믿고 기다리고 있다는 믿음을 가지십시오! 존경합니다.

공공급식 확장과 국민의 생애주기형 먹거리 기본권 보장

권옥자
전국먹거리연대 상임대표/한살림연합 상임대표

'친환경무상급식 운동 20년' 백서 발간을 축하한다는 말로는 부족할 만큼, 깊은 곳에서 울림이 전해져 옵니다. 정말 축하드립니다!

문득, 내 집 밥상만을 살리는 것에서 그치지 말고, 학교밥상을 살려야 된다는 '의지' 하나로, 학교급식조례 서명을 받으러 뛰어다니던 시간이 떠오릅니다. 광야와도 같았던 사회적 인식의 환경에 끊임없이 도전하여 온 20년의 시간 속의 땀과 노력 덕분에, 학교밥상뿐만 아니라 공공밥상을 살려 나가는 지금이 되었기에, 이번 백서 발간이 더 의미깊게 여겨집니다.

2003년, 아이들의 건강한 밥상과 농업·농촌·농민과의 상생을 목적으로 시작된 '학교급식법 개정과 조례제정을 위한 국민운동본부'가, 변화와 성장을 거듭하며 '친환경무상급식풀뿌리국민연대'로 이어져, 이제 20년의 역사를 가지게 되었습니다.

오늘날 전 국민의 먹거리 기본권에 대한 권리는, 국가의 성장과 함께 이제 보편적 의미가 되었습니다. 사회적·경제적·지역적 차이와 관계없이 건강한 먹거리에 대한 접근권 보장과 이 과정에서 관계된 교육을 통해, 도시와 농촌 간의 상생과 지속가능한 공동체 구현은 구호가 아닌 현실이 되어야 마땅할 것입니다.

이제 학교급식 운동은 전체 학교로, 군대와 공공기관 등 전 영역으로 확장되어야 할 시기에 있어 시민사회와 정부의 역할이 더욱 중요한 상황입니다. 이 공공급식의 성공적 확장을 기대하고, 나아가 전 국민의 생애주기형 먹거리 기본권이 보장되기를 희망합니다.

다시 한 번, 먹거리 운동의 역사를 기록하는 '친환경무상급식 운동 20년' 백서 발간에 심혈을 기울여 주신 모든 분들께 감사 인사를 전하며, 전국먹거리연대를 비롯한 회원단체 모두는, 계속해서 이 운동에 함께 할 것을 다짐합니다.

고맙습니다!!

희망의 연대를 더욱 강화합시다

하원오
국민과함께하는농민의길 상임대표
전국농민회총연맹 의장

친환경무상급식 운동 20년 역사를 기록한 백서 발간을 축하합니다.

지난 2002년 농민 100인이 100일 걷기 운동을 하면서 식량주권을 지키고 농업·농촌·농민의 삶을 지키기 위해 전남 진도에서부터 서울 여의도까지 전국을 돌았습니다. 그 길에서 많은 고민을 나누고 학교급식이 가진 가치를 확인했습니다.

학교급식 운동이 '아이들에게 건강을, 농민들에게 희망을'이라는 기치를 올린 것은 우리 농업을 살리면서 학교급식을 통해 아이들의 건강도 지키겠다는 의지가 담겨 있습니다. 친환경무상급식 운동 20년의 역사는 우리 농업·농촌·농민과 상생하는 20년이었습니다.

우리 아이들의 건강한 한 끼는 우리 땅에서 자란 우리 농산물로 만든 것이어야 합니다. 그러나 농업·농촌·농민은 자본의 논리에 언제나 뒷전으로 밀려나 있습니다. 땅의 소중함을 지키고 생명을 지키는 농업의 다원적 가치는 기후위기 시대에 더욱 소중해졌다는 것을 잊지 말아야 합니다.

전 세계적으로 식량주권의 중요성은 더 확산되고 있습니다. 그러나 윤석열정부 농업정책은 농산물 수입확대 정책으로 일관하며 우리 농업을 위기로 몰아넣고 있습니다. 농촌이 무너지면 도시도 무너집니다.

우리가 지난 20년 친환경무상급식 운동으로 쌓아올린 희망의 연대를 더욱 강화해야 할 때입니다. 친환경학교급식이 앞으로 더 탄탄히 성장할 수 있도록 농민들도 우리 땅을 일궈 나가겠습니다.

친환경학교급식 운동 20년 백서 발간을 다시 한 번 축하드립니다.

차별없는 평등교육으로 더 힘차게 나아갑시다

전희영
전국교직원노동조합 위원장

우리는 학교급식을 개선하기 위한 3대 원칙을 정하고 달려왔습니다. 무상급식 확대, 친환경 우리농산물 사용, 위탁급식의 직영급식으로의 전환이 바로 그것이었습니다. 이 원칙에는 학교급식을 바라보는 가치가 농축되어 있고 학교급식이 지향해야 할 과제가 담겨 있었습니다.

우리 아이들의 건강을 책임지고 우리의 농업과 환경을 살리자는 주장은 지극히 당연한 것이었습니다.

이제는 너무나 당연한 무상급식이 불과 10여 년 전만 해도 여전한 사회적 논쟁거리였습니다. 무상급식에 대한 주민투표 후 시장이 사퇴하기도 하고, 무상급식 지원을 끊은 도지사에 대한 주민소환 운동이 일어나기도 했습니다. 지자체장의 운명을 가를 만큼 학부모들, 국민들에게 무상급식은 중요한 문제였습니다. 무상급식 문제에 덧씌워진 '사회주의 정책', '좌파적 포퓰리즘' 등의 색깔 논쟁은 이제 한참은 지난 이야기가 되었습니다. 우리 학생들과 아이들에 대한 친환경무상급식의 전면 실시는 국가의 당연한 책무이며 우리 사회의 보편적 교육복지 정책의 최우선 과제입니다.

무상급식은 단지 먹거리 문제뿐만 아니라, 보편적 교육복지의 확대 등 우리 사회에 많은 변화를 가져다주었습니다. 이제 고등학교까지 무상교육이 이루어졌으며 대학 무상교육 실현으로 한발 더 나아가고 있습니다. 교육에서만큼은 그 어떤 차별도 없이 국가가 책임져야 한다는 것이며 교육복지의 영역은 더욱더 확장되고 있습니다. 차별없는 평등교육, 누구나 행복한 교육은 우리가 가고자 하는 방향입니다.

그런 의미에서 〈친환경무상급식 운동 20년〉 백서 발간 소식이 매우 기쁘게 다가옵니다. 2003년 11월 11일 학교급식법 개정과 조례제정을 위한 국민운동본부 출범은, 2010년 3월 16일 친환경무상급식풀뿌리국민연대 발족으로 이어져 친환경무상급식 실현, 더 나아가 보편적 교육복지 실현으로 면면히 이어지고 있습니다.

지난 20여 년간의 땀과 노력이 오롯이 새겨진 백서는 친환경무상급식, 보편적 교육복지 실현을 넘어 차별없는 평등한 대한민국 교육체제를 향한 우리의 나침반이 될 것입니다.

백서 발간을 위해 애써 주신 모든 분들께 진심으로 감사드립니다.

새로운 도약에
모두 함께 힘을 모읍시다

조완석
환경농업단체연합회 상임대표

안녕하세요,
환경농업단체연합회 조완석입니다.

「친환경무상급식 운동 20년」 발간을 축하드립니다. 20년 전 아이들의 건강한 먹거리는 물론, 친환경농업의 가치를 알리며 누구나 평등하게 누리는 먹거리 기본권의 확장을 목적으로 시작된 '학교급식법 개정과 조례제정을 위한 국민운동본부'의 활동 덕분에 학교 무상급식은 이제 보편적 개념으로 자리 잡게 되었습니다. 이 운동에 함께 하신 수많은 시민과 단체, 활동가들의 노고와 희생에 존경과 고마움을 전합니다.

지금 우리는 친환경무상급식 운동이 새로운 도약의 시점에 있습니다. 학교를 기반으로 전체 교육기관으로, 군대와 공공기관 등을 대상으로 하는 공공급식이 그렇습니다. 특히 식생활 개선을 넘어선 바른 먹거리에 대한 교육, 농업·농촌·농민과의 교류를 통한 상생의 가치체험, 기후위기 시대 미래가치를 위한 공감과 실천이 매우 중요한 이때에 백서발간으로 친환경무상급식 운동을 되돌아보고 그 의미를 되새기며 널리 알리는 일은 꼭 필요한 일이라 생각합니다. 더불어 백서 발간을 계기로 이 운동이 더 큰 동력으로 생애주기형 먹거리 기본권 확장에 기여할 것이라 기대합니다.

다시 한 번, 백서 발간에 도움을 주신 모든 분들께 감사의 말씀을 드리며, 환경농업단체연합회와 회원단체 모두가 함께 힘을 모을 것을 약속드립니다.

고맙습니다.

국민에게 건강을,
농민에게 희망을 주는 먹거리 운동

박경
(재)지역재단 이사장, 목원대 명예교수

지난 20여 년 전국 각지에서 활동해온 친환경무상급식 활동가, 활동 조직의 노력과 성과에 진심으로 감사드리며, 이번에 지나온 여정을 되돌아보고 앞으로의 방향과 과제를 기약하는 친환경무상급식 운동 20년사 출간을 축하드립니다.

지난 1990년대 말에서 2000년대 초에 걸쳐 전국 각지에서 요원의 들불처럼 일어난 친환경무상급식 운동은, 학부모, 농민, 교사, 활동가, 연구자, 시민사회단체 등 그야말로 각계각층이 참여한 국민적 대중운동이었습니다. 그래서 지역에서부터 학교급식지원조례를 주민발의로 제정하게 했고, 각 지역의 운동들이 전국으로 연대하여 마침내 학교급식법 개정과 무상급식의 정책화·제도화를 성취해 내었습니다. 우리 현대사 속에 이만한 운동과 성취가 있었는가 싶습니다. 친환경무상급식 운동은 풀뿌리 민주주의 운동으로서, 보편적 복지국가 실현 운동으로서, 그리고 아이들부터 국민의 먹거리 기본권 보장 운동으로서 그 시대적 역할과 기여가 빛납니다.

특히 '아이에게 건강을, 농민에게 희망을!'이라는 운동 슬로건은 국민적 공감을 불러일으켰습니다. 또한 '직영급식, 무상급식, 우리농산물 사용'이라는 운동 목표도 참여한 활동가와 활동조직에게 명확한 운동 지침이 되었으며, 그리고 정책화·제도화의 가이드라인이 되었습니다. 물론 오늘 현장에서는 과제도 많을 것입니다. 학교급식이 지방사무로 제한되어 지방자치단체의 재정력 격차가 그대로 학교급식의 질적 격차로 결과되고 있는 점, 전학교 전품목에 걸쳐 우리 농산물은 물론 가공식품까지 체계적인 기획생산관리체계와 현물 공공조달체계가 구축되지 못하고 있는 점, 학교급식에서 나아가 아동, 어르신, 장애인 등 사회복지시설과 공공기관, 군대 등의 공공급식 전반으로 친환경무상급식이 확장되지 못하는 점 등은 여전히 과제입니다.

이제 '국민에게 건강을, 농민에게 희망을!' 주는 먹거리 기본권 보장 운동으로 나아가야 할 시점입니다. 그 점에서 농업과 지역의 위기가 그대로 먹거리 위기로 악순환되고 있는 상황에서 지속가능한 우리 먹거리 선순환체계 구축 또한 먹거리운동의 핵심 과제입니다. 또한 방사능 등 유해물질과 유전자조작 먹거리(GMO)로부터 국민의 생명과 안전을 지키는 것도 당면한 핵심 과제입니다.

친환경무상급식 운동 20년사 발간을 다시 한 번 축하드립니다. 지난 여정을 돌아보고 그 성과와 향후 과제를 기약하는 20년사가 앞으로 우리 먹거리 운동이 국민과 함께 더욱 발전하는 데 계기가 되기를 기원합니다. 전국 각 지역에서 헌신적으로 활동해오신 지역 활동가와 활동조직에 진심으로 감사드립니다. 저희 지역재단도 늘 함께 하도록 하겠습니다.

한국의 복지를 한 단계 더 발전시키는 힘이 되기를

홍익표
더불어민주당 원내대표/국회의원

안녕하십니까. 더불어민주당 원내대표 홍익표입니다.

친환경무상급식 운동 20주년 백서 발간을 진심으로 축하드립니다.

지난 20년간 친환경무상급식 운동에 헌신해 오신 진헌극 상임대표 님과 구희현 공동대표님, 박인숙 공동대표님을 비롯한 친환경무상급식 풀뿌리국민연대 관계자 분들의 노고에 깊은 존경과 감사의 인사를 드립니다.

친환경무상급식은, 아이들에게 건강하고 안전한 먹거리를 제공할 뿐만 아니라 환경과 생태의 가치, 도·농상생의 의미를 교육하는 효과적인 사회정책입니다. 자라는 학생들에게 국가가 무료로 주는 식사를 넘어 나눔과 배려, 협력의 의미를 몸소 가르치는 교육을 통해 '건강한 먹거리를 통한 건강한 시민'으로 성장할 수 있게 합니다.

지금 우리 학생들의 급식 식판에는 강원 철원의 쌀과 경남 밀양의 깻잎, 경북 영천의 마늘, 전북 정읍의 귀리, 전남 보성의 쪽파 등 전국 팔도에서 올라온 친환경 농작물로 만든 음식이 가득 담겨 있습니다.

특히 무상급식이 진행되는 과정에서 이어진 복지담론은 대한민국의 민주주의를 한 단계 더 성숙시켰습니다.

2009년 김상곤 경기도 교육감이 추진한 무상급식 확대 예산이 경기도의회에서 삭감되면서 발생한 무상급식 논쟁은 2010년 지방선거, 2011년 무상급식 주민투표로 인한 오세훈 시장 사퇴와 박원순 서울시장 당선, 2014년 홍준표 경남도지사의 무상급식 중단 선언 등을 거치며 우리 사회의 거대 담론으로 이어졌습니다.

　논쟁의 핵심은 사회적 약자를 보호하고 양극화를 해소할 복지국가를 어떻게 만들 수 있는가에 있었습니다. 무상급식 논쟁 이후 더불어민주당은 보편적 복지를 강화하는 정책을 지속적으로 추진했습니다. 아동수당과 등록금, 의료, 최저임금, 사회안전망 등 우리 사회의 다양한 복지정책을 새롭게 설계했습니다.

　그리고 친환경무상급식 운동이 우리 당의 복지정책 추진에 큰 동력이 되었다고 생각합니다. 20년 역사를 한 권의 책으로 모은 백서가 대한민국 복지를 다시금 한 단계 더 발전시키는 힘이 되길 바랍니다.

　다시 한 번 친환경무상급식풀뿌리국민연대 관계자 분들의 노고에 감사드리며, 백서 발간을 축하드립니다. 감사합니다.

우리 함께 미래세대의 안전급식을 지킵시다

배진교
정의당 원내대표/국회의원

사랑하는 친환경무상급식풀뿌리국민연대 활동가 여러분!

반갑습니다. 정의당 원내대표 배진교입니다.

친환경무상급식 운동 20주년 백서 발간을 진심으로 축하드립니다. 20년 전 거리에서 주민들의 서명을 받으며 시작했던 친환경무상급식 운동이 벌써 20년이 되었다니 감회가 참으로 새롭습니다.

친환경무상급식은 우리 진보정치의 역사와 같습니다. 20여 년 전 민주노동당이 처음 닻을 올렸을 때 보수정치세력은 온갖 색깔론과 사표론 등으로 진보정치의 성장을 막아왔습니다. 그럼에도 진보정치는 무상급식, 무상교육, 상가임대차보호법과 같이 가난한 사람들, 가장 절박한 처지에 놓인 시민들을 위한 정책을 주장하며 국민들 속에 자리 잡고, 우리의 정책에 국민적 공감이 커지는 만큼씩 성장했습니다.

돌이켜보면 친환경무상급식은 그 시작이었습니다. 친환경무상급식 운동이 태동했던 20년 전, 저는 민주노동당 인천 남동구 지역위원장이었습니다. 남동구 지역 당원들과 함께 지하철역 앞에서 학교급식법 개정과 지자체 급식조례 주민 서명운동을 하며 주민들을 설득하고 구청을 찾아갔던 기억이 아직 생생합니다. 그렇게 여러분과 민주노동당이 이야기했던 친환경무상급식이 국민들의 지지 속에 조금씩 자리 잡았습니다. 그리고 저 역시 2010년 인천 남동구청장에 당선되자마자 구청의 핵심 정책으로 추진해 지금은 남동구 모든 학교에서 시행되고 있습니다.

친환경무상급식은 이제 우리나라 복지의 기본선이 되었습니다. 모든 학교가 무상급식을 하고 있습니다. 진보정당에 반대해 왔던 보수정당도 무상급식만은 반대하지 못합니다. 몇 년 전 무상급식을 폐지했던 경남도를 떠올려 보십시오. 무상급식 예산을 삭감해 막가파식으로 폐지했던 홍준표 경남도지사는 경남도민들의 강한 반대와 비토 여론으로 홍역을 치렀습니다. 대구시장으로 있는 지금 무상급식은 건드리지도 못하고 있지 않습니까.

하지만, 친환경무상급식 운동은 지금이야말로 새로운 전기를 맞았다고 생각합니다. 운동도 20년 차에 접어들고 무상급식을 하지 않는 학교가 없는 세상이 되었지만, 후쿠시마 핵오염수가 다시 우리 아이들의 밥상을 위협하고 있습니다. 방사능에 각종 핵물질로부터 아이들 밥상, 나아가 후대를 이어갈 미래세대의 안전을 지켜야 합니다. 친환경무상급식에서 한발 더 나아가 친환경안전급식으로 우리의 보폭을 옮겨가야 할 때라고 생각합니다. 저는 여러분이, 그리고 제가 몸담고 있는 진보정치가 그 일을 할 수 있다고 생각합니다. 정의당이 함께 손잡고 가겠습니다.

친환경무상급식 운동 20주년 백서 발간을 다시 한 번 축하드립니다. 고맙습니다.

더 나은 시민의 삶,
공동체의 삶을 위한 디딤돌

강성희
진보당 원내대표/국회의원

진보당 원내대표 강성희 의원입니다.

친환경무상급식 운동 20주년을 기념한 백서 발간을 축하드립니다. 백서 발간을 위해 애쓰신 진헌극 상임대표님과 구희현, 박인숙 공동대표님 그리고 국민연대 관계자 여러분의 노고에 감사의 인사를 전합니다.

이제는 당연한 권리로 여겨지는 친환경무상급식이 전국적으로 자리 잡기까지 숱한 역경을 건너왔습니다. 거짓과 왜곡에 맞선 각계각층의 끈질긴 땀과 노력의 결과였습니다.

돌아보면 퍼주기 논란은 애교였습니다. 오세훈 서울시장은 무상급식에 정치생명까지 걸며 주민투표를 발의했었고 집권여당은 색깔론까지 씌우며 무상급식을 공격했습니다. 그러나 무상급식은 지방선거의 주요 이슈였고 무상급식을 향한 유권자의 선택을 가로막을 수 없었습니다. 당시 집권여당의 주장이 얼마나 무모하고 시대착오적인지 국민의 선택으로 확인할 수 있었습니다.

무상급식은 국가의 시혜가 아니라 국민이 누려야 할 당연한 권리라는 인식을 광범위하게 확산시켰습니다. 국가와 지자체의 예산이 시민의 삶을 직접적으로 지원하는 전기가 되었고 무상교복, 무상교통, 각종 수당으로까지 이어지며 더욱 확산되고 있습니다. 생각해 보면 무상급식을 반대하는 이들이 가장 염려했던 것은 권리에 대한 자각 그리고 의식의 확산이 아니었을까 싶습니다.

20년의 성과를 바탕으로 친환경무상급식 운동의 더욱 왕성한 활동을 기대하며 진보당도 더 깊이 함께 하겠습니다. GMO·방사능·화학첨가물 없는 급식 등 3무 실현, 친환경학교급식지원센터 설립 의무화, 생산자와 소비자 상생 도모 등 안전한 급식과 지역경제 활성화를 위한 공존공생의 시스템을 만드는 것과 아울러 친환경무상급식을 담당하는 학교급식 노동자들의 건강권을 지키기 위해 힘을 모으겠습니다. 안전한 급식을 위해 안전한 일터를 만드는 것 역시 소홀히 할 수 없는 중요한 과제일 것입니다.

다시 한 번 백서 발간을 축하드리며 친환경무상급식 운동을 통해 얻었던 중요한 교훈, 서로 돕고 연대하며 시민의 참여를 확산시켰던 경험 등이 깊게 공유되기를 바랍니다. 그래서 더 나은 시민의 삶, 공동체의 삶이 한발 더 전진하는 디딤돌이 되기를 바랍니다.

아이들의 안전하고 행복한 식사에 함께 하겠습니다

조희연
서울특별시교육청 교육감

안녕하십니까.

서울특별시교육감 조희연입니다.

친환경무상급식 운동 20년 백서 발간을 기쁜 마음으로 축하드립니다. 오랜 시간 친환경무상급식풀뿌리국민연대와 함께 하신 모든 분들의 헌신에도 감사드립니다.

"친환경무상급식은 차별과 상처 없는 행복한 교육을 위한 숙원이며 교육복지 정책의 최우선 과제이다." 친환경무상급식풀뿌리국민연대의 출범 선언문에서 읽었던 대목입니다. 20년이 지나 다시 읽으니 감회가 새롭습니다.

서울은 2011년에 초등학교 무상급식을 시작으로 10년이 지난 2022년 초·중·고에 이어 유치원의 무상급식을 완성했습니다.

저는 '더 질 높은 공교육'을 서울시민께 약속드리며 세 번째 임기를 시작했습니다. 제가 약속드린 더 질 높은 공교육은 더 질 높은 급식, 더 건강한 급식을 포함합니다.

서울시교육청은 식재료 품질관리와 급식실 환경개선으로 안전하고 더 신선하고 건강한 급식을 제공하기 위해 노력하고 있습니다. 또, 신선한 제철 과일을 학생들이 먹을 수 있도록 준비하고, 환경을 고려한 학교 채식 선택제를 확대하고 있습니다.

저는 학교를 방문할 때 가끔 학생들에게 '학교생활에서 가장 설레게 하는 것이 무엇인지' 묻곤 합니다. 제 질문에 대해 많은 학생들은 '학교급식'이라고 대답합니다. 또, 친환경무상급식의 질이 높아져 '급식 먹으려고 학교 간다'는 말을 듣고는 합니다.

모든 아이들은 교육의 출발선 단계인 유아기부터 영양가 있고 균형잡힌 식사를 보장받아야 합니다. 이는 우리 아이들이 학교라는 든든한 울타리 안에서 건강하고 행복한 학교생활을 하는 기반이 될 것입니다.

서울시교육청은 지난 10여 년간 시행한 무상급식의 경험을 바탕으로 아이들의 안전하고 행복한 식사에 함께 하겠습니다.

무상급식을 위해 노력한 무수히 많은 사람들이 떠오릅니다. 무상급식을 향한 노력과 기록이 백서를 통해 세상에 잘 전해지길 바랍니다.

다시 한 번 친환경무상급식 운동 20년 백서 발간을 진심으로 축하드립니다.

모두가 행복한
친환경무상급식 시대가 열리기를

도성훈
인천광역시교육청 교육감

안녕하십니까? 인천광역시 교육감 도성훈입니다.

친환경무상급식 운동 20년 백서 발간을 축하드리며, 오늘을 위해 애써주신 친환경무상급식풀뿌리국민연대 진헌극 상임대표님, 구희현, 박인숙 공동대표님을 비롯한 관계자 여러분께 감사드립니다.

친환경무상급식 운동은 지난 2003년 11월 11일 〈학교급식법 개정과 조례제정을 위한 국민운동본부〉를 출범한 이래, 20년간 아이들의 안전한 먹거리 제공을 위해 애써오셨습니다.

2020년 12월 인천시교육청은 시-군-구 간 학교 무상급식 분담비율을 일원화하고, 무상급식과 친환경농산물 차액지원 사업을 통합해 학교급식의 질을 강화하게 했다고 밝히고, 2021년 인천 관내 모든 기관의 학생에게 친환경무상급식이 지원되고 식품비 인상을 통해 급식의 질이 나아지도록 애썼습니다. 이를 시작으로 학생이 직접 급식운영에 참여하는 학생 참여 급식제도 운영, 학부모 급식 모니터링 강화, 급식실 현대화 사업 등으로 모두가 행복한 급식문화 만들기에 애쓰고 있습니다. 이에 더해 최근 교육부 유보통합 선도교육청으로 지정됨에 따라, 어린이집 아이들까지도 양질의 급식을 받을 수 있도록 최선을 다하고 있습니다.

학교급식은 성장기 아이들에게 제공되는 먹거리이기 때문에 더욱 그것이 갖는 의미가 중요합니다. 친환경무상급식 운동은 안전한 배움을 위한 바탕이며, 그 실천의 과정이 곧 교육이 될 것입니다. 아이들이 밥상에 올라오는 먹거리에 대해 다시금 생각하는 계기가 되고, 자신의 건강권 확보를 위한 실천의 과정이 또한 될 것입니다.

'안전에 안심을 더하는 인천교육', 우리 교육청의 주요 정책 중 1번입니다. 우리 교육청의 철학인 학생중심교육, 한 아이도 포기하지 않는 교육, 결대로 성장하는 교육의 모든 전제는 안전에 안심을 더하는 것입니다. 학생들이 좋아하고 잘하는 것을 마음껏 할 수 있는 세상, 즉 학생성공시대를 위해 우리 교육청은 친환경무상급식풀뿌리국민연대와 함께 할 것입니다. 친환경무상급식 운동 20년 백서를 통해 이제는 유치원부터 고교까지의 무상급식의 시대를 넘어, 모두가 행복한 '친환경'무상급식의 시대가 열리기를 희망합니다. 아울러 지금까지 여러분이 해오신 노고가 우리가 바라는 교육복지의 시대를 열어 왔음에 감사드립니다.

친환경농업 면적이 늘어가고 있지만, 여전히 친환경 농민들의 어려움이 커져만 가고 있는 것이 현실입니다. 인간과 자연이 공존해야만 하는 시대에, 농민의 시름도 덜고, 아이들의 건강도 챙기며, 먹거리의 공공성도 확보하는 친환경무상급식 운동을 응원하고 지원합니다. 여러분께도 인천의 35만 학생이 더욱 건강해지도록 지금까지처럼 인천시교육청과의 동행을 부탁드립니다.

다시 한 번, 친환경무상급식 운동 20년을 축하드리며, 백서 발간에 힘써주신 모든 분의 건강과 행복을 기원합니다. 감사합니다.

보편적 교육복지 실현과
사회적 양극화 해소를 위해

김지철
충청남도교육청 교육감

안녕하십니까? 충청남도 교육감 김지철입니다.

친환경무상급식 운동 20년을 맞아 친환경무상급식풀뿌리국민연대에서 발간하는 「친환경무상급식 운동 20년」 발간을 진심으로 축하드립니다. 아울러 2003년 시작된 친환경무상급식 운동은 민주주의의 또 다른 이름으로 친환경무상급식의 선순환적 가치는 무궁무진하며 우리 사회의 취약계층을 위한 복지일 뿐 아니라 학교, 사회, 나아가 국가 공공성을 실천하며 미래에 대한 투자이기도 합니다.

특히 친환경무상급식 운동은 학교급식법 개정을 이끌어 내면서 우리 학생들에게 보다 영양가 높고 질 좋은 식단을 만들어 주었습니다. 이것은 우리 학생들에게 단순히 먹을거리를 제공하는 것뿐 아니라 미래세대에 대한 투자이며 급식 자체가 밥상머리교육으로 전환되었습니다. 또한 친환경무상급식으로 인한 우리 사회의 산업과 농업의 기반을 탄탄히 조성할 수 있게 되었고 균형사회로 나아가는 출발점이 되었습니다.

4차 산업혁명, 기후 위기, 사회적 양극화 현상은 빈곤과 차별, 불평등을 야기하며 우리 사회에 큰 문제로 대두되고 있습니다. 친환경무상급식풀뿌리국민연대에서 추진하고 있는 '평등의 밥, 교육과 인권을 보장하는 밥, 친환경농업을 살리고 지역경제에 기여하는 밥'의 '밥 한 끼'는 보편적 교육복지를 실현하고 사회적 양극화를 해소할 수 있는 최우선의 민주적인 해결책입니다.

충남교육청은 보편적 교육복지의 실현이라는 철학을 바탕으로 2014년에는 초·중학교까지 무상급식 지원을 확대하였고, 2019년에는 유·초·중·고에서 모두 무상급식 체제를 완성하였습니다. 또한 온 마을이 행복한 교육급식 운영으로 지속가능한 식생활 문화를 정착하고 체계적인 영양·식생활 교육을 통해 자기주도적 식습관을 형성하는 등 안전하고 품질이 우수한 학교급식을 운영을 추진하고 있습니다.

앞으로도 친환경무상급식풀뿌리국민연대의 친환경무상급식 정책이 사회에 폭넓게 추진되어 우리 학생들이 건강한 미래세대로 성장할 수 있기를 소망합니다. 다시 한 번 백서 발간을 축하드리며 친환경무상급식풀뿌리국민연대의 무궁한 발전을 기원합니다.

공공급식 확대와 국민의 먹거리 기본권 구축을 위해

박종훈
경상남도교육청 교육감

우리 아이들과 생산자를 위한 친환경무상급식 운동을 꾸준히 전개해
온 친환경무상급식풀뿌리국민연대의 「친환경무상급식 운동 20년」 발
간을 진심으로 축하합니다.

2003년 학교급식법 개정과 조례제정을 위한 국민운동본부 출범 후
올해로 20년을 맞이한 친환경무상급식 운동은 유치원부터 고등학교까
지 친환경무상급식 시대를 여는 데 큰 역할을 하였습니다.

친환경무상급식 운동은 행복하고 평안한 밥, 평등의 밥, 교육과 인권
을 보장하는 밥, 친환경농업을 살리고 지역경제를 활성화하여 '사람 사
는 세상'에서 밥 먹는 문제의 중요성을 일깨우며 새로운 희망을 갖게
하였습니다.

친환경무상급식은 차별과 상처 없는 행복한 교육을 위한 길을 열었
으며, 우리 사회가 복지사회로 나아가는 데 시금석이 되었습니다. 특히
친환경학교급식은 친환경농산물 급식의 확대와 공공성 및 공익성에 대

한 의미 있는 활동으로 우리 아이들의 안전한 먹거리를 마련하는 것뿐만 아니라 지역순환경제 활성화에도 크게 기여하고 있습니다.

친환경무상급식 운동 백서 발간은 우리 사회의 미래이자 희망인 우리 아이들의 안전하고 건강한 먹거리를 위해 꾸준히 노력해 온 과정을 보여 주는 것이자 전 국민의 먹거리 기본권 구축의 의미와 가치를 공유하는 계기가 될 것입니다.

우리 교육청도 지속가능한 삶을 위한 생태환경교육에 최선을 다하며 친환경무상급식 운동의 의미와 가치가 실현되도록 함께 하겠습니다.

20년간 한결같은 자세로 친환경무상급식 운동을 전개하여 공공급식 확대와 전 국민의 먹거리 기본권 구축을 위해 헌신하고 있는 친환경무상급식풀뿌리국민연대에 감사드립니다. 고맙습니다.

미래를 위한 실천의 힘을 연결하고 결집하는 구심점

김상곤
전 경기도교육청 교육감

안녕하십니까?

한국교직원공제회 이사장(전 경기도 교육감) 김상곤 인사드립니다.

교육의 길을 찾는 선생님들의 외침이 뜨거운 시절에 친환경무상급식 운동 20년의 '뜨거운' 역사를 집대성하는 백서 발간을 진심으로 축하 드립니다. 아울러 지난 20년간 이 운동에 헌신해 오신 진헌극 상임대 표님, 구희현, 박인숙 공동대표님을 비롯한 '친환경무상급식풀뿌리국 민연대' 분들의 노고에 깊은 존경과 감사 인사를 드립니다.

유·초·중·고 전체 학생의 무상급식이 실현된 오늘의 상황을 20년 전의 척박한 시절과 비교해 보면, 무상급식 운동이 이루어 낸 가치와 성과는 우리 사회 기적의 역사와 괘를 같이합니다.

'우리 아이들의 건강권 확보, 불평등한 교육기회 개선과 학생인권 보 호, 참여를 통한 교육민주화, 사회민주화의 과정'이라고 밝힌 2003년 의 '학교급식개선과 조례제정을 위한 경기도운동본부' 창립선언문에 담긴 정신과 비전은 시대를 앞선 분들의 혜안과 통찰이었습니다.

당시 경기도 교육감으로서 저의 무상급식 공약과 실현 과정 또한 언제나 여러분들의 이러한 앞선 노력과 실천 연대가 그 기반이었습니다.

돌아보면 2009년 경기도 교육감 취임 이후 계속된 무상급식을 둘러싼 치열한 논란과 성과는 한국 사회에 만연한 고질적인 '불평등과 복지 불감증'을 치유하는 과정이었습니다. 우리 미래인 아이들의 급식만이라도 국가가 보편적 방식으로 조금 더 확대해야 한다는 생각과 정책에 '사회주의적 발상', '북한식 포퓰리즘'이라는 극단적 색깔론으로 공격했던 당시 모습이 모든 것을 웅변합니다.

저는 "무상급식으로 보편적 교육복지 실현"을 도민들에게 약속하면서 2009년 5월 6일 초대 주민직선 교육감에 취임한 바 있습니다. 한국 교육 현실을 개선하기 위한 이 정책은 그러나 초기부터 교육계 안팎의 거대한 시련에 부딪쳐야 했습니다.

당시 집권 다수당 의원들은 무상급식과 같은 정책은 '도민들을 기만한 후안무치, 일장춘몽, 야바위 행위'이며 '선거에서 표나 얻으려는 어설픈 포퓰리즘'이라는 비난과 함께 제게 '석고대죄'를 요구하였습니다. '부자아이들에게도 무상급식이 필요한가?', '무상급식 때문에 교육예산 부족으로 교육의 질이 악화된다'는 정파적인 왜곡 논리가 끊임없이 국민들의 눈과 귀를 어지럽게 했습니다. 하지만 학부모와 시민들의 적극적인 수용과 국민적인 확산 운동으로 무상급식의 단계적·전국적 확대가 이루어져 왔습니다.

한편 무상급식으로 촉발된 보편적 복지는 한국사회의 새로운 지평을 열었습니다.

이는 단순히 '한 끼 밥의 무상'이 아니라 '의무교육은 무상으로 한다'는 헌법가치를 구체화한 정책이자 아동인권의 문제이며, 교육 양극화를 해소하고 국가경제의 선순환 성장을 위한 새로운 패러다임의 문제로 인식되었습니다. 나아가 우리 사회는 무상급식 논쟁과 실현 과정을 통하여 보편적 복지사회로의 지향성을 공유하게 되었습니다. 무상급식 운동의 성과는 이후 학비와 등록금, 의료, 노후, 일자리 등 경제, 사회의 영역에서 복지 방식의 변화와 확대로 이어져 왔습니다.

그러나 유·초·중·고 학생의 무상급식 실현만이 우리의 최종 목표는 아니라고 봅니다.

그런데 '선별'의 달콤한 유혹을 떨치지 못하는 일부 권력과 자본의 거대한 힘은 지금도 여전히 시대정신을 부정하고 도도한 역사의 물줄기를 퇴행시키려 합니다. 저는 결국 풀뿌리에서부터 친환경무상급식 운동의 20년 역사를 만든 힘들이 다시 모여, 미래지향적 복지국가를 어떻게 앞당길 것인가에 대한 실천 노력으로 결집되기를 간절히 희망합니다.

20년의 '뜨거운 몸짓'을 총화한 이 백서가 그러한 힘을 연결하고 결집하는 구심점이 되기를 간절히 바랍니다.

여러분들의 헌신과 노력에 다시 한 번 감사드리며 백서 발간을 축하드립니다.

교육복지 운동과 친환경농업 운동의 결합, 이제 더 강화해야

곽노현
전 서울특별시교육청 교육감

친환경무상급식 운동 20년 발간을 축하드립니다. 수많은 운동조직 중 풀뿌리국민연대만큼 눈부신 성공을 거둔 데가 또 있을까 싶습니다. 질적으로는 아직 미진하지만 양적으로는 다 이뤘습니다. 친환경무상급식은 오늘의 시점에서 누구도 되돌릴 수 없는 한국 공교육의 새 표준이 됐습니다. 2003년 풀뿌리국민연대는 부모의 부담능력과 상관없이 모든 아이들에게 따뜻한 친환경 점심식사를 제공하는 보편적 교육복지를 꿈꾸며 모였습니다. 교육복지 운동과 친환경농업 운동을 결합한 신의 한 수였습니다.

보수세력은 보편복지 무상급식을 과잉복지라는 이유로 반대했다. 복지는 꼭 필요한 사람들에게 제공되는 선별복지라야 낭비가 없다며 이건희 회장의 손자에게까지 무상급식을 하는 게 옳은지 물었습니다. 결국 보편복지 무상급식 논쟁은 2010년 지방선거에서 본격적인 선거의 제로 부상했다. 무상급식과 보편복지를 둘러싼 이념정책선거에서 보편복지 무상급식을 공약으로 내세운 민주당 지자체장과 지방의원이 대거 당선됐습니다. 경기도에 이어서 서울시에서 진보교육감이 최초로 나왔으며 강원도, 전남북과 광주에 진보교육감이 들어섰다. 무상급식 '운동'이 드디어 지방정부 '정책'이 됐습니다.

여기에 최후의 장애물이 나타났습니다. 재선에 성공한 오세훈 서울시장은 보편복지 무상급식을 '쥐덫 안의 치즈'로 비유하며 중남미로 가는 포퓰리즘으로 몰아세웠습니다. 서울시 교육감의 예산협력 요구를 거부하고 주민투표 카드를 꺼내들었으나 패배해서 시장 직에서 물러났습니다. 이로써 무상급식 운동에 대한 이념적, 정치적 반대가 힘을 잃었습니다. 무상급식은 몇 해 지나지 않아 전국표준으로 등극했습니다.

우리나라에선 무상급식 운동이 처음부터 친환경무상급식 운동으로 시작됐습니다. 풀뿌리국민연대는 20년 전 결성 당시부터 '친환경'무상급식을 주창했습니다. 당시 생태감수성이 높아지던 시점임을 감안해도 놀라운 혜안이었습니다. 친환경무상급식 '운동'은 아직 가야 할 길이 남았습니다. 학교급식에서 친환경농축산물 비중을 더 높이고 고기 없는 날을 실시하며 현미밥을 제공하고 채식식단을 강화해야 합니다. 나아가서 재배농가와 직거래를 통해 '얼굴 있는' 급식을 실시하고 재배농가 체험학습과 농어산촌 유학 등으로 이어지게 해야 합니다.

보편복지 친환경무상급식 정책 덕분으로 아이들이 서로 눈치 보지 않고 건강한 점심식사를 누릴 수 있게 됐습니다. 교육청과 학교가 친환경 곡물과 야채, 과일의 큰손으로 전국의 친환경 농가를 지원하고 친환경농업의 든든한 토대가 됐습니다. 보편복지 무상급식 정책의 성공은 박근혜 정권의 보편복지 무상보육 정책을 이끌어 냈습니다. 적어도 보육과 교육만큼은 국가책임 보편복지로 제공하자는 사회적 합의가 만들어졌습니다. 이 모든 위대한 변화를 풀뿌리국민연대가 만들어 냈습니다. 지난 20년 동안 풀뿌리국민연대를 이끌어 온 모든 분들께 감사와 존경을 담아 축하 인사를 드립니다.

밥상 이야기

지수초중학교 솥단지 사건을 회상하며…

소희주 전 경상남도 진주시 지수초등학교 학부모

2015년 홍지사가 전면 무상급식을 중단하고 선별급식을 하겠다는 발표를 하였다.

학기초에 학교는 술렁거렸다.

우리집 아이들은 무상급식이 안 되어 밥을 못 먹게 될까 걱정하였다. 무료 대상에서 제외되고 엄마가 밥값을 안 낼까봐 걱정되었던 모양이었다.

초등학교 6학년이었던 한 친구는 무료대상자로 지정되면 밥을 안 먹겠다고 했다. 자존심에 기스가 가면 안 되는 나이였다.

새 학기가 되어 학교 일정에 따라 학부모 모임이 열렸다.

지수초등학교는 전교생 40여 명의 작은 농촌학교라서 해마다 학부모 임원을 자발적으로 뽑고, 자체 회비를 거두어 학교 행사나 체육대회 등에 부모들이 동네잔치를 열어 왔던 분위기였다.

하여 우리에게 학부모회의는 나름 중요한 시간이었다.

이날 순탄하게 학부모 대표를 뽑고 기타 안건을 논의하는 시간에, 무상급식 폐지에 대한 아이들의 반응이 자연스럽게 얘기되었고 그래서 우리는 어떻게 하면 될지 의논하였다.

참석한 보호자들의 마음은 한결같았고, 아이들의 심리 상황을 공유하며 부글부글 끓어올랐다.

전교생 50명이 안 되는 작은 학교. 온 동네가 우리 아이들을 함께 키워왔던 농촌공동체에서는 아이들을 가정 형편으로 분리하는 급식제도를 도저히 심리적으로 받아들일 수 없었다.

누군가, 우리아이들을 우리가 해 먹이자는 제안을 했다.

모두가 오케이였다. 큰 솥은 누구 집에. 가스는 누구 집에.

첫날 메뉴는 도계장에 일하는 예은이 아빠가 닭을 공수해 오기로 했다. 그릇은 교회에서 빌렸다. 둘째 날 메뉴는 중국집을 운영하는 지현이 엄마가 짜장을 만들어 오기로 했다. 셋째 날은... 어떤 메뉴였는지 기억이 안 난다.

어쨌든 우리는 집집마다 쌀농사를 짓고 있고 밭에는 채소가 넉넉했다. 그리고 중학생들도 같이 먹여야 하니 그만큼을 같이 준비하기로 하였다.

우리의 계획을 언론에 알리기로 하고 언론사 연락은 상진이 아빠가 맡기로 했다. 학교에도 이 사실을 알리고 모두 헤어졌다.

나는 우리집 트럭에 미리 솥단지와 가스를 실어놓고 편하게 잠에 들었다.

당일 아침 일찍. 학교 운동장에 트럭이 들어서는데 교감 선생님께서 다급하게 차를 향해 뛰어오셨다. 밤사이 너무 많은 전화에 시달렸다고.. 어떻게 하실 거냐고...???

가벼운 마음으로 들어섰던 우리는 무슨 일이 좀 크게 벌어진 것 같은 예감에 심장이 살짝 두근거렸다. 어떻게 해야 하냐고 부모들과 의논하니 그래도 예정대로 진행하자는 의견으로 모아졌다.

우리는 운동장이 아닌 학교 뒤쪽 주차장으로 안내를 받아 본격 솥단지를 걸었다. 솥단지에 닭이 익어가고 닭 냄새가 솔솔 주위를 자극할 시간 즈음이 되어, 카메라를 멘 기자들이 하나둘씩 모여들기 시작했다.

처음엔 언론 섭외를 하기로 한 상진이 아빠의 성공적 역할 수행에 칭찬을 했었는데, 점차 모여드는 기자들을 보니 그것이 아니었다. 지수면 생기고 가장 많은 기자들이 모였다고 다들 입을 뗄 정도로 거의 지방언론에서 중앙언론까지 빠지지 않고 다 왔던 것 같다.

부모들은 덩달아 신이 났고, 인터뷰할 부모와 아이를 정하면서 실랑이를 하기도 하고... 아이들도 간만에 먹는 삼계탕에 신이 났고...

아무튼 정신없는 공동체 급식을 마치고 우린 간단한 평가와 함께 다음날을 준비하며 헤어졌다. 다음날은 평온하리라 생각하며...

이날 언론에 우리의 활동이 전파되면서 학교는 또 전화에 시달렸다. 이번엔 돕겠다는 사람들이었다. 둘째 날은 창원에서 밥하는 걸 도우려고 온 사람들도 있었다. 제주도에서 천혜향같은 과일을 보내오셨다. 서울 강남에서 돈을 보내주신 분도 계시고 전국 각지에서 쌀과 부식거리가 학교로 도착했다.

교장 선생님께서 우리들에게 내일은 귀한 분이 방문하실 거라고 귀뜸을 해주었다.

우린 누군지 궁금하면서도 지수면 출신 재벌가 누군가가 돈보따리를 들고 와서 우리 지수 아이들만이라도 모두 무상으로 진행하도록 기부하는 것 아니야? 하면서 깔깔 웃었다.

다음날 박종훈 교육감이 학교를 방문하셨다. 우리의 기대치인 돈보따리는 아니었지만, 교육감님과 학부모들의 진지한 간담회가 진행되었고 농촌학교의 어려움과 통학문제 등에 대해서도 건의를 하게 되는 소중한 자리였다.

그렇게 3일간의 계획된 솥단지 급식을 마무리하였고, 문제는 해결되지 않았지만 계속 지속하기엔 현실적인 어려움이 있어 3일로 정리하였다.

고맙게도 그 이후 거창에서 또 다른 곳에서 이런 방식의 시위를 이어가 주었고, 우리의 활동이 나름 무상급식 중단의 부당함을 알리는 효과가 있었다는 자부심으로 우리 학부모들은 뿌듯하였다.

　그때 모여진 후원금에 우리는 자체 후원을 계속 이어가는 모금을 하여 우리 지수 초등학교와 중학교 학부모들이 아이들과 지역공동체를 위해 사용하였고, 중학교 통폐합이 본격 거론되었을 때 다시 한 번 뭉쳐 싸워내는 활동으로 이어지기도 하였다.

　아무튼 어이없는 정치인의 정치놀음을 즐거운 투쟁으로 받아쳤던 우리 지수 학부모들의 솥단지 투쟁은 아이들에게도 어른들에게도 나름의 추억으로 남아 있다.

친환경 학교급식 어디까지 왔나

정명옥 전 경기도 안양시 삼성초등학교 영양교사

친환경농업이란 농약과 화학비료를 전혀 사용하지 않고 농사를 짓는 것을 말한다. 곧 땅심과 유기질비료(퇴비) 등과 온전히 농부의 땀으로 농사를 짓는 것이다. 농사를 경험해 보지 않은 사람은 상상할 수조차 없는 여러 가지 노력에 의해서 궁극적으로 땅을 살리고 자연을 살리고 마침내 사람도 살려 내는 농업이 바로 친환경농업일 것이다.

친환경농업에 의해 생산된 친환경농산물이 처음에는 저농약농산물, 무농약농산물, 전환기유기농산물, 유기농산물 이렇게 네 가지로 분류되어 생산·유통되었다가 현재는 무농약농산물과 유기농산물 두 종류만 인증되고 있다.

유기농업을 오랫동안 해 온 어떤 농부는 친환경농업은 철저하고 순수해야만 생산이 가능하다며, 친환경농업육성법이라는 법이 애초에 '유기농업육성법'이었어야 한다고 주장했다.

1970년대 일본의 영향을 받아 시작한 친환경농업은 1980년대 소비자생협 운동과 친환경농업이 결합하여 확산이 되었으나 생산량은 미미했다.

친환경농업 육성은 1994년 말 농림수산부에 '환경농업과'를 신설한 것을 시작으로 1997년 '환경농업육성법'을 제정하였고, 특히 친환경농업육성법의 제정과 함께 1998년 11월 11일[1]을 친환경농업 원년의 해로 선포하고 유기농산물가공품 품질인증제를 실시하였다. 1999년 '친환경농업 직불제도'를 도입함으로써 농촌지역에서 친환경농업을 육성하기 위한 제도적 기반을 마련하였다.

2000년대에 들어 와서 정부 주도의 친환경농업 육성 정책이 양적 성장이 이루어졌으며 상업적 산업화에 주력하였다.

2010년대에는 학교급식을 비롯한 공적소비 확산, 친환경농업 제도에 대한 반성과 정책적 방향 전환이 논의되었다. 2002년부터 지금까지 급식운동(주민발의 급식조례 제정운동 등)을 이어오고 있는 시민사회단체[2]는 오늘날과 같은 개방화·세계화 시대에 농업의 공익적 기능을 강조하고 농업생산을 지속적으로 유지하기 위해서는 친환경농업만이 대안이라고 강조하였다.

지역마다 펼쳐진 주민발의 급식조례 제정운동의 결과 매우 빠른 속도로 전국에 학교급식지원조례가 제정되었다. 이들 조례의 핵심은 자치단체가 학교에 급식비 일부(친환경농산물 차액)를 지원하고 지역 농산물 사용을 의무화하는 내용을 담는 것이었다. 이는 현재의 친환경 무상 학교급식 제도의 밑바탕이 되었다. 가장 큰 성과 중의 하나로 일부 광역 또는 기초 단위에 학교급식지원센터[3]를 만든 것이다.

---

1) 1997년 이후 정부는 매년 11월 11일을 농업인의 날로 지키고 있다. 학교급식에서는 학생들에게 가래떡을 제공하며 함께 기념한다.

2) 2003년부터 광역 및 기초 단위 지역에는 급식운동 주체들이 많이 조직되어 활약하고 있으며 이 시민운동단체는 다시 전국단위에서 연대하여 '친환경무상급식풀뿌리국민연대'라는 이름으로 활동하고 있다.

3) 학교급식법 제5조 제4항 '특별자치도지사, 시장, 군수, 자치구의 구청장은 우수한 식자재 공급 등 학교급식을 지원하기 위하여 그 소속하에 학교급식지원센터를 설치·운영할 수 있다.'라고 명시돼 있다.

또한 국가 식량자급률(사료를 포함한 곡물자급률)이 하락하는 것에 대한 위기의식을 전국에 일깨웠다. 사료를 제외한 식량자급률도 1966년 100%에서 불과 50여 년만인 2020년에는 45.8%로 곤두박질쳤으며 사료를 포함하면 20%밖에 되지 않는다. 이는 쉽게 표현하자면 일반적으로 외식을 할 경우 평균 80% 이상이 수입식재료를 먹을 수밖에 없다는 것을 뜻한다.

더욱이 지역 분쟁 등으로 인한 국제 곡물 등 식품 가격이 급등하면 우리나라와 같은 식량자급률이 낮은 국가는 식량위기를 맞이할 수 있으며, 이는 식량안보 문제로 확대될 수 있다. 그러므로 학교급식 운동의 한 축에는 식량자급률을 높이는 문제가 놓여있다.

친환경농산물의 가치는 자연환경을 보존하고 인간을 넘어 모든 생명을 존중하며 지속가능한 사회를 만들기 위한 대안적 삶을 지향한다는 데 있다. 그러므로 생산과정에서의 친환경적 생산방식뿐만 아니라 유통과 판매 등 소비에 이르기까지 환경친화적인 방식을 고민해야 한다.

그런 면에서 수입유기농산물의 유입에 대한 의미를 깊이 생각해야 한다. 고에너지를 소모하면서까지 유기농산물을 소비해야 하는지에 대한 성찰이 필요하다.

정부는 친환경농산물에 대한 정책 초점을 오로지 농업소득에 맞추고 있는 듯하다. 물론 계속 하락하는 농가소득은 농촌사회, 특히 소농가족의 생활을 유지하기 어렵다. 그렇다고 단순히 이러한 위기 탈출의 도구로써 친환경농업을 육성하는 것은 아닌지 모르겠다.

농업정책에서 사용하는 개념에 농업경영이라는 경제 용어가 사용되고, 정책 방향도 농업의 전문화, 규모화, 시설화에 집중한다. 또 소득불안정에 대한 대책 마련에 고민하고 있으며 농가의 소득 변동에 따른 평균적인 소득 보전을 하기에 급급한 실정이다.

'농업전망 2009' 자료집에 다르면 최근 농림축산식품부는 일반적으로 친환경농업이라는 용어를 확대하여 '자연순환형농업'이라는 용어를 사용하고 있다고 했는데 이는 자연생태계와 농업생태계가 큰 차이가 있다는 것을 간과하고 있다고 지적하고 있다.[4] 물질순환의 바탕 위에서 지속가능한 농업생산체계로 대두되는 것이 '자원순환형농업'이라는 것이다. 좁은 의미로는 농업부산물을 폐기하지 않고 자원으로 활용한다는 것이다. 또한 넓은 의미로는 현대 경제순환과 물질순환의 결과물인 폐기물을 가능한 한 줄이며, 재이용과 재생자원화를 위해 인간이 강제로 순환 시스템을 만들어 간다는 것이다.[5]

자연자원의 재이용과 재생자원화란 나름대로 의미가 있겠지만 사람이 '자연'을 강제할 수 있다는 발상은 지극히 반환경적이라는 점에서 의심하지 않을 수 없다. 그러므로 퇴비·액비 사용으로 인한 땅심의 회복, 농약 사용의 최소화, 음식물쓰레기의 자원화, 가축분뇨의 활용 등 정부의 일반적인 추진전략에 '친환경'의 진정성이 훼손되지 않도록 모두가 관심을 기울여야 한다.

전 세계가 지구환경의 급변으로 인하여 위기위식을 느끼고 있으며 그로 인해 관련 정책들을 생산하고 국제간에 협력을 꾀하는 등 대내외적으로 매우 분주하다.

학교급식은 3세 유아부터 19세 고등학생까지 우리나라의 모든 아동, 청소년들이 16년간 학교교육과정과 함께 경험하게 된다.[6]

학생들이 매일 접하는 학교급식을 통해 '삶'의 가장 기본 생활 중 하나인 먹거리에 대한 '앎'을 확장해 나가는 것은 매우 효과적이며 의미

---

4) '농업전망 2009'의 '김창길 외, 한반도의 자원순환형 친환경농업 발전방향과 과제, 2008' 재인용
5) '농업전망 2009', 한국농촌경제연구원(2009.1)
6) 2021년 학교급식법 개정으로 유치원아가 학교급식 대상으로 편입되었다.

있는 일이다.

인간이 건강한 삶을 영위하기 위해 기본적으로 취해야 하는 것은 분명히 깨끗한 먹거리이며 이것은 모두 자연으로부터 얻는다. 그러나 오늘날 인간은 자연과 전혀 관계가 없는 것처럼 자연의 변화와 힘에 무관심하고 무감각하다. 자연의 숨소리를 느낄 줄 모르고 생명의 신비함을 '과학'이라 일컬으며 대상화하기에 급급하다. 눈(시력)은 점점 흐려지고 귀도 온갖 소음으로 하여 둔감해진 지 오래다.

옛날 북아메리카 원주민 인디언들은 임신한 어머니 태아 속 아이의 건강상태 등을 단지 산모의 표정과 산모 배를 손으로 만져 보는 것만으로도 알 수 있었으며 심지어 뱃속의 아이가 남자인지 여자인지를 알 수 있다고 하였다. 동물적인 감각이라 하겠다.

오늘날 의사는 첨단기기가 없으면 환자의 상태를 파악하기조차 어렵다. 기상청이 날씨를 보도하지 않으면 우리는 현재의 날씨가 어떤지 감각적으로 알아내는 데 매우 둔감해졌다.

먹거리와 관련해서는 '식맹'이라는 말이 있다. 말 그대로 음식에 관한 문맹, 무지를 뜻하기도 하고 또다른 의미로 미맹을 포함하여 맛에 대한 무감각과 몰개성을 이르는 말로 쓰이기도 한다. 현대인 가운데는 이러한 식맹자가 매우 많다. 자연의 맛, 식품 고유의 참맛을 느낄 줄 모른다. 이는 잦은 외식으로 인하여 양념이나 첨가물로 포장된 맛을 자주 접하기 때문이다.

다시 말하면 우리 삶이 몇몇 기계에 종속되고 몇 가지 양념에 구속되었음을 뜻한다. 그 양념이란 바로 설탕과 소금, 화학조미료 등 식품첨가물이다.

미국의 환경운동가이자 여성운동가였던 헬렌 니어링이 쓴 '소박한 밥상'이라는 요리책에서는 음식을 조리할 때 천연의 맛을 느끼기 위하여 소금을 포함한 양념을 일체 사용하지 않는다. 소금조차 사용하지 않는다는 것은 조금 극단적지만 참고할 만한 사례이다.

학교급식이 아이들을 식맹으로부터 벗어날 수 있도록 도와줄 수 있지 않을까. 학교급식을 통하여 자연을 거스르지 않고 정직하게 만들어진 식재료를 가지고 단순하고 소박하며, 정갈하게 조리한 음식 맛을 음미하며 먹는 것을 경험한다면 충분히 자연의 맛을 느낄 수 있을 것이다.

좀 더디지만 서서히 둔화된 미각이 예민해지고 올바른 식생활을 몸에 익힌다면 지금까지 우려했던 아이들의 몸과 마음의 건강, 질병에 대한 걱정을 조금 덜어낼 수 있을 것이다. 이렇듯 학교급식을 이용한 참교육이 이루어지기 위해서 전제돼야 하는 것이 친환경급식이다.

친환경급식은 식재료를 친환경 농축산물과 국내산(친환경) 식재료로 만든 기본적인 가공식품만을 이용하여 조리하는 것으로 정의할 수 있다.

요즘은 친환경농산물에 대한 학부모 인식이 예전보다 많이 높아졌다. 일정 부분은 학교급식 개선운동의 성과라 하겠다. 그러나 가격이 비싸다는 이유로 친환경급식을 시도하지 못하는 학교, 친환경급식을 요구하지 못하는 학부모가 많다. 그러나 학교급식 영양교사라면 몇 가지 식단 구성의 원칙을 새롭게 세우고 그에 따라 예산을 효율적으로 사용한다면 어느 정도 가능하다는 것을 알 수 있다.

학교급식의 목적은 학생 심신의 건전한 발달이며 이는 국민 식생활 개선과도 연동되어 있다.

우리나라 국민의 식생활 변천은 다음과 같이 알려져 있다.[7]

첫째, 과거 30여 년 전에 비해 밥을 먹는 때와 장소가 매우 불규칙해졌다. 아침을 먹지 않는 사람이 무척 많다. 또한 저녁식사의 경우 직장인은 물론 전체 많은 청소년이 저녁식사를 불규칙하게 하고 있다. 주된

---

7) '2005년 국민건강영양조사' (2007.5)

원인은 학원을 가야 하기 때문이다. 매우 안타까운 현실이다.

둘째, 식생활 관련 선호도 조사에서 직장인과 청소년 모두 한국형 전통 식생활 형태에 대한 만족도는 높았으나 청소년들은 수입식품도 관리만 잘하면 수입이 늘어나도 상관없다는 인식이 높았다. 국산농산물을 원료로 한 식품 섭취에 대해 46.3%의 직장인이 관심을 표했으나 청소년의 경우 47% 정도가 국산농산물에 관심이 없다고 응답하였다. 응답 청소년의 19%만이 국산농산물에 대한 관심이 있었다. 학교급식의 책임이 무거운 부분이라 하겠다.

셋째, 1인당 열량 섭취량은 장기적으로는 둔화될 추세이다. 소득 불균등에 따른 집단별 영양섭취의 불균등 현상도 심해져서 영양과잉과 영양결핍 집단이 공존하는 현상을 보인다. 또한 식생활의 중요성에 대한 인식의 전환이 이루어지지 않을 경우 불규칙한 식생활과 서구식 식생활의 증가는 곧바로 생활습관병(식원병)의 빠른 증가를 전망하게 한다.

오늘날 한국인의 식생활 행태를 요약하자면 외식 비중 확대, 건강에 대한 관심이 증가하는 경향, 맛의 지향(고급품, 기호식품 소비 증가), 간편화 추구, 다양성 확대, 전문성 지향(전문음식점 선호), 동물성 식품 및 지방 섭취 증가, 계층별 영양섭취 격차 심화, 불규칙한 식생활, 주부의 정보 활용도 증가 등이다. 2020년 코로나19를 겪으면서 배달음식이 팽창한 것은 매식에 의한 건강 우려와 함께 플라스틱 포장재의 남용으로 환경문제가 더욱 심각해지고 있어서 사회문제가 되고 있다.

이러한 식생활 변화에 따른 문제를 해결하기 위한 방안의 하나로 친환경 학교급식은 더욱 철저히 실천해야 할 과제이다.

친환경 학교급식은 각 학교 급별 특성이 뚜렷이 다르게 나타난다.

초등학교 아이들은 동물성 단백질을 대표하는 육류를 지나치게 좋아하는 경향이 있다. 이것은 중고등학교에서도 마찬가지이다. 따라서 육류는 학부모들도 매우 선망하는 식품이다.

'2020 한국인 영양소 섭취기준'(2020.12.22.보건복지부 보도자료)에 의하면 점심 한 끼의 단백질 섭취기준량이 초등학교 저학년의 경우 남학생과 여학생 모두 11.7g, 고학년은 남학생 20g, 여학생 18.3g이다. 이를 기준으로 할 때 현재 일반적으로 초등학교 학교급식에서 제공해야 하는 단백질량은 평균 16.7g 정도이다. 그러나 실제 제공량은 거의 모든 학교가 이 값을 1.5~2배 이상 공급하고 있다. 단백질 공급량은 열량의 7~20% 범위 안에서 제공하여야 하며, 보통 13g(10.3%)~25g(17%) 정도 제공하고 있다. 학교급식에서 제공되는 단백질(육류)의 양이 적지 않다는 말이다.

　15년 전인 '2005년 국민건강영양조사'에서 우리나라 국민의 영양문제로 단백질 과잉섭취(권장량의 169% 섭취)가 지적됐다. 그리고 2020년 한국인 영양소 섭취 현황에서는 '단백질 섭취는 전 연령층에 걸쳐 결핍이 우려되지 않는다'라고 표현한 것이 발견된다. 결핍이 우려되지 않는다는 것을 바꿔 말하면 과잉이 우려된다고 표현할 수도 있다.

　이렇듯 우리나라 사람들의 단백질 섭취량은 충분하다. 오히려 너무 많이 먹는 것에 대해 주의를 기울여야 할 부분임에도 불구하고 학생이나 학부모 혹은 교직원 중에는 육류의 제공량이 부족하여 학교급식의 질이 낮다고 평가하는 경우가 많다. 이것이 친환경급식을 추진하는데 가장 어려운 점 중 하나다.

　학교급식의 질적 평가 부분이 올바르지 못할 때 실무자나 운영자(학교장)는 매우 혼란스럽고 당황스럽다. 영양기준량에 대한 이해와 식품안전, 식품위생, 식품행정의 이해가 필요한 부분이다. 식단을 구성하고 식품을 구매하여 조리과정을 거쳐 최종 산물을 급식으로 제공하는 급식실무의 주체인 영양교사, 조리사에게 '맛없다'라는 말은 담당자 사기를 떨어뜨리는 가장 큰 폭력다.

　음식을 먹는 사람으로서 식사에 대한 평가는 당연히 할 수 있다. 그러나 '주관적으로 느끼는 맛'을 객관화·일반화함으로써 결과적으로 친환경급식에 대해 부정적인 평가의 도구로 사용된다면 친환경급식을 실천하는 자에게는 커다란 부담이다. 그러므로 친환경급식을 추진하기에 앞서 학생, 학부모, 교직원의 급식지도, 영양교육 나이가 환경교육이 필수적이다.

중·고등학교의 경우 더욱 어려운 것이 음식의 양적인 부분이다. 청소년기는 성인보다 많은 양의 음식을 섭취해야 하는데 일반적으로 급식비는 낮게 책정되어 있기 때문에 상대적으로 값이 비싼 육류나 친환경 식재료를 사용하는 데 커다란 한계가 있다. 친환경급식을 실시하기 위해서는 급식예산을 현실화시키는 것이 큰 과제다.

친환경급식을 추진하는데 영양섭취량에 대한 이해 부족은 대상에 따라 지속적인 영양교육을 통해서 인식이 전환된다면 큰 어려움은 없을 것이다.

문제는 친환경급식을 실시하는 데 있어서 건강한 식단의 구성의 원칙에 따라 운영의 묘를 살린다 해도 절대적인 예산이 부족하다는 것이다. 지역마다 차이가 있지만, 각 지자체별 학교급식에 대한 지원책이 마련되어 진행되고 있으므로 예산에 대한 어려움은 점차 줄어들 것이다.

가장 큰 곤란은 친환경 식재료를 조달하는 데 발생하는 문제다. 이 조달 문제는 크게 두 가지다.

첫째, 생산품목과 생산량이 제한적이어서 수요와 공급이 원활하지 못하다. 일반적으로 학교급식에서 요구하는 생산품목과 생산량이 부족하다. 이는 아직까지 우리나라 친환경농산물과 그 가공식품의 양적 토대가 미약하기 때문에 발생되는 문제이다. 현재 친환경농업에 있어서 수요가 생산보다 적어서 애써 지은 친환경농산물이 일반 농산물 시세로 덤핑 판매되는 사례가 발생되는 안타까운 일도 발생한다. 친환경농산물은 계획(예측)된 수요를 넘지 않는 범위 안에서 계획적으로 생산되어야 한다. 학교급식은 이러한 계획적인 생산체계가 충분히 가능하므로 친환경 학교급식을 확대·지속하기 위해서는 친환경농업 생산자, 영양교사, 학교장, 급식행정과 농업관련 공무원 등 국민 모두가 관심을 기울여 생산품목과 생산량을 증가시키기고 계획적이고 효율적으로 분배하기 위해 노력해야 한다.

둘째, 일반 시장에서 친환경 식재료를 구매하는 것은 검수하는 데 한계가 있다. 친환경농산물 인증제도가 정착되었으나 여전히 유통 상의 어려움이 내재돼 있다.[8] 보통 친환경농산물을 구입하는 경우 일반적으로 4~6단계의 유통과정을 거치게 된다. 이 과정에 친환경 인증표시 위·변조, 일반농산물 혼입 등의 가능성이 잠재돼 있다. 단계와 과정이 많고 복잡하기 때문에 생산자나 유통업자가 때로는 의도적으로, 때로는 의도하지 않음에도 불구하고 결과적으로 그런 '사건·사고'가 발생될 수 있다.이렇듯 생산자와 관련 유통업자를 잠재적 범죄자 취급을 하는 어리석음을 범하고 있는 것이다. 그러나 의도하지 않은, 선량한 유통업자의 경우 최종 소비자 외에 또 다른 피해자가 될 수 있다.

학교급식이 학생건강, 국민복지, 지역 및 농촌경제 기여, 자연환경회복, 궁극적으로 지속가능한 사회를 구현하기 위해 부여된 사회적 역할과 의미를 실천하려면 구매방식의 근본적인 변화가 있어야 한다. 즉 지역의 생산물을 발굴하여 사용하고 새롭게 육성하여 지역 학교에 납품하는 계획경제, 선물경제 시스템이 필요하다. 식재료 생산은 물론 분배·유통방식 및 구매방식의 친환경화가 요구된다.

---

8) 예를 들어 안양시와 바로 접해 있는 군포에서 친환경 오이를 생산했다 하더라도 경기도 광주 물류센터로 35km를 이동·취합됐다가, 다시 경기도 광주 물류센터에서 안양까지 30여 km 이동하여 안양에 있는 학교로 납품된다. 안양과 군포는 보통 약 10~20km 정도 떨어져 있다. 즉 10~20km만 이동하면 될 것을 65km 이상 이동하는 것이다. 물론 이렇게 이동거리만 단순하고 산술적으로 계산하는 것은 물류의 특성, 상황 등을 고려하지 않았지만, 절대거리를 축소하고자 연구하고 노력하는 것은 기후위기 시대를 살아가는 기후시민으로서 당연한 책무다.

 밥상 이야기

학교급식의 품격

신인순 경기도 시흥시 조남중학교 영양교사

　몇 년 전에 방영된 TV 인기 프로그램 '수요 미식회'에서 본 장면이 잊히질 않는다. 그날 음식의 주제는 라면이었는데, 당시 유행하는 시중의 모든 라면을 분석하고 유통, 판매 전략까지도 알아보는 토론 중, 제조회사의 담당자와 출연자가 펼친 설전이 오래도록 울림으로 남았다.

　한 인간에게 평생의 라면이 되기 위해, 평생토록 그의 소비 라면이 되기 위해서, 라면은 더 짜고 맵고, 강하게 변한다는 사실, 그리고 그의 뇌리에 영원히 박히기 위해 각종 세련된 이미지로 포장된다는 것이다.

　갓, 불, 매운, 핫 등의 단어가 주는 강렬함은 우리 청소년들에겐 더할 나위 없는 즐거운 자극으로 자리 잡았고 학교급식의 순수함은 맹탕으로 전락하는 계기가 되었다. 청소년기는 입맛이 완성되어 가는 시기, 평생의 라면이 결정되는 시기다. 자극적인 맛은 자극적인 성격 형성에도 영향을 준다고 하니 매우 염려스러운 일이다. 지금은 또 마라탕의 시대이기도 하다. 청소년이 주 고객층이었다는 라면에 비하면 이 마라탕의 맵기는 초등생에게까지 번진, 현재 가장 독한 자극이 아닐까 걱정된다.

무차별 냉동식품과 조미료, 인공첨가물의 사용은 환경호르몬의 악영향과 함께 생물의 도태(성조숙증 증가, 정자 수 감소, 생식기능 감소와 상실 곧 종의 소멸)를 불러오는, 우리 아이들을 망치는 위기의 도구이자 나쁜 선택이다.

1. '아이들이 좋아하는 것'보다 '아이들에게 좋은 것'으로 이끄는 급식

특정한 다수! 그것도 성장기 청소년! 입맛, 미각 등이 결정되지 않은 민감한 시기의 청소년에게 '좋아하는 것'이란 대부분 자극 투성이다. 매우 민감하고 중요한 2차 성장을 해야 하는 시기에 유명 인플루언서의 '먹방'과 검증되지 않은 비전문적 지식이 넘쳐나고 있다. 이들이 선도하는 조미료와 가공, 인스턴트 위주의 자극성 강한 맛은 앞서 기술한 것처럼 아이들의 건강한 삶에 부정적인 영향을 주고 또한 미래를 망치게 될 것이다.

청소년기는 평생의 입맛과 기호가 결정되는 중요한 시기이므로 친환경적이고 안전한 다양한 식재료를 제공해야 한다. 제철 음식과 국내산 식재료, 과채주스(과실즙 95% 이상), 식품의 원료 구성성분 확인, 보존제, 식품첨가물, 무농약, 친환경, 유기농, HACCP, GAP, 동물복지 등을 꼼꼼히 따져보고 선택해야 한다.

　* 제철이 아닌 과실은 먹어서는 안된다. 과실에 붙은 나쁜 기운이 배에 들어오는 일을 예방하기 위해서이다(서산기, 송나라의 도교학자 시견오)

2. 신토불이 : 친환경 우리농산물로 만든 전통의 기본 한식 상차림

요즘 중고교 급식을 보면 냉동식품의 향연, 매일 제공되는 국적불명의 퓨전푸드 및 정체성 없는 음식이 너무 많다. 궁합이 맞는 표준 급식 [밥, 국이나 찌개, 주요리(육, 어류), 나물(생채), 김치, 후식(과일 등 기타 부족한 영양소 보충)]에서는 육류, 채소 비율은 3:7이나 2:8을 기본으로 하여 적용해야 함에도 점차 육식 위주의 식단으로 변해가고 있는 상황이다. 기후위기와 환경변화를 염려하는 안전한 친환경 우리농산물로 구성된 채식 급식을 늘려서 건강한 식문화를 선도하는 원래의 '교육 급식'으로 회귀해야 한다.

3. 주체적인 수용

가. 식단의 품격을 유지. 시장의 유행하는 음식도 우리식으로 재해석하여 적용(마라탕 대신 육개장, 타이고추 대신 청양고추).

나. 식단명에 바른말, 표준말을 사용. 무분별한 왜래어 사용을 금하고 우리말 올바른 음식용어 사용(까페→카페, 후라이드→프라이드, 돈까스→돈가스).

다. 궁합이 맞는 과학적인 식단 개발(식재료 궁합은 과학)

라. 모두와 협업이 가능한 식단 개발(조리원의 작업량, 예산, 최신 기구 이용)

학교급식은 올해가 70주년을 맞이했다. 30년을 일해 오며 학교급식이 확대되고 친환경무상급식으로 전환되는 급식의 역사를 함께하고 지켜봐 왔다.

안타까운 변질로 아이들의 몸을 망치는 급식에 대해 더는 침묵하며 지켜보기만 하면 절대 안 된다. 우리 아이들을 더 건강하고 안전하게 지켜내기 위해서 다시 각오를 새롭게 하고 최상의 식재료로 최고의 안전한 급식을 제공하는 것이 우리의 역할이고 사명임을 다시 한 번 절실히 통감할 시기라고 생각한다.

세계적 기업 구글과 IBM이 추구하는 기본 가치, 핵심 역량 중에는 협업과 겸손, 그리고 이타주의(타인에 대한 배려, 책임)가 있다고 한다.

우리가 이뤄 온 지난 20년간의 친환경무상급식의 학교급식의 밥상은 우리 농가와 더불어 국가 농업발전 및 '식량주권'을 향해 함께 이뤄 온 최고의 가치이며 이타적인 협업이다.

그리고 우리 농부가 수확한 우리농산물, 좀 더 안전한 친환경, 제철 식재료로 정갈하게, 정성껏 지어진 밥상, 존중을 담은 공손한 대접과 표준말로 정확히 표기된 식단이 바로 품격 있는 밥상, 곧 '학교급식의 품격'이다.

다정한 먹거리가 살아남는다

문명우 광주광역시 남구 학교급식지원센터 센터장

"딸기가 너무 잘 익었어요~!"

"좀 덜 익은 걸로 교환해 주세요~!!"

2013년 3월 광주 남구 학교급식지원센터를 개소하고 얼마 되지 않았을 때 학교 선생님의 전화였다.

"혹시 딸기가 물러졌나요?"

물류팀이 확인을 했고, 물러진 딸기가 학교에 갔을 리가 없었다. 지역 친환경 농가에서 전날 수확해서 학교에 공급된 딸기였다. 그럼에도 잘 익어서 교환을 원하는 다른 이유가 생각나지 않았다.

"아니요~! 딸기가 잘 익어서 세척하다 물러질까봐 그래요!"

학교급식실의 오전이 바쁘게 돌아가는 사정을 이해하고 있었다. 생산자(단체)와 센터 직원들에게 학교의 요청사항은 먼저 해결한 후 사정 설명은 나중에 하는 것으로 정했었다. 그럼에도 딸기를 점심 전까지 대체 공급하려면 시장에서 사오는 방법 말고는 없었다. 그보다 반품 받아올 딸기를 처리하기가 쉽지 않았다. 농민이 손실을 떠안거나 직원들이 사 먹어야 하는 상황인데, 그러기엔 양이 많기도 했다. 딸기 생산자와 함께 학교급식실로 향했다. 딸기 상태는 좋았다. 선생님께 사정을 설명하고 양해를 구했다. 선생님은 발을 동동 굴리며 당황해 하셨다. 그럼에도 사용해 주실 것을 부탁드리고 거듭 양해를 구하며 돌아왔다.

학교급식에서 후식은 만족도에 지대한 영향을 준다. 지출 비중도 높고 신경을 많이 쓴다. 예전보다 먹거리가 풍족한 아이들은 맛이나 모양이 맘에 들지 않으면 먹지 않고 버린다. 이런 날은 대량의 음식물쓰레기를 각오해야 한다. 학교 선생님은 신경을 많이 쓴 만큼 속상하고 가시방석에 앉은 심정이 된다.

"유기농의 가치를 몰라주는 학교는 공급하고 싶지 않아요."

학교에 꼭지를 제거한 탈피 마늘을 공급한다. 지역의 마늘 생산자는 홀로 농사짓고 경축순환 유기농업을 하시는 분[1]이었다. 잠을 줄여가며 마늘을 손질해 공급했다. 마늘의 크기가 고르지 않거나 탈피 중 입은 상처로 학교의 교환 요청이 드물게 있었다.

"학교 선생님이 몰라서 그러시는 건 아니에요. 학교급식 특성상 어려움이 있습니다."

생산자의 속상한 마음은 이해하지만 학교급식실의 사정을 설명 드렸다. 속상해서 하신 말을 그대로 학교에 전할 순 없었다. 급하고 속상해서 하는 말은 번역 작업이 필요하다. 생산자께는 집단급식의 특수한 상황을 이해할 수 있도록 설명하고 조달기준에 맞게 준비해야 함을 설명한다. 학교 선생님께는 친환경농산물의 특성과 생산지 상황 등을 설명하고 양해를 구하고 조달기준[2]을 협의한다. 다정한 방식이어야 멀리 함께 갈 수 있다. 다만 학교(공공)급식은 어느 한쪽과 과하게 다정하면 균형(신뢰)이 깨진다. 균형이 깨지면 농민과 아이들이 손해를 본다. 학

---

1) 故박영희 님(유기농 마늘, 생강, 무, 고추 생산자), 감사했습니다.
2) 감자 대(大)의 학교급식 중량기준은 180g 이상이었는데, 양해를 구해 150g 이상으로 조정했다.

교(공공)급식은 다수가 합의한 조달기준을 정하고, 합의된 기준으로 균형을 잡아야 한다.

광주는 전국 상황과 달리 광주광역시교육청 산하에 학교급식광역센터 설립을 추진했었다.[3] 현재는 광주광역시 동·서·남·북·광산구 5개 구청 모두 행정직영 방식으로 학교급식지원센터를 운영하고 있다. 광주 남구는[4] 울산 북구[5] 센터 모델을 벤치마킹하고 행정직영 방식으로 설립했다. 운영은 민·관 협력 방식이다. 다음은 광주 남구 학교급식지원센터의 운영 현황과 운영하며 생각한 센터의 역할에 대한 것이다.

학교(공공)급식지원센터는 사회적자본, 공공재로서의 역할이 있다. 코로나19 펜데믹 상황에서 전국 먹거리 활동가들의 노력으로 친환경 농산물 꾸러미 사업을 했다. 광주의 5개 센터는 약 20만 개의 꾸러미를 지역 친환경농산물과 우리밀 식품으로 구성해 전달했다. 교육활동으로 도농교류를 위한 현장체험, 주요 가공식품 제조현장 실사 및 체험, 찾아가는 식생활교육, 지역주민과 학교급식 관계자를 대상으로 식생활교육 등을 진행했다. 급식업체로부터 소외된 소규모 학교와 어린이집에도 친환경 식재료를 이용할 수 있도록 조치했다. 광산구센터는 먹거리 인권선언문을 채택하고, 남구센터는 GMO FREE ZONE선언으로 먹거리의 사회적 가치를 알리고 안전한 먹거리 공급을 약속했다. 지방자치단체로서 관리·감독기능과 교육청·식약처·농관원 등 유관기관과의 연대와 협력 사업도 있다.

지역사회의 소통과 합의를 위한 민·관 협력 및 연대의 역할이 있다.

---

3) 2010년 지방선거 후 광주시교육청(교육감 장휘국)에 친환경무상급식추진위원회(위원장 김석순)를 구성, 광역학교급식지원센터 설립 추진, 친환경쌀 공동구매, 채식급식, 방중급식 등

4) 광주 남구(구청장 최영호) 학교급식센터설립추진위(광주지역 먹거리운동 활동가들 참여)

5) 울산 북구(구청장 윤종오) 학교급식지원센터(센터장 김형근)

의사결정을 위한 운영위원회 구성을 유관기관, 학교, 생산자, 지역사회, 전문가 등으로 구성해 각각의 입장과 의견을 수렴하고 공유하고 합의할 수 있는 기회를 만든다. 지역·전국 먹거리 운동단체와 연대하고, 센터 간 소통과 협의도 필요하다.

안심할 수 있는 식재료 조달기준을 정하고 먹거리를 통해 사회적가치를 반영하는 역할이 있다. 공동구매 또는 공공조달은 시장을 변화시킬 수 있는 효과적인 수단이기 때문이다. non-GMO사료를 급이한 아빠 있는 유정란, 물엿 대신 조청과 엿기름을 사용한 전통고추장, 우리밀과 국산콩으로 발효한 전통장류, 우리밀가공식품, 친환경인증농산물 우선 공급, 방사능안심급식 시범사업(방사능검사, 이력추적, 0 Bq기준), 근거리 우선, non-GMO 식용유 등을 학교에 공급하고 있다.

친환경농산물 공급 안정화의 역할이 있다. 센터를 통해 공급되는 친환경 식품의 공급가격은 센터 운영위원회 심의를 통해 정한다. 지역 친환경 농가를 배려하면서 시장가격 대비 적정가격을 정하는 일은 여전히 어렵다. 센터 운영위가 정한 기준에 따라 결정하고 균형을 잡아간다. 계절과 기후변화에 등락폭이 심한 농산물 가격은 시장에 의존했던 경우보다 예측가능하게 되었고, 학교는 안정적으로 조달받을 수 있었다. 기존 시장에서 조달받았을 때보다 더 다양한 친환경농산물을 평균 20% 이상 저렴하게 조달받을 수 있게 되었다.

학교 선생님들로부터 '센터가 더 많은 식품을 지원해주면 좋겠다. 시중가보다 저렴하고 더 다양하게 이용할 수 있어서 좋다.' 지역 생산자로부터 '계획 생산을 할 수 있어서 좋다.' 지역 학부모로부터 '학교 선생님들이 학교급식에 신경을 많이 써주셔서, 그리고 학교급식지원센터가 있어서 고맙고, 든든하다.'는 이야기를 들었을 때, 현장 실무자로서 보람을 느낀다. 동시에 가톨릭농민회 농민회원들로부터 시작된 생명운동부터 지금까지 이어진 먹거리 운동 선배 활동가들의 애쓰심에 시민과 학부모로서 감사의 말씀을 올린다.

친환경무상급식풀뿌리국민연대와 함께 한 먹거리 운동 20년 백서 발간을 축하드리고, 특히 열정으로 이끌어 주신 선배님들과 마음을 모아 연대와 참여를 해 오신 분들께 감사의 말씀을 드린다. 학교급식 운동은 전국의 2,200여개 단체가 함께 했다. 전국적으로 300만 명 이상의 서명과 5년간의 노력 끝에 지자체별 학교급식지원조례 제정과 2006년 학교급식법 전면 개정의 성과를 이뤘다.[6] 그 동력으로 무상급식, 학교급식지원센터 설립, 친환경 식재료 차액지원, 친환경 공동구매, 차액지원 사업, non-GMO 지원, 임산부 친환경농산물꾸러미, 친환경과일급식, 채식급식, 방학중급식, 지역먹거리계획(푸드플랜) 추진 등 많은 변화를 만들어 왔다. 중앙에서 각 지역에서 만들어 낸 크고 작은 성과들은 앞으로 나갈 수 있는 힘이라 믿는다.

호모사피엔스가 다른 종에 비해 다정했기 때문에 생존하고 진화할 수 있었다는 의견이 있다. 설득력 있고 공감된다. 먹거리를 통해 우리가 하고자 하는 일과 그 과정도 다정한 방식이면 좋겠다. 한편 내 생각과 비슷한 사람들과 과하게 다정하지 않았는지 성찰한다. 다정함이 과하면 다름에 대한 편견과 혐오도 함께 하기 때문이다. 어쩔 수 없다 생각하지만, 적어도 같은 방향을 바라보는 동안 다름에 혐오하는 대신 분노하되 소통하면 좋겠다.

---

6) 친환경무상급식풀뿌리국민연대.(사)희망먹거리네트워크(2013),〈모두가 행복한 밥상〉, 리북, pp.76-78

학교급식법 개정과 학교급식지원센터 설치·운영, 그 뜨거웠던 여름

이보희 희망먹거리네트워크 상임대표

2006년 아이들도 어느 정도 자라고 뭔가 보람된 일을 해야 하지 않을까 생각하고 있을 때 배옥병(당시 학교급식전국네트워크 상임대표) 대표에게 걸려 온 전화 한 통이, 제가 지금까지 20년 가까이 먹거리 운동에 몸담게 된 계기가 되었다.

10여 년 아이 키우는 데 몰두(?)하고 있었기 때문에 그동안 학교급식 운동이 그렇게 치열하게 전개되고 있었는지도 모른 채, 반상근이라는 조건에 가벼운 마음으로 사무처장직을 맡아 사직동 학교급식전국네트워크 사무실에 첫 출근을 하였다. 처음, 일주일은 반상근답게 '생각보다 일이 많지 않은데'라는 지금 와서 돌이켜 보면 지나치게 순진했던 생각으로 하루하루를 보내고 있었다.

근무하고 일주일, 그 유명한 'CJ 식중독 사고'가 발생하였다. CJ푸드가 공급하던 학교를 중심으로 전국 32개교 2,800여 명이 식중독으로 설사와 복통을 호소하고 10만 여 명 학생들의 급식이 중단되었던 그 이전과는 식중독 사고와는 비교할 수 없는 그야말로 학교급식에서 전무후무한 대형 식중독 사건이었다.

급하게 내부 논의를 거치고 기자회견을 준비하면서 저는 저 자신도 모르게 급식 운동이라는 거대한 역사 속으로 빨려 들어가고 있었다.

정말 긴박한 일정이었다. 기자회견, 국회 앞 천막농성, 그리고 학교급식법 전면 개정!!

6월 16일 몇몇 학교에서 식중독이 발생했음을 처음 접하고, 7월 19일 학교급식법 전면 개정이 공포되기까지 한 달 조금 넘는 시간이었다. 2002년 학교급식전국네트워크, 2003년 학교급식법 개정과 조례제정을 위한 국민운동본부를 창립하면서 급식 운동 진영이 수년간 줄기차게 주장해왔던 학교급식법 개정이 10만 여 명이 넘는 아이들이 직·간접적으로 고통을 겪고 나서야 비로소 개정된 것이다.

1995년 학교급식을 자본의 이윤 창출의 도구로 만들었던 위탁급식이 진부한 표현이긴 하지만 그래도 쓸 수밖에 없는 그야말로 '역사의 뒤안길'로 사라지게 된 것이다.

그러나 학교급식 운동의 3대 목표 중 직영급식을 제외한 '우리농산물 사용, 무상급식'은 개정 내용에 반영되지 않았다. 그나마 식재료 품질기준과 우수 식재료 공급을 위한 학교급식지원센터 설치·운영이 명시되면서 직거래를 통한 우리농산물 공급의 가능성을 열어 놓을 수 있었다는 것이 다행이었다.

학교급식법이 개정되고 난 후 당장 시급한 것은, 개정 학교급식법의 문제와 안전한 식재료 공급 방안, 시행령과 조례로 이관된 법 조항이 제대로 반영될 수 있도록 하는 것이었다. 다시 모여 논의를 지속해나갔다.

가장 큰 고민은 지방자치단체의 조례로 위임된 학교급식지원센터 설치·운영 방안이었다. CJ로 대변되는 이윤 추구의 사적 시장에 방치되어 식중독과 불량급식으로 점철되었던 학교급식에 건강한 식재료를 직거래로 공급하기 위한 '공공조달체계'로서의 학교급식지원센터와 단순히 식재료 공급만을 위한 기능이 아닌 교육과 홍보까지 포괄하는 통합적인 학교급식지원센터가 되기 위해서는 어떤 체계로 설치·운영되어야 할까?

때마침 교육부에서 학교급식지원센터 5가지 모델을 제시하면서 그 논의는 더욱 뜨거워졌다.

대전 전교조 사무실, 전국에서 모인 학교급식법 개정과 조례제정을 위한 국민운동운동본부 활동가들은 끊임없는 토론을 통해 가장 바람직한 방안을 마련하고자 노력했다.

이전에 논의되어 왔던 급식 운동 진영의 모델과 교육부의 모델을 분석하고 문제점과 개선방안을 논의하였다. 오후 2시에서 3시경 시작한 회의는 밤 10시 넘어 막차 시간까지 이어졌고 결국 막차를 놓치지 않기 위해 다음 회의를 기약하며 대전역을 향해 달려가곤 했다.

상행선과 하행선, 서로 마주보는 철로에서 같이 손 흔들며 조심해서 잘 가라고 외치던 그 동지들이 아직도 눈에 선하다.

2010년 경기도 김상곤 교육감이 쏘아 올린 경기도 학교 무상급식을 시작으로 2022년 전국 초중고등학교에서 친환경무상급식이 시행되고 있다.

2015년 WTO에 제소된다며 정부 부처에서 앞장서서 막았던 우리농산물 사용도 WTO에서 급식에는 예외 조항으로 인정받았다. 학교급식운동의 3대 목표였던 '직영급식, 우리농산물 사용, 무상급식'의 꿈이 실현된 것이다.

그때 우리는 무슨 열정으로 그 수많은 날을 그렇게 열심히 살았을까? 어떤 시민운동이든 활동가의 열정 없이 시작되고 이뤄진 것은 없겠지만 그때 그 시절 아니 그 이전부터 최근까지 뜨거웠던 학교급식 운동 활동가의 열정이 시민들의 전폭적인 지지와 만나 풀뿌리 민주주의와 보편적 복지 확대로 대변되는 학교급식 운동으로 역사에 길이 남게 된 것이 아닐까?

현재 활동하고 있는 먹거리 활동가의 대부분은 직·간접적으로 학교급식 운동에 참여했던 경험을 얘기한다. 학교급식 운동에 참여하지 않았다는 사람을 찾아보기가 힘들 정도다. 그렇게 수많은 사람이 함께 학교급식 운동의 역사를 써 내려왔다.

그 시절의 동지들에게! 밥은 잘 먹고 계시죠? 언제 우리 밥 한 번 먹어요.

밥상 이야기

친환경무상급식은
하루아침에 이루어지지 않았다

강혜승 참교육을 위한 전국 학부모회 서울지부장

서울 친환경무상급식 추진 과정

친환경무상급식은 2009년 4월 경기도 교육감 선거에서 김상곤 후보가 교육감으로 당선되며 경기도에서부터 실시된 정책이다. 그 당시 중학교까지 의무교육이었지만 학교급식은 수익자부담금으로 학부모들이 부담을 하였고 형편이 어려운 학생들은 따로 선별해 학교에서 무상으로 급식을 지원하였다. 가정 형편에 따라 선별해 지원하는 급식은 '눈치 밥'이란 말로 수급 대상 학생들을 불편하게 했다. 이처럼 학교 안에서 불편한 구조를 없애고 차별 없는 행복한 급식을 위해 서울에서도 친환경무상급식을 추진하기 위해 학교급식전국네트워크(희망먹거리네트워크 전신), 전국교직원노동조합, 참교육을 위한 전국 학부모회, 평등교육 실현을 위한 학부모회 등의 단체들이 연대해 서울 곳곳의 거리에서 '친환경무상급식 주민서명'을 받았던 기억이 있다.

2010년 지방선거에서 서울은 주민직선 교육감선거에서 진보진영의 곽노현 교육감이 당선되었고 서울시장은 보수진영의 오세훈 시장이 재선되었다. 그리고 서울시의회는 민주당 시의원들 80%의 의석을 차지했다. 서울시의회는 2011년 1월 6일 무상급식 지원조례를 시의회에서 통과시켰고 오세훈 시장은 복지 포퓰리즘이라며 조례 공포를 거부했고 조례안에 대해 법원에 무효소송을 제기했다.

복지 포퓰리즘이란 보수진영 논리에 첨예하게 맞선 무상급식 조례안은 오랜 시간 무상급식을 위해 활동했던 시민단체들을 결집시켰고 이들은 오세훈 시장과 서울시를 규탄하며 초등 5~6학년부터 무상급식을 실시하라고 집회를 열고 반대 진영을 압박했다. 무상급식에 대한 논란이 확대되자 오세훈 시장은 시장직을 걸고 주민투표를 발의했고 2011년 8월 24일 실시된 주민투표는 최종 25.7%로 개표 가능한 투표율에 미치지 못했다. 오세훈 시장은 이 결과에 승복해 8월 26일 시장직을 사퇴했다. 그리고 그해 2011년 10월 26일 실시된 보궐선거에서 박원순 시장이 당선되며 서울은 초등학교 5~6학년부터 무상급식을 실시할 계기를 마련했다.

금천의 활동가들 친환경무상급식 위해 '나쁜 투표' 거부 운동 진행

그 시절 나는 참교육학부모회 남부지회장으로 활동하며 금천에서 '금천학부모모임'을 2011년 1월 창립해 금천학부모모임 회장까지 겸하고 있었다. 또한 금천학부모모임을 중심으로 한 금천지역 활동가들과 금천교육네트워크를 결성해 주민과 학부모를 대상으로 다양한 교육과 교육 아젠다를 알리는 활동을 활발히 진행했다. 친환경무상급식 주민서명을 진행했고, 2011년 무상급식을 반대하는 오세훈 시장의 주민투표를 반대하며 '나쁜 투표' 거부 운동을 독산역, 금천구청역 등에서 지역의 활동가들과 진행했다.

금천구 나쁜 투표 거부 운동본부 결성(네이버 카페 '금천 아카데미' 참고)

2011년 8월 3일 금천지역은 사회단체, 야 4당이 무상급식 주민투표 공동대응을 위한 연석회의를 제안해 8월 9일 연석회의를 진행했고 공동대응을 위해 '나쁜 투표 거부 금천운동본부'를 결성했다. 금천운동본부는 8월 10일 금천구청에서 발족 기자회견을 했다.

금천운동본부는 지역의 독산역과 금천구청역 등에서 출퇴근 시간에 맞춰 1인 시위와 지역의 거점 공간에서 홍보 전단지 등을 배포했다. 나쁜 투표 개표 당일 금천구는 투표율 20.2%로 25개 서울 자치구 중에서 가장 낮아 강남 3구와 비교되었다. 금천운동본부는 금천지역의 나쁜 투표 거부에 지대한 역할을 했다고 생각한다. 그 당시 나는 금천지역과 서울 도심 광화문에서 나쁜 투표 거부 1인 시위를 했다. 우연이겠지만 내가 광화문 광장에서 나쁜 투표 거부 운동을 하고 있을 때 오세훈 시장이 다가와 나에게 악수를 청해 어정쩡한 표정으로 악수한 사진은 지금도 포털에서 찾아볼 수 있다.

2011년 10월 26일 서울시장 보궐선거

오세훈 시장 사퇴로 인한 서울시장 보궐선거에서 진보진영의 후보가 당선되기를 바라며 금천학부모모임 회원들은 분주하게 활동했다. SNS를 통해 친환경무상급식을 실현할 수 있는 후보를 지지해 달라고 홍보하고 지인들에게 전화하기 등 다양한 방법으로 활동을 했다. 그리고 10월 26일 선거 날은 투표 독려 문자 보내기, 지하철역, 다수가 모이는 공간에서 '투표합시다' 1인 시위를 진행했다. 이러한 정성과 염원의 결과로 친환경무상급식 공약을 앞세운 후보가 당선되어 금천지역 활동가들과 환호하며 기뻐했다.

친환경무상급식 활동을 되돌아보며...

2023년, 친환경무상급식이 실현된 지 벌써 햇수로 12년이다. 그 당시를 회상하며 가물거리는 기억의 창고에서 나의 활동을 정리해 보았다. 그 시절 서울에는 친환경급식을 위해 헌신한 많은 선배 활동가들이 있었다. 배옥병(희망먹거리네트워크 대표), 이빈파(평등교육실현을 위한 학부모회 활동가), 전은자(참교육학부모회 교육자치위원장) 등 나는 쟁쟁한 선배 활동가들을 보며 급식 운동에 동참하고 배울 수 있었다. 그리고 지금도 전국에서 학교급식 운동을 활발히 추진했던 많은 분들을 '친환경무상급식풀뿌리국민연대'에서 만나 동지로서 먹거리 운동을 함께 하고 있다.

2009년 경기도에서 쏘아 올린 친환경무상급식은 2011년 서울에 이어 전국으로 확산되었고, 2023년 현재 유치원부터 고등학교까지 무상급식이 완성되었다. 그리고 무상급식 운동은 중학교를 넘어 고등학교까지 무상교육을 실현하도록 촉진했다고 생각한다. 이제는 친환경무상급식을 넘어 공공급식 운동으로 확산하고 있는 먹거리 운동이 지지부진하고 있다. 정권에 따라 교육정책이 흔들리 듯 먹거리 운동도 흔들리고 있다.

먹거리 기본권에 대한 인식이 부족한 정권은 후진적 사고인 선별적 복지에서 벗어나지 못한 채 국민적 지지를 받고 있던 초등학교 돌봄교실 과일간식 사업과 임산부 친환경꾸러미사업 등의 먹거리 정책들을 폐지하여 매우 안타깝다. 그래서 이제는 친환경무상급식 운동처럼 다시 국민들의 안전과 건강권을 위한 먹거리 기본권을 위한 활동을 추진해야 한다는 생각을 다지고 있다.

어느덧 16년차 교육시민단체 활동가로서 지난 시간을 되돌아보니 가장 자랑스러웠던 활동은 친환경무상급식 실현과 주민발의 서울학생인권조례 제정운동이었다. 이처럼 우리의 어린이와 청소년에게 꼭 필요한 의제를 실현할 수 있었던 것은 전국의 NGO활동가들 덕분이다. 어려운 여건 속에서 사회의 변화와 혁신을 위해 묵묵히 소신 있게 활동하고 있는 활동가들은 지금도 다양한 분야에서 삶에 필요한 의제를 발굴하고 이를 실현하기 위해 활동하고 있다. 친환경무상급식 또한 어느 날 갑자기 실현된 것이 아니다. 오랜 세월 학교급식을 위해 헌신한 분들이 있었기에 가능했다. 그리고 그들은 여전히 현장에서 더 나은 세상을 위해 목소리를 내며 활발히 활동하고 있다.

나의 밥상 이야기

김정숙 전 안전한 학교급식을 위한 부산시민운동본부 상임대표

'김정숙 하면 그냥 학교급식이야.'

부산지역에서 한동안 나에게 주어진 이름이
었다.

신문만 펼치면 이름이 나오고, TV만 켜면 얼
굴이 나오니 무슨 연예인이냐고 하기도 했다.
학교에 학부모 교육을 하러 갔더니 TV에 나온
사람을 실물로 처음 본다고 사진 찍자고 하기

도 하고…. 아무튼, 학교급식 운동을 하던 시절(2002~2015년) 나의
모습이다….

어쩌면 무식해서, 아무것도 몰라서 용감하게 시작했는지도 모른다.

참교육을 위한 전국학부모회 부산지부 사무국장을 맡았던 2001년
용감하게도 급식운동본부를 만들어 대표가 되었으니 말이다. (지부장
도 아니면서 연대의 대표가 되는 일은 극히 드문 일이기에….)

교육연대단체에서 만난 환경운동연합. 부산여성회. YWCA. 부산교
육희망 등 회원들과 학교급식 이야기를 나누면서 "우리 학교급식 공부
해 보자"라고…. 누가 먼저 제안했는지 정확하질 않지만 다들 함께 하
자는 데 동의를 했다. 그런데 간이 크게도 벌이자마자 학교 영양사회

(그때만 해도 영양교사가 되기 전이다) 대표를 만나 학교급식 식단표에 관한 이야기를 나누고 단체별로 부산 시내 학교급식 식단표를 모아 보기로 했다. 100여 개 학교에서 모아온 식단표 공부를 하기 시작하였다. 그 걸음이 그렇게 오랜 시간 '학교급식=김정숙'을 만드는 긴 여정이 될 줄이야….

참으로 열심히도 공부했다. 우유를 첫 주제로 잡아 실제 우유공장까지 가 보고, 책 읽고 강의 듣고 논문 찾고, 교수님들 찾아다니고, 수입 농산물 공부한다고 국립검역소까지…. 2년 정도 열심히 돌아다닌 결과물을 학교급식 식단표 뒷면에 넣어 모든 학교에서 가정 통신문으로 보내고. 첫걸음이 아주 강하게 시작되어 교육청에서는 우리를 '급식부대'라 불렀다.

2002년 부산에서 많은 단체가 함께 '안전한 학교급식을 위한 부산시민운동본부'를 창립하게 된다. 다른 지역에서는 학교급식법 개정과 조례제정 운동본부로 출범한 곳이 대부분이었지만 우리는 그런 장치들은 안전한 학교급식을 위한 그림 속의 하나로 보고 명칭을 그렇게 가져갔다.(훗날 2006년 학교급식법이 개정되고 직영급식, 친환경급식을 넘어 무상급식까지 이루고 나서는 국민운동본부도 '안전한 학교급식을 위한 국민운동본부'로 이름을 바꾸게 된다.

2002년 겨울 참교육을 위한 전국 학부모회 본부에 제안했다. 지역별로 학교급식 운동을 하는 단체들이 있고 참학도 중점사업으로 하고 있으니 전국 조직을 만들어 보자고…. 첫 만남 장소를 부산으로 해도 좋다고, 부산에서 총대를 메겠다고 큰소리를 쳤다. 드디어 지역에서 열심히 학교급식 운동을 하고 있던 활동가들이 모이게 되었고(기억에 첫 모임을 2003년 5월 대전에서 한 것으로 안다), 2003년 11월 11일 전국운동본부 창립식에 부산에서 13명이나 되는 대군단이 참석하였다.

급식법 개정과 조례제정 운동에 지역에서는 다들 '이 구역에서는 내가 미친년이다'라는 마음으로 열심히도 쏘다녔다. 주민 발의!! 그게 뭔데? 급식조례를 우리 손으로 만드는 거래.

대체 그때만 해도 주민자치라는 단어를 알고나 있었던가? 지금 생각하면 참으로 겁도 없이 무모하게 도전한 것 같다. (8여 년 전부터 마을교육공동체 공부하면서 학교자치만 부르짖었던 내가 주민자치를 외치고 다니면서 지방자치법과 지방 교육재정교부법을 다시금 들여다보면서 참으로 어려운 일을 하기는 했구나 싶다). 2005년 부산시 학교급식에 관한 지원조례를 주민 발의로 제정한 후로 주민 발의로 제정한 조례가 없기 때문이다.

얼마나 용감했으면 KBS 방송총국을 찾아가 토요일에 지역방송으로 하는 아침마당 시간에 주민 발의와 학교급식조례 강의를 하게 해 달라고 졸라 실제 강의를 하게 된 것이다. 지금 그 방송 보면 얼마나 유치할지…. 아직 다시 보기를 못 해 보고 있다.

그런데. 사고가 생겼다. 급식업체를 중심으로 급식운동본부가 하나 더 만들어져 수입농산물을 사용함으로써 세계화에 앞장서고 폭넓은 사고를 할 수 있다는 논리를 들고나와 주민 발의로 진행해 그곳도 8만 명 이상의 서명을 받아 온 것이다. 토론회, 기자회견…. 엄청 많이도 했다.

병합 심의를 하여 하나의 조례안을 만들었고 거의 대부분 우리 안이 기본으로 채택되었다.

그렇게 하면 끝나는 줄 알았지만 길은 멀고도 멀었다. 예산 확보!! 시의회 예결산 위원들 모두 한 명 한 명 전화하고, 만나고, 계수조정 끝날 때까지 밤늦도록까지 시의회 복도에서 진을 치고…. 정말 지금의 친환경급식, 직영급식, 무상급식이 되기까지 멀고 먼 길이었다. 하지만 그

일은 교육청의 적극적인 지원과 교육감님의 지지를 받았기에 학교를 찾아다니는 일은 한결 수월했다.

지금은 중학교 친환경급식을 제외하면 유치원, 고등학교까지 무상급식을 하게 되었고, 최소한 정부미를 쓰지는 않고 있으며, non GMO 장류까지 사용할 수 있게 되었으니 길고 먼 길이 절대 외롭지만은 않았다.

부산이 저지른 큰 사건이 있었다. 우리가 그토록 원했던 학교급식지원센터를 우리가 직접 만들어 보자고 부산에서는 몇 분 안 되는 생산자와 경남 생산자들을 한 명씩 만나 설득하여' 안전한 학교급식을 위한 시민·생산자 물류센터'를 만들게 된 것이다. 학교급식조례를 만들기 위해 길거리에 살다가 이제는 물류센터 설립을 위한 모금 활동(토론회, 기자회견, 설명회, 축제 참여 등)을 위해 다시 거리로 나섰다. 그렇게 하면 급식지원센터가 만들어질 때 우리의 소망대로 물류센터가 그 주춧돌이 될 줄 알고⋯. 얼마나 많은 실무자가 고속도로에서 밤을 새우고 생산자들에게 제때 물건값을 못 줘서 사이가 틀어지고 심지어 사채까지 빌리게 되고⋯. (나중에 OOO사무국장이 긴 편지를 보내 '대표님이 물류에 대해 알기나 하냐고, 직원들을 뭐로 생각하냐고, 함께 급식운동만 하다 가정파탄 나면 책임질 거냐고⋯.') 지금도 그 편지를 보관하고 있을 만큼 마음 아픈 일이다. 영농조합, 사회적협동조합⋯. 무엇인들 안 해 봤을까⋯.

결국 학교급식지원센터(부산 3곳)는 모두 농협으로 넘어가고 물류센터는 해산총회를 거쳐 실무자들이 물류만 하는 것으로 막을 내렸다. 한참 뒤 식생활교육지원센터 논의에 다시 중심에 섰을 때 평생 지원센터 부르짖다 망한 사람이라고 발표하기도 했다.

부산의 활동 중 학교매점실태조사 (부산 중고등학교 200개 학교 1000여 명 설문 참여)를 통해 '탄산음료' '컵라면' '뜨거운 캔커피' 등 조리식품을 팔지 못하도록 권유하게 되었다. 때마침 보건복지부에서 우리와 비슷한 조사를 통해 대책안을 내놓게 되어 시기적으로 부산에서 낸 성명서가 힘을 받게 되어 부산지역 학교에서는 큰 뉴스가 되었다. 우리 아이들은 친구들이 엄마가 학교에서 컵라면을 팔지 못하게 한 사람이라는 걸 알게 되면 학교 못 다닌다고 그 인터뷰는 하지 말라고 당부하기도 했다.

우리나라 시민운동의 역사 중 단시일 내에 범국민 운동으로 그것도 학부모가 주축이 된 진정한 시민운동이 학교급식 운동이라고 감히 말하고 싶다.

지금은 부산시 푸드플랜 먹거리 위원으로서, 식생활교육부산네트워크 고문으로 아직도 먹거리 운동의 언저리에 있다.

몇 년 전 정치에 뜻을 둔, 나름대로 진보라고 말하는 이가 출판기념회를 하는데 갔더니 학교급식 운동이 00당의 성과이고 본인이 그 운동의 중심이라고 쓰여 있었다. 시작부터 지금까지 현장에 있는 '안전한 학교급식을 위한 부산시민운동본부'는 언급조차 안 되고…. 이제 나의 할 일은 부산급식운동사를 정리하는 일이다.

진정으로 '김정숙 하면 학교급식이야'가 되려면…….

학교급식의 끝은 어디인가?
어느새 20년이다

박미진 전 학교급식개선과 조례제정을 위한 경기도운동본부 상임집행위원장

2003년 경기도 최초 주민발의 조례제정과 대법원 제소, 그리고 2007년 조례 개정과 2009년 시범사업 시작까지...그 길은 길고도 험난했지만 감동이었다

경기도 최초의 주민발의 조례, 모두가 어려울 거라고 했다.

2003년 3월, 서울·경기·인천지역 18개교 위탁급식학교에서 1,500여 명에 이르는 집단 식중독 사고가 발생했고, 6월에는 경기·인천지역 학교급식 위탁업체 비리 사건으로 학교장과 행정실장 28명이 고발되는 사건이 있었다.

이미 2002년부터 학교급식의 질적 개선을 위해 지자체의 역할과 예산 지원을 요구하면서 '교육사무이니, 일반사무이니'하며 다투고 있는 상황에서 수도권에서 발생한 위탁급식업체의 집단 식중독 사고와 비리사건은 '급식은 교육이다'는 본질적 문제의식과 함께 학교급식을 더 이상 방치할 수 없다는 공감대를 형성시켰다.

경기도에서는 2003년 7월 8일 학교급식의 발전적 전망 관련 전농 경기도연맹 주최 심포지엄을 개최하였고, 당시 민주노동당 도의원이었던 나는 7월 15일 '경기도 학교급식 개선과 조례제정운동을 합시다'는 제안문을 공식적으로 배포하였고, 7월 18일 경기도 시민사회단체 집행책임자 1차 간담회를 개최하면서 본격적 논의를 시작했다.

이후 10월 1일 경기도 학교급식개선과 조례제정을 위한 경기도운동본부 발족과 10월 24일 조례청원에 따른 대표자 증명서 교부까지 약 3개월 동안 수많은 간담회와 회의를 진행했는데, 도 단위 대부분의 시민사회단체 관계자들은 6개월 동안 유권자 14만명 이상의 서명을 받아야 하는 주민발의 조례제정은 엄두도 나지 않고 불가능하다고 말했다. 그동안 지역에서 경험도 없을 뿐더러 경기도의 특성상 시·군 단위 활동 중심이다 보니 광역 단위로 묶어 낸다는 것이 실무 역량을 포함하여 현실적으로 어렵다는 이유였다.

밑져야 본전 아니겠는가?

'주민발의를 성공하면 경기지역 시민사회단체의 저력을 보여주는 것이고 실패하면 지역사회의 현재 역량을 가늠할 수 있는 좋은 계기가 될 수 있을 것이다. 일단 부딪혀 보자.' 그렇게 설득과 합의를 통해 대장정은 시작되었다. 전농 경기도연맹, 전교조 경기지부와 공동집행위원장 체계로 구성해 나는 상임집행위원장을 맡았다

2003년 11월 10일 수원역에서 경기도 학교급식 주민발의 서명운동 발대식을 시작으로 본격적인 서명운동이 시작되었고, 추운 겨울 경기도 전역에서 서명운동의 바람이 불었다. 경기도 단위 27개 단체와 21개 시·군운동본부 267개 단체가 참여하여 경기도 조례와 시·군 조례를 동시에 제정하기 위한 풀뿌리 주민자치 운동이 시작되었다.

서명운동 시작 5개월만에 서명인 수가 20만 명이 넘었다.

2004년 3월 30일, 5개월만에 경기도민 166,024명의 서명용지를

들고 경기도학교급식지원조례 제정 청구인 접수 및 기자회견을 진행했다.

1톤 트럭에 40여 개 박스를 싣고 경기도청 앞에서 기자회견을 진행하고 민원실에 들어설 때 가슴 벅찬 감동은 아직도 생생하다. 당시 경기도청의 모 사무관은 정말 서명을 완료해 이렇게 빨리 제출할 거라 생각하지 못했다고 했다. 시·군에서 진행한 20만장이 넘는 서명용지를 차곡차곡 모아 시·군·읍·면·동별로 분류하여 100장씩 묶어 박스에 넣었다. 지역 활동가들은 한 달 가까이 낮에는 단체의 중요한 업무를 보고 운동본부 사무실에 모여 연장·야간·휴일 근무를 해가며 서명용지를 확인하고 분류했다. 밤을 새거나 쪽잠을 자면서 분류 작업을 하는 동안 그 누구도 힘들다는 말 한마디 없었고, 그저 도민의 폭발적 관심과 참여에 고맙고 감사하다며 서명용지 한 장도 빠트리지 않으려고 애를 썼고 서로를 격려하면서 끈끈한 동지애로 묶였다.

조례제정 청구인 접수 이후 2004년 5월 한 달 동안 경기도청 관련 공무원들과 운동본부 간 실무협의가 진행되었다. 양측 교섭단이 구성되었고 조례 제1조부터 부칙까지 운동본부는 조항별 취지와 의미를 설명하고, 경기도는 검토 의견과 입장을 이야기했다. 마치 노동조합에서 단체협약 체결을 위한 단체교섭을 진행하는 것과 같았다. 다행히 실무협의가 잘 진행되었고 실무협의 결과를 바탕으로 6월 1일 운동본부에서는 조례 수정안을 제출했다.

국산농산물 사용이 WTO규정 위반이라며 대법원에 제소까지…과연 어느 나라 정부인가?

문제는 운동본부가 원칙적으로 절대 포기할 수 없는 '국산농산물 사용'이라는 문구가 WTO규정 위반이라며 도의회 통과 여부가 불투명하고 도지사의 재의 요구도 불가피하다는 것이었다.

전국에서 가장 인구수가 많은 경기도가 포기하면 전국적으로 우리농산물 사용 원칙을 견지하고자 하는 급식운동에 문제가 생긴다는 책임감이라고 해야 할까? '경기도 조례가 제소되더라도 원칙을 견지하면서 전국을 견인하고 간다'고 경기운동본부는 결의를 했다.

그래서 6월 11일 손학규 도지사 면담, 6월 25일 경기도의회 의장 면담, 7월 21일 경기도의회 관련 상임위원회인 문화공보위원회 소속 위원 간담회, 그리고 8월 19일 문화공보위원회 위원장과 의회 운영위원장 면담, 9월 2일 학교급식조례제정을 염원하는 경기도민 2004선언 및 신문광고에 이르기까지 5개월 동안 조례를 통과시키기 위한 엄청난 노력과 투쟁을 했고, 마침내 2004년 9월 3일 경기도의회 문화공보위원회 통과, 9월 10일 본회의에서 만장일치로 통과되었다.

역시나 9월 24일 행정자치부는 WTO규정 위반이라며 재의 지시를 했고, 9월 30일 경기도지사는 경기도의회에 재의 요구를 했다. 그리고 10월 14일 경기도의회 만장일치 재의결과 10월 24일 경기도지사가 경기도학교급식지원조례를 공포하자 11월 10일 행정자치부는 제소를 지시했고 11월 17일 도지사가 제소를 거부하자 11월 24일 행정자치부가 직접 대법원에 조례 제소와 효력정지 가처분 신청을 했다.

조례안 접수 이후 행정자치부와 교육인적자원부, 외교통상부, 농림부까지 중앙부처 방문과 관계자 면담, 항의서한 전달, 기자회견과 규탄집회까지 참으로 많은 노력을 했지만 조례 제소를 막을 수가 없었고 결국 경기도학교급식지원조례는 시행되지 못했다.

이후 2006년 7월 19일 학교급식법 개정과 시·군 조례 시행에 힘입어 '우수농산물'이라 표현하더라도 당연히 국내산이라는 인식이 확산됨에 따라 2007년 10월 9일 경기도의회 학교급식연구회 소속 의원들과 간담회, 10월 23일 학교급식 조례개정을 위한 토론회를 개최하면서 12월 21일 경기도 학교급식지원조례 개정안이 도의원 80명의 서명으로 발의되었고 2008년 3월 18일 경기도의회에서 개정안이 통과되었다. 그리고 경기도 교육협력과를 비롯한 관련부서와 실무협의를 통해 마침내 11월 10일 시행규칙을 제정하였고 제1기 학교급식지원심의위원회를 구성할 수 있었다.

2004년 조례 제소 이후 2008년까지 4년 동안 도내 31개 시·군 중 27개 시·군 조례제정이 완료되었고 학교급식법이 개정되었고, 2007년 경기도에서 G마크 우수 축산물 지원사업 시작과 2009년 88개 학교를 대상으로 한 G마크 우수농산물 지원 시범사업 시작까지... 학교급식개선과 조례제정운동...그 길은 길고도 험난했지만 감동 그 자체였다.

무상급식 7전 8기, 2009년 4월 김상곤 민선교육감 당선과 함께 시작된 무상급식 투쟁... 우리 사회 보편적 복지 담론을 만들었다

\# 전면 무상급식...정말 가능할까? 우리농산물 사용, 직영급식과 함께 3대 목표 중 하나였고 마지막 남은 과제였다. 유·초·중 무상급식 완성까지 5년.. 그리고 2019년 고등학교까지 무상급식 전면실시까지 딱 10년 걸렸다.

2006년 학교급식법 개정과 2008년 경기도 학교급식지원조례 개정, 2009년 우수농산물 지원 시범사업 논의가 시작되면서 우리농산물 사용과 직영급식이라는 목표는 어느 정도 달성되었다. 마지막 무상급식 목표는 차상위계층부터 단계적, 선별적으로 지원해야 한다는 반대론자들의 주장과 함께 우리 사회 보편적 복지와 선별적 복지에 대한 논쟁을 가속화시켰다. 그 불씨 또한 2009년 주민직선 경기도교육감 선거였다

2009년 4월 8일, 주민직선을 통해 김상곤 경기도교육감에 선출되었다. 교육자치 시대 첫 경기도교육감이자 민주진보진영의 후보 단일화

에 따른 첫 진보교육감으로 당선되었다. 후보 당시 무상급식은 주요 공약이었고 교육감으로 당선된 후 초등학교 무상급식 예산안을 제출했는데 당시 교육위원들과 한나라당 도의회의원들이 그 예산을 전액 삭감해 버렸다. 2006년 7월~2010년 6월까지 제7대 경기도의회 의원수는 119명으로 한나라당 115석, 열린우리당 2석, 민주당 1석, 민주노동당 1석이었다. 당시 김문수 경기도지사는 일률적 무상급식은 '북한식 사회주의적 발상', '학교가 무료급식소인가', '포퓰리즘 정책' 등의 표현을 해 가며 반대했다.

경기도의회 무상급식 예산 삭감은 '아이들 밥값보다 더 중요한 사업이 있느냐'는 비판과 함께 경기도를 넘어 전 국민의 분노를 촉발시켰고, 경기도에서는 연일 무상급식 예산 복원을 촉구하는 농성과 집회, 도민 서명운동이 끊이질 않았다.

이후 무상급식 문제는 정치적 쟁점으로 튀어 올라 2010년 6월 지방선거에서 진보와 보수를 나누는 핵심 의제로 등장했다. 2010년 6월 2일 치러진 지방선거 결과 제8대 경기도의회는 124명 중 민주당 76석, 한나라당 42석, 국참당 2, 민주노동당 1, 진보신당 1, 무소속 2명으로 구성되었고, 김상곤 교육감이 재선에 성공함에 따라 무상급식 정책은 빠르게 추진될 수 있었다.

2010년 3월 초등학교 농어촌 지역을 시작으로 9월 초등학교 도시지역 5~6학년 확대, 2011년 3월 초등학교 전학년 확대 및 9월 유치원 만 5세 확대를 시작으로 2014년 유·초·중 전학년 무상급식을 완성했다. 그리고 2019년 9월부터 고등학교 전학년 실시를 함으로써 2021년 3월부터는 유·초·중·고와 대안학교까지 전학년 무상급식을 완성하게 되었다.

도교육청 임기제 공무원? 친환경무상급식 성공적 추진과 정착을 위해 선택한 길은 결국 내 삶의 터닝 포인트였다.

김상곤 교육감이 당선되고 친환경무상급식을 성공적으로 추진하기 위해서 정책을 기획하고 실행할 수 있는 손과 발이 필요했다. 교육청에 들어가 일할 사람이 필요했고 정치 활동을 하던 나는 수많은 고민을 뒤로 한 채 2010년 11월 시간제로 시작해서 2015년 4월까지 도교육청 내 친환경무상급식팀과 친환경급식과를 만드는 과정에 함께 했고, 친환경무상급식 추진 담당 역할을 수행했다.

민관 거버넌스기구로 친환경무상급식추진단을 구성·운영하면서 친환경무상급식 추진 동력에 힘을 실었고, 경기도 협력없이 시·군과 매칭 예산을 통해 무상급식을 확대해야 하기에 기초지자체 담당자 협의회를 정례화시켜 추진계획과 예산분담을 협의하고, 시·군학교급식지원센터 설치·운영 지원과 협의회 운영, 생산자단체를 통한 지역 우수 농산물 공급을 확대하기 위한 수의계약 한도액 조정 등 식재료 구매방법 개선, 친환경농산물과 전통장류를 이용한 건강식단 개발, 교육지원청별 협상에 의한 계약방식을 통한 non-GMO 가공식품 공동구매, 학교 장독대와 식생활교육관 설치를 비롯한 식생활교육까지....약 5년동안 유·초·중 무상급식 완성과 친환경급식 공급체계 마련, 가공식품 공동구매 정착, 식생활교육 활성화에 이르기까지 해야 할 일과 하고 싶은 일을 마음껏 했다.

임기를 끝내고 교육청 문을 나서는데 아쉬움은 전혀 없었다.

나는 최선을 다했고 의미 있는 성과도 많았고, 누군가 말했듯이 식품산업 생태계를 변화시켰으니 말이다.

다시 현장으로.. 학교급식을 넘어 공공급식과 지역먹거리전략으로... 초심으로 돌아가 보려 한다

교육청 '어공' 생활을 마치고 식생활교육과 먹거리전략 실행을 위한 민간단체와 중간지원조직에서 활동을 했다. 그리고 이제 가장 기초단위인 시·군에서 현장을 누비며 지역사회 변화를 촉진시켜 보고자 한다. 급식지원센터가 학교급식을 넘어 공공급식으로, 공공급식을 넘어 지역먹거리전략으로 그 기능과 역할을 확대하고 지역 먹거리공동체 활동을 활성화시킬 수 있도록 다시 배우고 고민하고 시도하면서... '학교급식의 끝은 어디인가'를 되뇌이며 고민했던 초심을 잃지 않고자 한다.

이번 급식운동 백서 발간이 지난 20년을 다시 한번 되돌아보고, 지금 이 순간 무엇을 해야 할지 정리해 볼 수 있는 좋은 기회가 되었다. 전국에서 친환경무상급식과 풀뿌리 주민자치 운동을 일구어 왔던 수많은 활동가들에게 '너무나 수고했고 잘 해 왔다. 덕분에 친환경무상급식 운동은 너무나 성공적이었다.'는 말을 꼭 전하고 싶다.

먹거리 문제를 아우르는 중요한 열쇠

강석찬 (사)한국친환경농산물가공생산자협회 회장

　우리나라에서　친환경무상급식이라는　말을
꺼낸 지 벌써 20년이 흘렀다.

　그동안 일선에서 고군분투하신 모든 활동가
와 시민운동가 모두에게 온 마음을 다해 응원의
박수를 보낸다. 급식이란 단어는 저에게는 가
정 형편이 어려운 학생에게 옥수수 빵과 우유를
제공하였던 50여 년 전의 초등학교 시절 모습을 떠오르게 한다. 물론
아직 철모르던 친구들 사이에 그 급식 빵을 서로 뺏어 먹거나 나눠 먹기
도 하였던 즐거운 모습도 남아 있지만 그 급식을 받아 먹어야 하는 학생
은 자신의 집이 가난하다는 것을 반 친구들 모두에게 공개할 수밖에 없
는 창피함을 무릅써야 하는 참 난감한 시간이었던 것으로 기억한다. 심
지어는 대상 학생이 급식시간에 빵과 우유를 수령하려고 하지 않아 담
임 선생님께서 무척 난감해 하기도 한 경우도 있었다. 이런 어려운 시기
를 지나 우리나라에서 보편적 무상급식 운동이 펼쳐지고 급식재료로 친
환경농산물을 사용하자는 진일보한 친환경무상급식 운동이 펼쳐지게
됨은 단순히 급식의 문제를 해결하자는 일차원적인 문제 해결이 아니라
우리의 농업문제와 먹거리문제를 아우르는 중요한 열쇠였다고 생각한

다. 얼마 전에 제가 살고 있는 화성시에는 일본의 시민단체인 아시아태평양자료센터(PARC)에서 23년 7월14일부터 17일까지 일본의 시민운동가들과 광역의원 및 시의원 등 13명이 내한하여 화성시의 친환경무상급식을 살펴보고 돌아갔습니다. 이번 방문은 일본 내에 친환경급식에 대한 관심도가 높아지면서 화성시 친환경무상급식 식재료 유통실태와 소비시스템을 살펴보기 위해 작년에 이어 내한한 경우다. 이들은 화성푸드통합지원센터와 서경초등학교등 현장을 방문하고 지역 먹거리 운동단체인 화성먹거리시민네트워크와 2~3차례의 간담회 및 토론회를 가지고 돌아갔다. 일본측 참가자들이 이구동성으로 하는 말 중에서 우리나라의 특히 화성시의 친환경무상급식에 대해 깊은 감동을 받았고 일본에 돌아가면 한국의 선진적인 친환경무상급식을 널리 알리고 벤치마킹을 하겠다는 다짐이었다. 이렇게 우리가 시작했던 친환경무상급식은 우리뿐만 아니라 이웃나라에까지 감동을 주는 정책이었다고 생각한다.

그런데 그들에게서 본받을 내용은 작년에 내한하였던 참가자들이 자신들의 방문 기록과 대담 내용 등을 CD로 구어 일본 내에 홍보 및 교육자료로 배포했다는 얘기였다. 그리고 작년에 참가한 우리나라 단체 및 개인에게도 그 CD를 선물로 주고 갔다. 이러한 결과물은 우리의 친환경무상급식 탐방이 몇 사람만의 단순 견학이 아닌 자신들에게 어떻게 적용시켜야 할지를 고민한 흔적이라 생각한다.

또 하나 친환경농산물가공을 하는 사람으로써의 고민은 요즘 세태에 1차 농산물을 직접 조리하여 먹게 하기보다는 가공품을 사용하는 경우가 점점 많아지고 있다는 점이다. 물론 가격과 유통의 문제만은 아니라고 생각한다. 바쁜 우리 생활의 변화가 1차 농산물을 직접 조리하는 번거로움에서 가공품을 이용한 간단한 조리법으로 변화되어 가는 편리성과 효율성도 한몫하고 있음을 실감한다. 이런 면에서 여하히 농산물가공품이 싼 원가문제와 유통문제 등을 해결하기 위해 각종 첨가제를 사용하여 정크푸드화되는 것을 배격하고 정말 어머니의 손으로 직접 만든 음식과 같은 양질의 가공품을 연구하고 만들어 내는 것이다. 이는 가공생산자들만의 고민이 아닌 생산자, 소비자 우리 모두의 숙제라고 생각한다.

이제 친환경무상급식 운동 20년이 성년으로의 발돋음이라 생각하며 공공급식 등 그 범위를 넓혀 우리 농업의 지속가능과 건강한 먹거리 문화를 정착시키는 데 튼튼한 토대가 되기를 희망한다.

 밥상 이야기

친환경 농사는 어떤 삶의 가치인가?

김상기 경기도친환경농업인연합회 회장

　2000년도에 파주로 귀농해서 22년째 유기
농법과 무농약농법으로 농사지으며 경기도친
환경농업인연합회 활동을 하고 있다.
　친환경무상급식 운동 20년 백서에 자유롭
게 글을 써 달라고 하셔서 글을 쓰는 전문가도
아니고 바쁘기도 해서 경기도친환경농업인연
합회 10여 년의 활동과 주변 친환경농업을 하시는 동료이자 동지들에
게 드리고 싶은 말씀을 정리하며 떠오른 감상을 정리해 보았다.

경기도친환경농업인연합회 10년의 나무

　한국 농업 희망의 숲을 만들어 가는 20년을 준비하는 그 길에 친환
경농업 선후배 동지 여러분, 늘 건강하신 모습으로 지금처럼 함께 해
주십시오.
　한국 사회에서 농부로 살아내는 것, 친환경농업을 하며 친환경 농사
를 지으며 삶을 살아간다는 것은 어떤 삶이며 가치를 지니고 있을까 새
삼 생각하게 된다.
　친환경 농민은 누구일까. 사람이 존재하는 데 없으면 살아갈 수 없는

절대적인 의식주, 그 중에서도 식을 생산하는 일, 그 중 친환경식재료를 생산하는 사람이다. 경기친농연의 활동들은 바로 그 사람들, 경기도 친환경 농민들이 모여 만든 자주적이고 자립적인 조직이라고 생각한다.

선배님들 그리고 후배 동지들이 함께 지나온 10년의 길을 돌아본다. 경기도 친환경농업과 농민들의 삶은 경기친농연과 함께 한 시기와 그 이전 시기로 나눠 보면 어떨까 생각하게 된다.

과거 경기도 친환경농업을 하는 농민은 개인의 의지와 사회적 역할과는 무관하게 친환경농산물을 생산하면서도 그 존재를 시장이나 행정 그 어느 관계에서도 가치를 인정받지 못했다.

지난 10년의 시간은, 친환경농산물을 생산하며 친환경농업의 가치를 인정받기 위한 사회적인 실천 투쟁의 과정이었다고 생각한다. 뿐만 아니라 그 중요성에 대해 스스로 각성하고 사회적으로 확인하고 또한 인정받는 역사적인 시간이 아니었을까 싶다.

친환경농업을 하는 우리들은 그 어떤 삶보다 완전함에 가까운 삶의 모습을 지니고 있다고 자부한다. 이 땅에서 숨쉬며 스치고 흐르며 존재하는 모든 생명과 하늘과 땅, 그 어느 것에도 찌꺼기를 적게 남기는 완전에 가까운 생산 활동을, 지난 10년 간 우리 경기친농연 선후배 동지 여러분들께서 실천적인 모습으로 함께 해 오셨다.

우리들의 생산적 실천과 활동은 우리 친환경 농민만을 위한 활동이 아니라 이 땅에 보이지 않는 존재들에게도 당당하고 떳떳하게 이야기할 수 있는 전설적인 이야기라고 생각한다.

친환경 농사꾼으로서 생산 활동, 생산을 원활하게 하기 위한 조직 활동, 생산된 농산물이 소비되게 하는 유통 확대 활동, 그 어느 것도 사람만이 아닌, 일체 생명에게 선과 덕을 나누는 과정이었다고 해도 지나치지 않다.

경기도 31개 시·군 경기도민 1,400만 명 중 농민 28만 명, 그 중 5,300여 명이 친환경농업으로 농사를 지으며, 22개 시·군 지역과 인연을 맺고 살면서 경기도친환경농업인연합회라는 조직을 만들어 지난 10년 간 친환경농산물 생산과 소비, 친환경농업인의 권익을 위해 불철주야 가쁜 숨 몰아쉬며 함께 키우고 달려왔다.

함께 해 주신 모든 선배 친환경 농민들과 후배 친환경 농민들께 존경과 감사의 말씀을 드리며 사랑한다는 말씀을 꼭 전하고 싶다.

경기도 친환경 농민 여러분 사랑합니다

지난해 우리는 22개 전 지역 조직을 순회하며 선배 동지님들과 후배 동지님들을 만나 뵈었다. 가평에서부터 김포, 광주, 고양, 군포, 남양주, 수원, 시흥, 양평, 연천, 양주, 여주, 이천, 안양, 안산, 의왕, 안성, 용인, 파주, 포천, 평택, 화성에 이르기까지 친환경농업인연합회 시·군 전 조직의 상황을 공유했다. 어려움은 무엇이고 해결 과제는 무엇인지 서로 토론하며 해결의 실마리를 찾고 살펴보는 소중한 시간을 함께 가졌다.

치열한 토론을 통해 해결 방향을 모색하고, 지난 10년을 돌아보며 우리 조직의 과제가 무엇인지 살피며, 그 해결 방향을 모아 경기친농연 10주년 비전선언문에 담아서 슬기와 지혜를 대내외에 선포하는 자랑의 시간도 가졌다.

모든 동지 여러분 고맙고 감사합니다

모두들 어렵다고 입을 모으는 친환경농업이 가능하다는 것을 보여주기 위해 모두 정말 열성적으로 노력했다. 친환경농산물의 생산성을 극대화하기 위한 노력은 110가지가 넘는 친환경농산물 생산 확대로 확인됐다. 그렇게 생산된 친환경농산물이 학생들에게, 군인들에게, 임산부에게 공급되었다.

우리의 조직적 활동은 가격과 물량을 우리 스스로 결정하는 자립적이고 자주적인 조직의 기풍과 전통을 만들었다.

불모지와 다름없던 경기도 땅에 자주적 기풍과 전통을 심고 키워 온 역사 또한 우리들이 함께 만들어 왔다.

여름에는 논과 밭과 비닐하우스와 과수원에서 정성의 땀방울로, 영하 20도를 넘나드는 겨울에는 그 추위 견디며 아스팔트에서 투쟁의 농사로, 현장 실천 투쟁으로 키워 온 나무는 경기도친환경농업인연합회라는 10년의 결실을 보는 나무로 성장했다.

존경하는 경기도 친환경 농민 선배, 사랑하는 후배 동지 여러분!

현장 실천 투쟁의 나무로 성장해 온 경기친농연이 어떤 나무로 성장해 갈 것인지는 우리들의 마음에 온전하게 달려 있음을 다시금 생각하게 된다. 10년 수명을 다하고 더 이상 자라지 못하는 나무가 아니라 20년, 아니 경기도민의 마음과 의식주 속에 수호나무로 자랑거리가 될 수 있도록 지나온 시간들과 같이 함께해 가는 데 노력할 것이다.

도시와 농촌의 모든 사람들의 삶의 근원이 되고 모든 이들의 평온한 휴식처가 될 수 있도록 지속가능한 친환경농업의 희망을 우리 조직을 통해 실현시켜 가자고 말씀드리고 싶다.

그동안 가꾸어 온 경기친농연이라는 나무가 튼튼하게 자랄 수 있도록 선배동지들께서는 든든한 뿌리가 되어 주길 바라고 싶다. 왕성하게 활동하는 동지들께서는 기둥과 줄기가 되어 주고 새로운 희망의 후배들과 여성 동지들께서는 가지와 줄기가 되어 주길 기대한다. 그렇게 우리 나무는 꽃을 피우고 열매를 맺을 것이다. 우리 나무가 만든 결과를 사회와 함께 나누며 진정한 친환경 농민의 나이테를 한 줄씩 새겨 가고 싶다.

경기친농연의 희망과 결실이 농민에게, 사회로, 경기도로, 전국으로 널리 널리 퍼져서 친환경 농민조직의 나무가 또 다른 숲을 이룰 수 있다는 가능성을 확장시켜 가는 희망의 길에 지금과 같이 늘 함께해 주길 진심으로 바란다.

고맙습니다. 사랑합니다.

여정과 과제

친환경무상급식풀뿌리국민연대,
친환경무상급식 시대를 열다[1)]

박인숙 전 친환경무상급식풀뿌리국민연대 상임대표/인천학교급식시민모임 공동대표

친환경무상급식풀뿌리국민연대 출범과 2010년 지방선거

2010년 지방선거를 앞둔 2009년 4월 8일 주민 직선에 의한 경기도 교육감선거에서 진보 단일 후보 김상곤 교육감이 당선됐다. 출마 과정에서 '무상급식'을 공약으로 제시하여 반향을 일으켰으며, 당선된 이후 무상급식 이행을 위해 노력했다. 그러나 도의회 다수당이었던 한나라당 소속 도의원들이 예산을 삭감하면서 반토막 수정안이 통과됐다. 김문수 도지사가 '북한식 사회주의' 운운하며 완강하게 반대했지만, 오히려 학부모와 시민들의 무상급식에 대한 관심을 높이는 계기가 됐다.

2001년부터 학교급식 개선과 학교급식법 개정에 대한 활동이 시작되고, 2002년 11월 '학교급식전국네트워크'가 출범했으며 각 지역별 조례제정운동본부가 결성되었다. 전국적인 학교급식법 개정과 학교급

---

1) 2013년 11월 발간된 「친환경무상급식을 넘어 엄마들이 꿈꾸는 모두가 행복한 밥상」 (희망먹거리네트워크, 친환경무상급식풀뿌리국민연대 지음. 급식운동 10년 백서)에서 자세하게 서술함.

식 지원 조례운동을 펼치기 위해 2003년 11월 4일 '학교급식법 개정과 조례제정을 위한 시민사회단체 연대회의'에 이어 지역 운동본부가 결합한 '학교급식법 개정과 조례제정을 위한 국민운동본부'가 2003년 11월 11일 발족한다. 이후 2008년에는 '안전한 학교급식을 위한 국민운동본부'로 전환했다. 마침내 2010년 지방선거를 앞두고 2010년 3월 16일 광화문 세종문화회관 계단에서 2,200여 개 시민단체를 규합하여 '친환경무상급식풀뿌리국민연대'(이하 '급식연대')를 출범시켰다.

급식연대는 2010년 6월 2일 지방선거를 앞두고 친환경무상급식을 지방선거에서 최대 쟁점으로 만들었다. 무상급식 공약을 생활정치 1번 공약으로 부각하고 전국적인 동시다발 공동행동을 조직했다. 특히 각 광역지방자치단체 후보 및 교육감 후보, 지방의원 후보들과 친환경무상급식 정책협약을 추진했다.

선거 과정에서 무상급식을 지지하는 정당 후보와 반대하는 정당 후보로 나눠 치열한 담론 싸움이 있었다. 무상급식을 찬성하는 개혁·진보 진영은 "학교급식은 교육이고 의무교육은 무상이다"라는 입장에서 가난 증명 눈칫밥이 아닌 차별 없는 보편적 무상급식을 공약으로 제출했다. 이에 맞서며 무상급식을 반대하는 보수 진영은 "이건희 삼성그룹 회장 손자에게도 무상급식을 줘야 하느냐"라며 잔여적이고 선별적인 복지를 주장했다.

급식연대는 친환경무상급식은 모든 학생의 권리라며 보편적 무상급식을 주장했다. 또한 무상급식은 친환경급식이어야 하며 지역별 급식 지원센터를 설립하여 생산, 가공, 유통, 소비, 폐기에 이르기까지 지역순환 정책을 추진해야 함을 주장했다.

급식연대는 친환경무상급식 도입을 위하여 범국민 서명운동을 시작하고 각 지역별로 지방선거에 출마한 자치단체장 후보 및 지방의원 후보, 교육감 후보들에게 친환경무상급식 정책협약을 제안했다. 급식연대는 2010년 3월 24일 교육감 후보와 정책협약식을 가졌다. 2010년 4월 12일에는 〈친환경 무상급식 야5당 대표 정책협약식 및 정책토론회〉를 통하여 친환경무상급식을 위한 적극적 추진을 결의했다.

이어 2010년 5월 17일에는 서울, 경기, 인천에 출마한 후보들과 〈친환경무상급식 전면 실현을 위한 수도권 후보의 다짐과 약속〉 서명식을 가지고 '차별 없는 행복한 밥상' 친환경무상급식 실현을 위한 최선을 다한다는 약속을 천명했다. 각 지역 조직들도 해당 지역 지방선거 후보들과 정책협약을 추진하여 친환경무상급식 이행 추진과 민·관의 거버넌스 근거를 마련했다.

2010년 지방선거는 친환경무상급식 공약을 협약한 지방자치단체장, 교육감, 지방 의원 후보들이 대거 당선되면서 친환경무상급식 대세를 형성했다.

친환경무상급식 원년 실현과 무상급식 반대에 맞서 승리

2010년 지방에서 승리를 거둔 지역에서는 바로 친환경무상급식 조례 제정을 준비하고 2011년부터 친환경무상급식 실시 계획을 수립했다. 급식연대 친환경무상급식 추진 전국현황 조사에 따르면 2010년 8월 기준으로 서울, 경기, 충남, 강원, 울산, 부산, 경남, 충북, 인천, 대전, 제주 등에서 초등학교 전면 또는 부분 실시를 준비하고 있는 것으로 파악했다. 또한 친환경무상급식 조례를 제정하는 과정에서 각 지역별 급식지원센터 설립의 근거도 마련하여 급식지원센터 설립을 준비하기 시작한다.

무상급식을 저지하기 위한 움직임도 강력하게 보수정당 출신 단체장을 중심으로 추진되는데, 대표적으로 서울의 오세훈 시장과 경남의 홍준표 도지사에 의해 자행된다. 오세훈 서울시장은 2010년 11월에 2011년 서울시 예산안에 저소득층 급식비 지원 예산은 수립하지만 보편적 무상급식 예산은 전혀 수립하지 않는다. 그러나 무상급식을 공약한 다수 서울시의원들에 의해 2010년 12월 1일 서울시친환경무상급식조례는 통과된다.

이 과정에서 한나라당 시의원들은 무상급식조례 제정을 막기 위해 의장석을 점거하는 난동을 벌이기도 했지만 끝내 통과된다. 오세훈 시장은 통과된 조례를 공포하지 않고 "망국적 복지 포퓰리즘인 무상급식을 거부하겠다"고 밝혔다. 그러나 서울시교육청과 21개 구청은 무상급식 예산을 편성하여 1학년부터 4학년까지 무상급식을 실시하고 서울 성북구청(김영배 구청장)은 2010년 10월부터 관내 6학년 대상 무상급식을 시작했다.

오세훈 시장은 시의회에 재의를 요청했지만 거부되자 주민투표를 통한 전면적 무상급식 찬반투표를 강행한다. 이에 맞서 7월 28일 무상급식 주민투표 대응을 위한 풀뿌리시민사회·야당·지역단체가 비상대책회의를 소집한다. 8월 1일 주민투표가 발의되자 8월 4일 '부자아이 가난한 아이 편 가르는 나쁜투표 거부 시민운동본부'(약칭 '나쁜투표거부운동본부')가 발족한다.

주민투표는 25.7%에 불과하여 성사되지 못하고 폐기된다. 오세훈 시장은 주민투표가 33.3%가 넘지 않으면 시장직을 사퇴하겠다고 한 발표대로 8월 26일 사퇴한다. 이후 보궐선거를 통하여 박원순 시장이 등장하고 '초등학교 5,6학년 무상급식 지원 안'을 첫 번째로 결재하면서 서울지역도 무상급식 시대를 열었다.

2010년 지방선거에서 무상급식을 여는 과정에서 배옥병 급식연대 상임대표가 공직선거법 위반으로 벌금 200만원을 선고받고 5년간 정치활동 금지를 받는 탄압을 받았다. 2016년 총선에서 급식연대는 서울시장 당시 무상급식을 파탄 내려 했던 오세훈 후보를 낙선후보로 선정하고 총선넷 시민단체와 기자회견을 통해 낙선운동을 펼쳤다. 그 결과 오세훈 후보는 총선에서 낙선됐지만, 박인숙 급식연대 상임대표는 공직선거법 위반으로 고발되어 벌금 70만원을 선고받았다.

급식지원센터는 2006년 학교급식법 개정을 통하여 급식지원센터 설립 근거를 마련했는데, 그 선도적 시작은 울산 북구(윤종오 구청장)에서 직접 관할 행정직영형으로 추진했다. 구청 내에 관련 부서를 설치하고 전문가를 채용하여 새로운 가능성과 사례를 만들어 냈다. 각 지역별 무상급식 실현과 함께 급식지원센터 설립이 주요한 과제로 대두되었으며 지역별로 다양한 형태의 급식지원센터가 시도됐다. 2023년 현재 급식지원센터는 광역 또는 기초단체를 망라하여 104개가 설치되어 학교급식의 공적 조달시스템으로 역할하고 있다.

경남 홍준표 도지사는 2015년 4월 1일부터 무상급식을 일방적으로 중단시켰다. 이에 경남지역의 학부모 및 시민단체는 정상화를 위해 강력하게 싸웠다. 급식연대는 4월 7일 국회 정문 앞에서 '학교급식법개정과 차별 없는 친환경의무·무상급식 지키기 범국민연대'(약칭 '의무급식 범국민연대')를 발족하고 경남 무상급식 중단에 맞섰다. 의무급식이라고 명기한 것은 국가와 지방정부의 책임을 강조하기 위해 사용했고 급식연대를 포함하여 친환경무상급식지키기경남운동본부, 친환경무상급식과안전한먹거리서울연대, 식량주권과먹거리안전을위한범국민운동본부, 교육운동연대, 희망먹거리네트워크, 시민사회단체연대회의, 한국진보연대가 참여했다. 이날 기자회견을 통하여 중앙정부의 책무가 명시된 학교급식법을 4월 임시국회에서 가장 우선적으로 통과, 홍준표 경남도지사의 무상급식 훼손에 대해 국회가 적극 원상회복하길 촉구하며, 새누리당, 새정치민주연합, 정의당은 구체적인 입법 및 문제 해결 노력을 적극 나설 것을 촉구했다.

이 과정에서 중앙정부 무상급식 책무를 명시한 학교급식법 개정안이 노회찬, 김경수, 박광온 등 국회의원 발의안으로 제출됐다. 경남급식연대는 홍준표 소환 주민투표를 비롯한 학부모들의 솥단지 투쟁 등 완강한 투쟁을 벌였다. 급식연대는 의무급식 범국민연대와 함께 정당 방문 지원, 국회 전시회, 수차례 기자회견과 피켓팅, 서명운동 등을 통해 홍준표 무상급식 파탄에 대응했다.

경기도를 시작으로 가공품 식재료 공동구매 사업이 추진되고 식재료 품질기준을 높이는 정책 활동이 전개됐다. 경기도는 20여 개 가공품을 친환경, 안전한 식재료로 공동구매 활동을 통해 식재료 품질기준을 높이고 국회에서 품질기준과 관련한 정책토론회를 추진했다. 가공품 공동구매는 인천에서도 2019년부터 2022년까지 추진되었다.

이 시기는 급식지원센터와 지방자치단체 거버넌스 참여, 전문가 참여 등 제도화를 통한 친환경무상급식 활동이 활발하게 진행된 시기이다. 지역 운동본부의 활동가들이 계약직 공무원으로 진입하면서 지방자치단체 차원의 활동이 강화되고 상대적으로 지역 운동본부는 이완되기도 했다.

급식연대는 서울과 경남 무상급식 파탄 사례를 통해 무상급식 국가 책임의 중요성을 인식하고 무상급식 국가예산 50% 확보를 명시한 학교급식법 개정안을 2012년 국회에서 발의하도록 추진하여 성사시켰지만 법 개정까지 성과를 내지는 못했다. 수차례 국회를 방문하여 학교급식법 개정을 위해 촉구하였지만 매번 국회 임기 종료에 따른 폐기가 되풀이 되고 있다.

학교급식에서 공공급식으로, GMO·방사능 없는 학교급식을 위한 노력

2012년부터 본격적으로 학교급식을 넘어 공공급식으로 확장이 제안되었으며, 서울시의 경우에는 다른 나라 사례를 개발하고 유치원과 어린이집까지 공공급식으로 참여하는 방안을 연구하고 추진했다. 문재인 정부 들어서 푸드플랜 수립을 추진하여 각 지역에서는 푸드플랜을 위한 활동을 통해 공공급식으로 먹거리 전반의 권리 보장과 안전을 위한 사업을 추진했다.

급식연대는 2012년 4월 11일 19대 총선에서 제정당과 정책협약을 통하여 "국민에게 건강을, 농민에게 희망을" 친환경무상급식의 국가지원 확보 및 국민의 먹거리 기본권 보장을 위한 정책협약을 추진했다. 이 협약에는 3대 목표와 5대과제를 제출했는데, 3대 목표로는 '보육부터 교육까지 친환경무상급식 실시, 학교급식을 넘어 공공급식으로 확대, 국민의 먹거리 기본권 보장'을 목표로 제시했다.

5대 과제는 '국가와 지방자치단체 재원에 의한 보육부터 초·중·고 교육까지 친환경무상급식 실시 등 학교급식법 전면개정, 안전하고 민주적인 공공급식체계를 구축하여 친환경무상급식을 공공급식 전반으로 확대, 국민의 먹거리 기본권 실현을 위해 먹거리 관련 모든 정책을 통합 규율하는 국민먹거리보장기본법 제정과 국가(지역) 먹거리 전략 계획 수립·시행, 식량위기에 대응하고 안전한 우리 먹거리의 안정적 공급 체계를 구축하기 위한 범국가적인 식량주권 실현 특별 대책의 조속 수립, 국민의 먹거리 기본권과 식량주권을 파탄 내는 한미FTA 시행 전면 반대와 한중FTA 협상 즉각 중단'을 제출했다. 정당과 협약에는 민주통합당, 통합진보당이 참여했다.

2014년 6월 4일 지방선거를 앞두고 급식연대는 보육부터 고교교육까지 친환경무상급식 실시, 학교급식을 넘어 공공급식으로 확대, 국민의 먹거리 기본권 보장을 목표로 한 학교급식법 개정, 급식지원센터 확대를 촉구했다.

2011년 일본 후쿠시마 원전 사고를 계기로 방사능에 대한 우려가 급증하면서 방사능 없는 학교급식 조례 운동이 확산되었다. 이후 GMO 없는 학교급식과 함께 방사능 없는 학교급식 문제는 지속적인 과제가 되었다. 대통령선거, 총선을 앞두고 안전한 급식을 위한 학교급식법 개정 요구 사항에 주요한 요구로 제출되었다.

2023년 일본의 일방적인 핵오염수 해양투기 시도와 관련하여 국민들의 불안이 급증되고 시민사회단체가 공동으로 저지에 나섰다. 이에 다시 방사능 식재료 관련 조례가 주목되고 학교급식법 개정 등을 통해 방사능 없는 학교급식 의제가 논의되고 있다. 방사능 식재료 안전검사를 주요 내용으로 하는 방사능 조례도 2023년 재정비되거나 새롭게 제출되어 2023년 7월 현재 32개 지역에서 방사능 식재료 관련 조례가 제정됐다.

급식연대는 매번 전국적인 선거 국면을 활용한 정책 활동을 강화했는데 구체적으로 2016년 20대 총선 3대 요구안은 '△영유아부터 고등학교까지 친환경무상급식 확대 △중앙정부 예산 지원을 위한 학교급식법 전면 개정 △방사능·GMO·화학첨가물 등으로부터 안전한 급식 공공 조달체계 마련'을 각 정당에 정책 공약으로 제안했다. 새누리당을 제외한 더불어민주당, 국민의당, 정의당, 녹색당, 노동당은 모두 제안 내용에 찬성의견을 표명하였다. 일부 정당의 경우에는 부분적 단서를 달기도 했다.

그동안 GMO 반대 운동을 펼쳤던 유전자조작식품반대 생명운동연대(반GMO연대)는 2016년 6월 27일 대표자, 집행위원 연석회의를 열어 반GMO연대를 넘어서는 GMO반대 범국민운동체를 결성할 것을 결정했다. 또한 이 운동에 급식연대에도 함께 할 것을 제안했다.

'GMO 완전표시제·학교급식GMO퇴출·GM작물시험재배중단, GMO 반대전국행동'(이하 'GMO반대전국행동')은 2016년 9월 2일 발족했으며, 참가 제안문에서 2대 목적으로 인체 및 생태계에 유해한 GMO 종자 및 식품을 사회에서 근절시키고, 안전하고 건강한 먹거리공급체계, 식량자급체계를 구축한다는 목적을 분명히 했다. 운동의 3대 목표로는 ① 원료기반 GMO 완전표시제의 즉각적이고 전면적인 시행, ② 학교급식 및 공공급식에서 GMO 배제, ③ 국내 GMO 안전성 심사승인, 상용화 시도 중단, 개발사업단 해체를 세웠다.

이를 위해 ① GMO 완전표시제(GMO-Free 표시 등) 전면 시행 및 명확한 표시를 위한 식품위생법 개정, ② 학교급식에 GMO 식품 사용 배제를 위한 학교급식법 개정, ③ GMO 벼 시험재배 및 상용화 반대를 명문화한 양곡관리법과 농산물품질관리법 등 개정, ④ 전 국민의 안전하고 건강한 먹거리공급체계 구축을 위한 먹거리기본법 제정을 4대 지침으로 정했다. 급식연대도 적극적으로 GMO반대전국행동에 참여하여 GMO 완전표시제 실현과 GMO 없는 학교급식을 위해 나섰다.

GMO에 대한 인식과 관심을 높이기 위해 지역별 다큐멘터리 〈유전자룰렛〉 상영과 국제 심포지움에 함께 참여해 왔고 일본, 대만과 국제 교육 사업에도 함께 했다. 2016년 7월 급식연대 정책 워크숍 및 국회 토론회를 통하여 GMO·방사능 없는 학교급식을 위한 법 개정에 대해 논의하였다.

2016년부터 상당기간 동안에 급식운동의 주요한 요구는 국가책임을 분명히 한 중앙정부의 50% 재정부담 의무화, 영유아 교육기관 및 고등학교까지 친환경무상급식 확대, 광역 및 기초지자체 학교급식지원센터 설치 의무화(비대면 전자조달시스템의 중단 또는 보완, 계약 금액의 상한선 제고, 현물조달 가능 등의 식재료 공적조달 계약에 대한 법률 근거 명시), GMO·방사능·화학첨가물 등의 식재료 품질기준 및 조달기준 강화, 학부모 및 시민의 참여 및 활동 지원 강화, GMO 완전표시제 등 식품위생법 개정, 식량주권 보장을 위한 양곡관리법 및 농산물품질관리법 개정, 공공급식의 지원 강화 및 확대를 위한 각종 법 개정(어린이집 및 지역아동센터, 장애인 및 노인복지시설, 국·공립병원, 군, 국방부 직할부대 및 기관, 기업 등 집단급식시설 등 공공급식 지원 강화 및 확대 필요) 등을 설정하고 정부와 국회 활동을 전개했다.

2016년 10월 29일 박근혜정권 퇴진을 촉구하는 촛불집회가 시작됐다. 2016년 11월 19일 1,500개 단체가 참여하는 '박근혜정권 퇴진 비상국민행동'(약칭 '퇴진행동')이 발족했다. 급식연대도 퇴진행동에 참여했다. 퇴진행동은 2017년 4월 29일까지 총 23차 집회를 개최하여 마무리하고 3월 10일 탄핵 심판 전인 19차까지 연인원 총 15,882,000명, 23차까지 총 16,848,000명 참여하였다.

박근혜정권 퇴진에 따라 대통령선거를 앞두고 대선 농정 공동공약 준비모임이 2017년 1월부터 진행됐고, 급식연대도 적극 참여했다. 급식연대 차원에서는 '행복한 학교급식을 위한 촛불 2대 공약'으로 '고등학교까지 국가책임 친환경무상급식 실시와 방사능·GMO 없는 안전한 급식 실현'을 발표했다.

문재인 정부 출범이후 2018년 4월에 대통령 후보 당시 정책협약 한 GMO 완전표시제 실현과 GMO 없는 안전한 급식을 위한 국민청원 운동을 전개하여 22만 명에 이르는 서명을 조직했다. 이후 식약처는 협의체를 구성하여 표시제 관련한 사회적 논의를 시작했지만, 끝내 합의에 도달하지 못하였다.

2018년 9월 11일 대통령 후보 시절 공약한 농정의 근본전환, 대통령직속 농어업·농어촌특별위원회 설치, GMO 완전표시제 등 농정대개혁을 촉구하며 농업·밥상 살리는 농정대개혁 촉구 단식농성이 시작되었다. 진헌극 급식연대 상임대표와 김영규 친농연 사무처장이 29일간 단식농성을 전개했고 연대단체 릴레이 단식농성이 이어졌다. 이후 농어업·농어촌특별위원회가 설치되었다.

2019년 전국 푸드플랜 추진 현황을 공유하고 전 국민의 먹거리기본권 구축을 위한 먹거리운동진영의 통일적 운동체 모색과 대응 방안을 논의하기 위한 임시총회 및 워크숍 개최 등을 진행하였다. 이는 이후 11월 전국먹거리연대가 출범하는 계기가 되었으나, 급식연대 자체의 진로와 관련하여서는 전체적인 합의를 보지 못하고 이후 오랫동안 논의가 진행되었다. 이후 하반기 워크숍에서는 앞의 내용과 전국 현황을 공유하고, 2020 총선 대응으로 '국민먹거리기본법'과 '공공급식법' 등의 제정과 '학교급식법' 및 '식품위생법', '지방계약법' 등의 개정을 통한 제도 개선의 성과를 도출하기 위해 여당 및 야당과의 협의에 지속적인 노력과 사업 추진이 필요함을 공유하였다.

2020년 총선에서는 전국먹거리연대, GMO반대전국행동과 함께 공동정책제안을 하고 후보들과 정책협약을 추진했다. 정책협약서에 의하면 지속가능한 농업, 국민의 먹거리 기본권 보장, 안전한 학교급식을 위해 ①국가 및 지역단위 푸드플랜 정착을 위한 먹거리 기본권 제정 ②유·초·중·고 친환경무상급식에 중앙정부 책임 등 학교급식법 개정 ③ GMO 완전표시제 시행을 위한 식품위생법 개정 등을 제안했다. 2023년 현재까지 유치원부터 고등학교까지 무상급식은 실현되고 있지만 학교급식법 개정 등 제도적 변화를 이끌어내지 못했다.

2020년~21년에는 전국먹거리연대, 농민기본소득운동본부에 적극적으로 참여하여 먹거리기본법 및 농민기본소득법 제정 마련을 위한 활동과 코로나19 재난상황으로 인한 학교급식 중단, 신규급식시스템 문제 해결 등 여러 급식 현안에 대한 대응 및 대안 마련을 위해 노력하였으나 크게 의미 있는 성과를 만들어 내지 못했다. 이는 급식연대를 비롯한 운동진영 조직 역량의 한계와 체계적 기획 미비 등 여러 요인으로 인한 것이다.

2022년은 학교급식법 개정, GMO 완전표시제 시행 등 법·제도 개선의 성과를 도출하기 위해 20대 대선 후보와의 정책협약식 체결 및 제8기 민선지방자치선거에 적극적으로 대응하였다. 더불어 전국먹거리연대, 농민기본소득운동본부, CPTPP 가입 저지 국민운동본부(준) 등 연대활동을 활발하게 추진하였다. 그러나 윤석열 대선 후보의 당선과 지방선거에서 국민의힘이 대승하면서 먹거리운동 정책의 지속적 추진과 발전은 크게 난관에 부딪히게 된다. 또한 제8기 민선지방자치선거 운동은 일부 지역운동본부를 중심으로 진행하였으나, 전국적으로 동시 진행되지 못한 한계를 보였다.

현재 급식운동 관련 핵심 개혁과제로는 첫째, 중앙정부 차원의 학교급식 예산 분담(현재는 지방정부만 부담하고 있음), 둘째, 학교(공공)급식지원센터 설치의 확대(전국 지자체의 1/4 정도만 설치함), 셋째, 가공식품을 포함하여 non-GMO, 방사능, 화학첨가물 없는 안전한 학교급식, 넷째, 식생활 교육의 강화 등을 들 수 있다.

학교급식 운동의 평가와 공공급식의 방향[1)]

윤병선 건국대학교 교수

1. 학교급식 운동의 성과

자본주의 사회에서 기업들은 농(農)과 식(食)의 관계를 분절적으로 만듦으로써 그 틈을 자신들의 이윤을 얻기 위한 영역으로 확대해 왔다. 이들에 의해서 만들어진 농식품체계는 순환의 체계, 상생의 체계가 아니라 단절과 경쟁의 체계이다. 단절과 경쟁이 가져온 효율은 기업의 관점, 이윤의 관점, 화폐의 관점, 단기적 관점에서의 평가이지, 사람의 관점, 지역의 관점, 순환의 관점, 장기적 관점에서의 효율은 아니다. 자본주의 사회의 시장관계 내에서 사람, 순환, 상생 등의 가치를 강요하는 것은 어렵다. 특히 기업의 입장에서는, 이윤의 입장에서는, 효율의 관점에서는 더욱 그렇다. 자본주의 사회는 화폐적 관계가 모든 것을 압도하는 이데올로기가 지배하는 사회이기 때문이다.

이런 상황에서 한국의 학교급식 운동은 대안농식품 운동의 역사에서

---

1) 이 글은 2018년 10월 18일, 친환경무상급식풀뿌리국민연대 주최 정책토론회 '학교급식을 넘어 공공급식으로!' 정책토론회 발제문임.

갖는 의미가 각별하다. 2000년대 초반의 지역 지원조례 제정 운동 때부터 WTO 국제 무역규범과 신자유주의적 경제·사회 정책의 흐름에 직접적으로 저항했다는 측면에서 일련의 먹거리 운동과 차별성을 보였다. 2002년부터 본격화된 학교급식법 개정 운동과 조례제정 운동, 2006년 대규모 식중독 사고에 이은 학교급식법 개정, 그리고 2010년의 친환경무상급식 논쟁 등을 거치면서 학교급식 운동은 사회적 확장을 거듭했다.

2003년 학교급식법 시행령 개정에 의해 "자치단체는 학교급식 지원을 위한 예산을 사용할 수 있다(학교급식법 시행령 제7조 5항)"는 조항이 신설되어 식품비 지원이 가능해지면서 지역산 쌀과 농산물에 대한 차액지원이 가능해졌다. 하지만 '지역에서 생산되는 우수 농수축산물과 이를 재료로 사용하는 가공식품'을 '우수농산물'로 정의하고 이에 대해 현물 혹은 일부를 차액지원할 수 있도록 한 것이 WTO 무역규범에 위배된다는 이유로 행정부의 입장을 대변한 교육감 등이 조례가 무효라는 취지로 대법원에 제소하였고 대법원은 WTO협정에 위배된다는 판결을 내렸다. 이로 인해 '국내산', '지역산' 등의 문구는 빠지고 모호한 '우수농산물'에 대한 차액지원 정책이 다수의 광역·기초 지방자치단체에서 실시되었다. 2002~2005년의 학교급식법 개정 및 학교급식 지원조례 제정 운동은 90년대 우루과이라운드 협상 반대 운동의 경험을 먹거리의 영역으로 확장해 농민단체-시민사회단체의 연대를 확보하고, 조례 제정을 통해 운동 가치를 제도화하는 성과를 만들어 냈다.

학교급식 운동은 대안농식품 운동 중에서 로컬푸드운동의 활성화에 결정적인 기여를 했다고 할 수 있다. 아이들에게 건강한 먹거리를 제공하기 위해서는 '얼굴 있는 먹거리'만큼 확실한 것이 없고, 지역의 농사현장만큼 학생들에게 살아 있는 교육의 장을 제공하는 것이 흔치 않기 때문에 한국의 학교급식 운동은 로컬푸드 운동의 확산에 큰 기여를 했다. 한편, 위탁급식에 따른 식재료의 질 문제나 안전성의 문제로부터 발생한 학교급식 사고는 먹거리의 영역만큼은 공적인 시스템을 매개로 진행되어야 한다는 공감대를 마련하는 계기가 되었다. 또한, 학교급식 운동은 지역 내에서 다양한 주체들이 서로 협력하는 거버넌스를 구축하는 계기를 제공하기도 했으며, 학교급식지원센터 등 중간지원조직의 활성화를 통해 사회적경제 영역이 먹거리 운동과 연결되는 지점을 만들어 나가는 데도 기여했다.

특히, 2010년 전국동시지방선거와 2011년 서울시 무상급식 주민투표는 2007-08년의 세계 식량위기와 식량주권의 담론, 국내 미국산 광우병 쇠고기 수입에 반대하는 촛불집회, 전국여성농민회총연합과 일부 지자체의 제철꾸러미사업 및 로컬푸드 운동 등의 다양한 먹거리 운동 흐름과 맞물리면서 본격적인 대안적 농식품체계에 대한 논의를 활성화하는 계기가 되었다. 지방선거, 주민투표 후 학교급식 운동이 이룬 핵심적인 성과는 무상급식—지방자치단체와 교육청이 재원을 분담하는 —의 실시와 학교급식지원센터를 통한 식재료 조달체계의 개선이었다. 특히 일부 지역이긴 하지만 공공적 성격—지자체 직영이나 민-관 거버넌스 형태의—의 학교급식지원센터를 설치·운영하는 지역은 주요 농축수산물의 공급을 지역의 생산자조직을 통해 공급하는 방향으로 개선해 나갔다. 이는 2000년대 학교급식 지원조례를 통해 식품비 일부만을 지원하는 방식과 몇 가지 측면에서 큰 차별성을 지닌다. 첫째, 학교급식지원센터에서 직접적으로 농축산물 생산자조직과 관계를 형성하고 직거래 방식을 지향하고 있다는 점이다. 단순히 식품비를 지원하는 것은 차액지원 금액이 학교를 거쳐 식재료 공급업체로 이전되는 방식이기 때문에 오히려 경쟁시장 의존적인 신자유주의 형태의 재생산이라는 측면도 존재하기 때문에 한계가 있다. 2010년 이후 설치·운영된 학교급식지원센터는 단순히 식품비 보조금을 집행하는 역할이 아니라 생산자조직과 학교를 연결하고 기존의 시장의존적 방식을 벗어난 식재료 조달체계를 구축하는 역할을 하고 있다. 둘째, 학교급식지원센터 운영을 중심으로 민-관 거버넌스 체계를 만들고 이 거버넌스에서 학교급식 정책, 식재료의 품질 및 안전성 기준 설정 등 관련 정책을 협의하고 결정하고 있다. 이와 같은 질적인 변화가 하드웨어적인 측면과 소프트웨어적인 측면 모두에서 학교급식의 성과를 공공급식으로 확장하고 이를 중심으로 푸드플랜의 초기 계획을 수립하는 밑바탕을 제공했다고 할 수 있다.

시장에 기반을 둔 학교급식이 진행되었다면 급식시장에 학교급식이 휘둘리게 되었을 것이고, 그 경우 항상 기준이 되는 것은 가격과 효율이었을 것이고, 그랬을 경우 현재의 학교급식 현장에서 고민하고 있는 지역, 관계, 상생, 농과 식, 생태, 생명, 순환이라는 중요한 가치들은 애초부터 논의조차 되지 않았을 것이다. 지역단위에서 생산농민들의 조직화, 이를 바탕으로 한 지역먹거리체계의 구축, 그리고 지역먹거리체계의 구축을 바탕으로 한 건실한 생산자조직의 육성이라는 선순환이 이루어지는 데 매우 중요한 역할을 수행한 것이 바로 학교급식 운동이었다. 또한, 학교급식 식자재로 지역의 농산물이 사용됨으로써 학교와 지역사회가 연결되는 계기를 만들었는데, 친환경농산물에 대한 새로운 시장을 창출함으로써 대안농업으로서의 친환경농업을 활성화하는 데도 기여했다(2016년 기준으로 학교급식에서 사용되는 친환경농산물은 전체 생산량의 약31%에 해당).

2. 학교급식 조달체계의 한계 - 서울시의 사례를 중심으로

학교급식 운동의 의제—직영급식과 지역산 우수·친환경농산물 공급

―는 급진적인 성격을 지녔지만 실제 정책의 시행과정에서는 신자유주의적 형식과 관행의 재생산에 머무른 측면이 있다. 첫째, 지자체의 우수·친환경 차액보조금은 단순히 식재료 공급업체가 우수·친환경농산물을 공급했다는 것을 농산물에 대한 인증서류를 제출하는 것만으로 지급되는, 사회적 관계의 개선과는 거리가 먼 것이었다. 둘째, 공급 주체의 측면에서 일반 급식업체뿐 아니라 지역농협을 통해 식재료를 공급하는 경우에도 차액보조금이 농가수취 가격의 상승으로 이어지는 결과나 과정의 투명성이 보장되지 않았다. 셋째, 인증농산물 공급을 서류로 증빙하고 차액보조금을 지급하는 매우 형식적인 관계에서 학교(소비자)-농가(생산자) 간의 관계 형성이나 거버넌스 구축이 이루어지지 않았고 친환경 혹은 지역산 농산물을 공급받을 것인가는 전적으로 학교의 개별적인 선택으로 이루어지는 구조가 유지되고 있다.

서울시는 2010년에 정식 개장한 서울친환경유통센터를 통해 학교 급식 식재료 공급에 공적으로 개입하고 있다. 서울친환경유통센터 이용학교 수는 2013년에는 867개였으나, 2014년 교육청 구매방법 변경 후 450개 내외로 급감했다가 2017년 832개교로 증가하여 2013년 수준을 회복했다.

〈표 1〉 서울친환경유통센터 품목군별 식재료 공급현황(2017) (단위: 톤, 백만원)

구분	합계		농산물		축산물		수산물	
	물량	금액	물량	금액	물량	금액	물량	금액
합계	19,063	151,453	13,640	74,669	4,087	55,198	1,337	21,585
친환경	10,919	71,248	8,609	44,120	2,310	27,128	–	–
일반	8,144	80,205	5,031	30,549	1,777	28,070	1,337	21,585
친환경비율	63%	47 %	57%	59 %		49 %	–	–

서울친환경유통센터는 초기에는 4개 공급업체와 계약을 체결하고

이들 업체를 관리·감독하는 체계였으나, 2012년 9개 광역 지방자치단체와 업무협약을 체결하고 광역 지자체 간의 협력을 통해 식재료를 조달하는 방식으로 바뀌었다. 실제 사업의 진행에서는 지자체 간의 협력을 통한 지역성의 강화보다는 4개 업체에서 11개 업체(2017년 기준)로 공급업체만 늘어났다는 평가도 존재하지만, 지자체 간의 협력을 통해 조달체계를 개선하고 지역성을 확보하려 했다는 측면에서 기존의 경쟁시장 의존적 체계와 비교해 분명한 진전이 있었다.

〈그림 1〉 서울시 학교급식 조달체계의 개선과 지역성

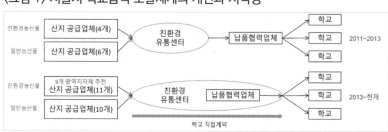

하지만 산지 공급업체가 최대한 생산자조직과의 계약재배 방식을 통해 농산물을 조달하고 가격결정에 생산자의 의견을 민주적으로 반영한다는 방향성은 실제로 현장에서 작동하고 있는가에 대해서는 부정적인 평가가 존재한다.

11개 공급업체(생산자단체) 중에서 자료를 확보한 9개 업체를 대상으로 한 분석 자료2)에 의하면 현재의 학교급식 조달체계에 대한 개선의 시급성을 확인하게 된다. 9개 생산자단체에 식재료를 공급하는 농가 중에서 1,000만원 미만의 농가가 다수 참여하고 있으나(60.8%), 1억원 이상을 공급하는 농가 3%가 전체 물량의 33.1%를 공급하고 있으

---

2) 2개 공급업체의 자료가 누락된 채 정리된 수치이므로 인용은 삼가 주시기 바람.

며, 전체 공급농가의 16.9%를 차지하는 5천만원 이상 공급농가의 공급액은 전체 공급액의 76.0%에 달한다.

〈그림 2〉9개 생산자단체 매출액 구간별 농가/공급액 비중

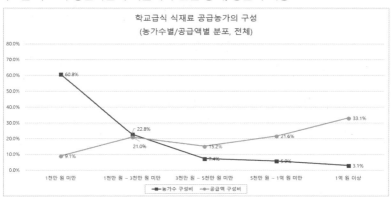

특히 〈그림 3〉와 같이 일부 생산자조직(공급업체)의 경우는 1억원 이상을 공급하는 농가가 14.5%를 차지하면서, 전체 공급물량의 72.4%를 공급하고 있다.

〈그림 3〉경북친환경 매출액 구간별 농가/공급액 비중

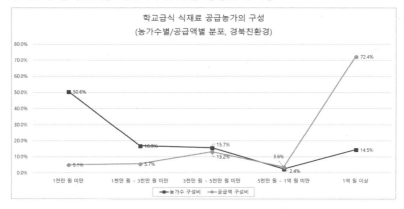

한편, 현재의 학교급식 조달체계는 산지별 주력품목 조달체계에 기초하고 있는 관계로 품목별 지역쏠림 현상이 심각하다. 예를 들면, 양파의 경우 전남의 2개 생산자단체의 공급량 비중이 50.7%(나주조공 25.5%, 자연과농부들 25.2%)에 달하고 있음. 전국 생산농가의 18.9%를 차지하고 있는 전남 농가가 서울시 학교급식 공급농가의 68%를 차지하고 있다. 생산량으로 볼 때도 전남은 전국 생산량의 24%를 생산하고 있지만, 물량의 51%를 공급하고 있다.

〈그림 4〉 전국-서울 광역도별 생산 농가 수 비중(1): 양파

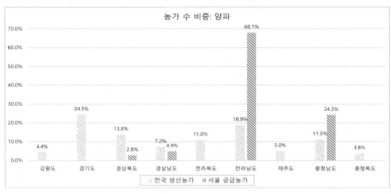

〈그림 5〉 전국-서울 광역도별 생산/공급량 비중(1): 양파

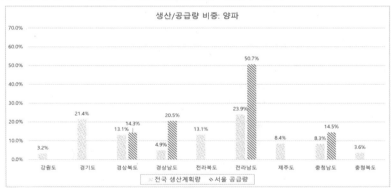

이런 점에서 현재 서울시친환경유통센터를 통한 조달체계에서 개선의 여지가 충분히 존재한다고 할 수 있다. 요약하면 현재 11개 산지 생산자단체의 법인격과 조직적 성격이 상이한 상황에서 소수 농가에의 출하 집중, 높은 비회원 출하 비중 등의 문제점이 나타나고 있으며, 특히, 최종 학교공급가를 기준으로 산지 생산자단체에 지급되는 공급액과 최종 농가수취액 사이의 투명성이 보장되지 않는 것이 가장 큰 문제점으로 지적되고 있다. 이는 공급체계 개선의 가장 중요한 방향성이라고 할 수 있는 계약재배의 확대와 서울 학교급식과 산지 사이의 관계 형성(기획생산)이 미흡하다는 평가로 이어지고 있다고 할 수 있다. 다른 한편으로 주산지, 주력 품목의 안정적 공급을 위해 물량을 배정하는 방식이 물량의 안정적 확보에 기여했다는 긍정적인 측면과 함께 수익성이 높은 품목의 일부 생산자단체 집중과 소수 농가에 대한 집중 등의 부작용을 낳고 있다.

또한, 소비 측면에서 보더라도 개선할 지점은 존재한다. 친환경농산물 공급체계 개선에서 미흡한 지점이 있지만, 어쨌든 산지 생산의 조직화와 안정적 공급의 측면에서는 꾸준히 개선이 이루어진 반면 소비의 조직화, 즉 책임소비의 측면에서는 상대적으로 개선의 추진이 상당히 부족하다고 할 수 있다. 산지 생산자단체가 계약재배를 추진할 수 있도록 1년 단위의 물량 배정과 가격 결정이 현재의 체계에서는 이루어지기 어려울 뿐만 아니라, 여기에 클레임을 통한 학교와 배송업체의 산지에 대한 부담 전가에 대한 불만이 큰 상황이다. 소비 조직화, 책임소비는 인식개선이 선행되어야 하는 중장기 과제라는 관점에서 개선방향의 정립과 개선책의 수립이 필요하다고 할 수 있다.

3. 서울시 공공급식 조달체계의 특징

서울시는 자라나는 아이들에게 믿을 수 있는 밥상을 제공하기 위한 친환경무상급식을 가장 앞장서서 실천한 광역지자체이지만, 최근에는 식재료의 공급으로 인한 실질적인 혜택이 중소 가족농에게도 전달될 수 있는 시스템을 고민하고 있다. 무엇보다도 그동안 먹거리 관리에 있어서 사각지대에 놓여 있던 어린이집이나 지역아동센터, 복지시설 등에 공적인 조달체계를 통해서 안전한 식재료를 공급하겠다는 일련의 마스터 플랜을 만들었다. 그동안 서울시는 지역상생 프로젝트를 통해 다양한 형태의 직거래장터 등을 운영해 왔지만, 이를 넘어서서 상시적인 관계시장을 만들기 위한 고민을 정책으로 만드는 작업을 하고 있다. 다소 생소한 용어라고 할 수 있는 '먹거리 기본권(먹거리 정의)'의 실현을 도농상생의 먹거리체계의 구축을 통해서 달성하려는 것이다. 도농상생에 방점이 찍어지는 이유는 안전한 먹거리의 안정적인 조달이라는 결과에 있는 것이 아니라, 이러한 조달의 과정을 통해서 관행유통체계가 낳은 폐해의 더 큰 피해자인 중소 가족농에게 직접적인 혜택이 전달될 수 있는 방안의 마련을 깊게 고민하고 있기 때문이다. 서울시의 시민들이 소득에 관계없이 누구나 안전한 먹거리에 접근할 수 있는 권리를 확보하면서, 서울 시민의 먹거리를 책임질 중소 가족농가의 안정적인 소득창출에도 기여하기 위한 먹거리체계를 만들자는 것이 근본 취지이다. 공공급식에서 사용되는 식재료를 공급할 산지의 생산자조직과의 연계를, 더구나 중소 가족농을 중심에 놓고 산지의 기초지자체나 광역지자체들과의 협력을 바탕으로 실현하려는 시도라고 할 수 있다.

서울시의 시도는 무엇보다 산지에서 중소 가족농의 조직화를 바탕으로 지역먹거리체계를 만들어내기 위한 그간의 노력들이 있었기 때문에 가능하고, 또한 그러한 노력들의 결과물이 이러한 시도의 원천으로 될 수 있었던 것이다. 지역농산물을 학교급식 식재료로 사용하기 위한 과정에서 기존의 유통조직과의 싸움도 있었고, 위탁급식의 안전문제가 불거지자 이를 직영급식으로 바꾸기 위한 학교급식 운동 진영의 노력들이 있었기에 서울시의 꿈도 가능했다. 소량이라고 해서 남아도는 농산물의 판로를 확보하지 못했던 농민들이 즐거운 마음으로 출하할 수 있는 농민장터나 로컬푸드 직매장이 활성화되면서 개별적으로 분산되어 있던 농민들이 서로 협동할 수 있는 계기가 만들어졌기에 과거에는 꿈도 꾸지 못할 일을 실천할 수 있게 되었다고 할 수 있다.

2012년 3개에 불과했던 로컬푸드 직매장은 지난 6월 말 기준으로 126개에 이른다. 로컬푸드 직매장에 참여하고 있는 농가 수도 2012년 1,745가구에서 지난 6월 현재 18,694가구로 11배나 늘어났다. 로컬푸드 직매장의 총 매출액은 2012년 62억 원에서 지난해는 1천659억 원으로 불과 3년 만에 27배가 증가했다. 물론 이런 양적인 성장이 생산 농민과 소비자 사이에 '얼굴을 볼 수 있는 관계'를 만듦으로써 그간 거대 자본에 의해서 인위적으로 늘어난 '농'과 '식' 사이의 물리적 거리뿐만 아니라, 사회적·심리적 거리를 줄이자는 로컬푸드 운동의 가치를 충실하게 담아내고 있다고 할 수는 없다. 농협 하나로마트 한편에 초라한 매대 하나 설치해 놓고 로컬푸드 직매장이라고 하는 곳도 있고, 중소 가족농의 조직화에는 전혀 관심 없이 기존의 계통출하 물량을 돌려놓고서는 로컬푸드 직매장이라고 하는 곳도 있지만, 최근의 통계자료를 보면 로컬푸드 운동의 활성화가 중소 가족농의 참여를 바탕으로 이루어지고 있다는 사실을 확인할 수 있다. 2010년에 소비자 직접판매 비율은 20%에도 미치지 못했지만, 2015년에는 22.9%에 이르고, 특히 전체농가의 69%에 이르는 1.0ha 미만의 농가에서 그 참여비율이 크게 증가하였다. 또한 연간 판매금액이 500만원 이하인 농가(전체 농가의 68%, 판매없음을 제외하면 53.8%)의 직접판매 비율은 같은 기간 동안 56.7%에서 69.5%로 크게 늘었다. 관계시장의 창출로 인해서 중소 가족농의 판로가 다양해졌고, 이를 통해 생산 농민의 자존감을 높이는 데도 기여했다고 할 수 있다.

산지의 이러한 변화를 받들고 응원하는 조달체계에 대한 고민이 서울시의 공공급식 조달체계라고 할 수 있다. 비록 생산지가 거의 없는 서울시지만 지역과의 직접적인 관계 형성을 통해 서울시민의 먹거리 조달 및 보장을 기획함과 동시에 도농의 상생을 모색했다는 측면에서 그 의의를 찾을 수 있다. 또한, 공적 조달체계의 구축에 있어서 로컬푸드 운동, 그리고 여기에 참여하는 생산자조직과의 관계 형성이라는 지역성의 범위 설정과 공공급식 시범사업을 통해 먹거리 문제를 통합적으로 해결하기 위한 정책이라는 특징을 가지고 있다. 서울시는 물리적인 거리를 중심으로 가까운 경기도와 강원도의 농촌 생산지를 통한 조달을 지역성의 강화로 판단하기보다는 지역에서 로컬푸드를 지향하는 생산자조직과 서울의 공공급식시설의 연계를 통해 관계의 시장을 형성하는 것을 지역성의 강화로 보았다. 다른 한편으로 서울시의 학교급식 및 공공급식의 먹거리 조달체계 개선은 도시(소비자)-농촌(생산자)의 협력을 통한 관계 회복 혹은 재연결(reconnection), 그리고 도-농 거버넌스라는 맥락도 함께 담고 있다.

서울시의 공공급식 시범사업에 참여하는 자치구 내의 어린이집, 지역아동센터, 복지시설의 식재료 조달을 로컬푸드 사업을 진행하는 지자체 및 학교급식, 로컬푸드 기관 혹은 사업체와 연계하는 방식으로 이루어졌다. 공공급식 시범사업의 체계가 서울친환경유통센터를 통한 학교급식 개선체계와 다른 점은 산지의 생산자조직과 서울시의 소비자(공공급식시설)가 공공급식센터를 매개로 직접 연결된다는 점이다. 서울시가 대규모 도시소비지이기 때문에 산지 공공급식센터와 서울 자치구 공공급식센터가 별도로 운영된다는 면이 있지만, 산지의 공공급식 센터는 생산자와 단순한 계약 관계에 있는 업체가 아니라 지역의 로컬 푸드 운동을 계획·지원하는 중간지원조직이기 때문에 양쪽의 센터를 매개로 '관계의 시장' 형성이 이루어질 수 있다.

〈그림 6〉 서울시 공공급식 시범사업의 체계

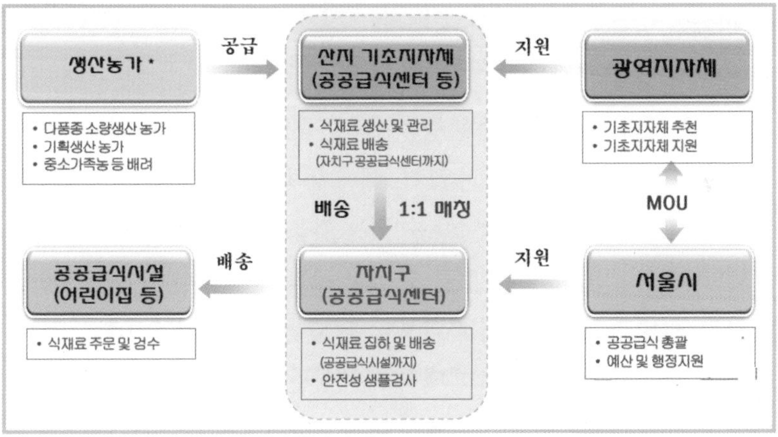

자료: 서울시, 2017. 서울시 공공급식 추진배경 및 경과

4. 산지 조직화와 공공급식 조달체계의 방향

시장의 한계를 넘어서려는 공공급식의 조달체계는 현재의 농업·농촌 문제의 해결에 기여할 수 있는 조달체계여야 하고, 건강한 먹거리와 농업의 지속가능성을 담보할 수 있는 조달체계여야 한다. 이를 위해서는 첫째, 유통업체에 의해서 주도되는 조달체계가 아니라, 농촌의 주체들이 자주성과 주도성을 발휘할 수 있는 조달체계여야 한다. 농촌의 농민들이 대상화된 조달체계가 아니라, 농민이 주체가 되는 조달체계여야 한다. 개별적이고, 분산된 농민들이 유통업체를 대신해서 그 역할을 수

행하는 것은 어렵다. 유통업체가 주도하는 현재의 조달체계를 극복하기 위해서는 조직화된 농민들의 힘이 필요하다. 조직화된 농민은 농민의 자조조직, 산지 기초지자체의 중간지원조직 주도의 조직, 광역지자체 주도의 자조조직이나 중간지원조직 등 다양한 형태가 가능하다. 한 가지 고려해야 할 사항은 관행유통체계에 최적화된 시스템에 적응성이 높은 농가들이 주도하는 조직은 도농상생의 가치를 충분히 담아내는 데에는 한계가 있을 수밖에 없다는 점이다. 농협이 주도하는 계통출하방식에 대해서 문제의식을 갖는 것도 그것이 농민들을 대상화하면서 진행되어 왔다는 측면에서는 일반 관행유통과 큰 차별성이 없기 때문이다. 도농상생의 가치는 영농 규모의 크기, 재배 품목, 성별, 영농 연수 등과 관계없이 지역의 농가들이 참여할 수 있는 길을 열어 놓고, 가격결정 등을 포함한 운영의 민주성을 담보할 수 있는 조직이어야 한다.

둘째, 농업의 지속가능성을 확보할 수 있는 조달체계여야 한다. 지속가능한 농업은 기본적으로 생태적 다양성의 확보로 가능하다. 대규모 영농은 기본적으로 생태적 다양성을 확보하기 어렵다. 노동보다는 기계에 의존하는 시스템이고, 순환의 영농이 어려운 외부의존형 영농이다. 대규모 영농은 이윤의 확보가 지속가능성의 첫 번째 조건이므로 생태적인 고민은 뒷전으로 밀릴 수밖에 없다. 공공급식이 도시에서는 먹거리복지를 실현하는 도구라면, 산지에 대해서는 생산적 복지와 생태적 다양성을 확보하는 수단이 되어야 한다.

셋째, 중소규모의 농가의 참여가 보다 수월한 형태의 조직이어야 한다. 현재 학교급식에 제공되는 농산물의 공급에 중소규모의 농가도 참여하고 있지만, 이들이 공급하는 물량이 전체 공급물량에서 차지하는 비중은 매우 낮다. 특히 현재의 서울시 학교급식에 참여하고 있는 산지 공급업체는 광역조직이기에 중소규모의 농가를 직접 조직화하고 참여시키는 것이 현실적으로 어렵다. 광역단위에서는 관리의 측면에서 보더라도 대규모 생산농가로부터 대량의 농산물을 한꺼번에 받는 것이 훨씬 편리하다. 더욱이 지역별로 주력품목을 정해서 이루어지는 경우에는 더욱 그러하다. 따라서 광역단위 조달체계 자체보다는 단작화와 규모화를 더욱 심화시키고, 이로 인해 중소규모 농가의 참여가 원천적으로 배제될 가능성이 크다는 점이 문제라고 할 수 있다. 중소규모 농가의 참여를 확대하기 위해서는 별도의 추가적인 노력이 필요하지만, 다행히 현재 전국 여러 산지에서는 지역단위의 학교급식이나 로컬푸드 등에 중소규모의 농가들을 조직화해서 사업을 전개하고 있다. 이들 조직을 밑으로부터 촘촘하게 묶어 내고 이를 결합해 내는 작업이 필요하고, 이를 바탕으로 하는 권역별, 광역별 조직이 필요하다. 위로부터의 조직화는 오히려 현재의 단작화, 규모화를 심화시킬 가능성이 크다.

그렇다면 중소규모의 가족농을 어떻게 공공급식으로 결합해 낼 것인가? 첫째, 산지 농가의 실질적 결합도를 높이기 위해서는 아래로부터의 조직화가 필요하다. 효율과 이윤의 관점에서는 달성하기 위해서 선택과 집중이라는 방식이 선호되었지만, 시장적 관점에서 벗어나 지속가능성의 관점이 강화되기 위해서는 지역의 농가들, 특히 생태적 영농에 관심이 높은 농가들의 조직화가 필요하다. 물류 효율이나 관리·감독의 관점에서 농가를 대상화하는 것이 아니라, 산지 농가들의 조직화를 통한 효율의 달성과 주체적 관리가 이루어져야 한다. 산지 기초단위의 조직─권역별 조직─광역조직이라는 순서로 조직화가 이루어져야 한다. 광역조직이 권역이나 기초단위의 조직을 건설하는 방식은 현실의 물류적 효율을 추구할 수밖에 없고, 산지를 주력품목 위주로 재편해서 유통자본이 활용하는 산업적 방식을 답습할 가능성이 크다.

둘째, 산지의 학교급식센터나 공공급식센터 등 시장영역의 먹거리문제를 공적·사회적 영역으로 끌어오기 위해서 진행해 온 그동안의 성과를 끌어안는 조달시스템을 만들어야 한다. 현재도 진행되고 있는 사안이지만, 농산물가격의 주기적인 폭락과 폭등에서 벗어나지 못하는 구조가 정착된 이유 중의 하나는 대규모 단작을 기반으로 한 주산지 육성정책이라고 할 수 있다. 경작할 수 있는 경제작물의 품목이 제한적이기 때문에 발생한 부분이기도 하지만, 지역의 주력품목 육성정책은 산업적 농업 육성정책이고, 이는 시장제일주의 농업이기에 농민적 농업의 방향과는 상충된다. 따라서 지역 내 다품목 공급이 가능한 기획생산으로의 전환과 지역 내 시장창출을 지향하는 먹거리정책이 이러한 문제를 해결할 수 있는 고리로 삼아야 한다. 조달시스템을 공공의 영역으로 흡수한다는 것은 유통이나 가공과정에서 기존의 시장영역이 내부화를 통해서 흡수해 갔던 잉여 부분을 사회화시키는 것뿐만 아니라, 공적인 조달시스템의 구축을 통해서 새로운 외부효과를 창출해야 한다는 목적성을 명확히 하면서 진행해야 한다.

셋째, 공적·사회적 형태의 중간지원조직(푸드통합지원센터, 로컬푸드지원센터, 학교 및 공공급식지원센터 등)의 역할이 중요하지만, 보다 중요한 것은 생산농가를 조직화의 대상으로 삼지 않고, 농가 스스로가 조직화할 수 있도록 유도하는 것이 필요하다. 농가 스스로가 협업조직을 만들 수 있도록 지원하고, 기획생산의 주체로 서도록 하는 것이 필요하다. 중간지원조직이 개별농가를 대상으로 기획을 하는 것이 아니라, 농민조직이 기획을 하도록 함으로써 농민들이 자생력을 높여 나가야 한다. 지역의 농민들이 참여가 보장되는 조직을 육성함으로써 지역 상생의 진정한 가치가 실현될 수 있도록 해야 한다.

5. 공공급식과 푸드플랜(먹거리전략)의 결합

최근 정부가 국가 및 지역단위 푸드플랜을 고민하면서, 그 중심에 공공급식이 자리잡고 있는 것은 의미있는 진전이라고 할 수 있다. 관행적 유통채널에 주로 의존했던 군대급식이나 공공기관의 단체급식에 학교급식-로컬푸드-공공급식의 지향점과 가치를 확대·실천하려는 점에서 크게 환영할 일이다. 그리고, 이러한 시도가 애초의 지향점과 가치를 유지하면서 진행되기 위해서는 항상 자기 점검을 소홀히 해서는 안 될 것이다. 자본주의 사회에서 시장은 끊임없는 변화를 모색하면서 대안운동의 빈 공간을 활용하여 자신들의 힘을 키우는 데 매우 능숙하기 때문이다.

첫째, 상생의 가치를 실천하는 공공급식에 대한 끊임없는 점검이 필요하다. 중소가족농, 건강한 먹거리, 농업의 지속가능성 등의 가치가 현장에서 실제로 실천되고 있는지에 대한 점검이 필요하다. 제도화라는 것은 대안운동의 확산을 가져오는 장점이 있지만, 제도화는 자칫 관행화의 길로 빠질 우려가 항상 상존하고 있기 때문이다. 대안운동-제도화·관행화에 대한 경계의 진화라고 하는 운동의 선순환적 진화를 위한 고민이 항상 함께 해야 한다.

둘째, 공공급식의 영역을 확대하기 위한 고민도 지속되어야 한다. 초·중·고등학교 및 유치원, 어린이집, 지역아동센터 이외에도 많은 종류의 아동복지시설이 있음에도 불구하고, 아직은 이들 시설들이 공공급식의 영역으로 들어와 있지 못하다. 장애인 시설의 경우에도 다른 어떤 시설보다도 많은 도움이 필요하지만 이에 대한 지원은 아직까지 제대로 이루어지지 못하고 있다.

셋째, "아이에게는 건강을, 농민에게는 희망을"이라는 슬로건대로 모든 아이들과 보다 많은 농민이 공적 조달체계의 혜택을 볼 수 있도록 해야 한다. 농업의 지속가능성, 건강한 먹거리의 조달이 이루어지기 위해서는 보다 많은 농민이 생태적 농업방식에 참여할 수 있도록 하는 것이 필요하다. 그런데 현재의 인증체계에서 친환경농업 실천은 소규모 생산농가에게는 하나의 진입장벽이기도 하다. 다행히 일부 지역에서 시작된 지역인증(로컬푸드인증)이 무제초제를 조건으로 시행되고 있다. 지역인증과 결합된 공적 조달체계는 더 나은 먹거리, 미래 있는 농업을 보다 실천 가능하게 할 것이다.

넷째, 이에 더해서 현재 고민 중인 지역단위 푸드플랜에서 사회적경제 주체들과 함께 공적인 조달시스템을 구축을 고민하는 것은 지역 내 가치사슬을 심화·확대할 수 있다는 측면에서 중요하다. 특히, 사회적경제 주체들과의 결합은 지역의 먹거리 기본권의 강화와 먹거리 접근성의 확보라는 면에서도 그렇다. 먹거리 취약계층에 대해서 먹거리 접근성이 강화될 수 있도록 하는 중요한 역할을 수행할 수 있는 역량을 갖추고 있는 사회적경제 주체들을 발굴하고, 협력하는 것이 필요하다. 공적인 조달시스템의 구축은 학교급식이나 공공급식에서 출발해서 지역의 먹거리복지를 강화하는 계기로 시장영역 중에서 결합 가능성이 높은 사업들을 고민할 필요가 있다.

친환경무상급식 운동의 성과와 과제

– 국민의 먹거리 기본권 보장 운동으로 –

허헌중 (재)지역재단 상임이사

친환경무상급식 운동은 우리 시대 사회운동의 전범(典範)

2023년 현재 한국 국민이면 누구나 학교급식은 당연히 무상급식이라 생각한다. 물론 친환경 식재료 사용비율이나 가공식품에서의 국산·친환경 원부재료 사용비율 등에서 과제도 많다. 하지만 이만큼 무상급식이 국민 속에 자리 잡기까지는 지난 20여 년간 정말 곡절도 많았고 관계한 활동가·단체들의 헌신과 노고가 엄청났다. 진심으로 감사드린다. 오늘 국민 누구나 특히 학생과 학부모, 그리고 미래세대와 학부모가 이를 잘 알기를 바란다.

학교급식은 이미 국제적으로도 불평등 해소와 농민의 희망에 기여한다는 점에서 그 중요성이 새롭게 부각되고 있다. 코로나19 팬데믹과 전쟁, 기후재난 심화 등으로 먹거리 위기 우려가 커지면서 저소득국·제3세계의 학교급식 확대·강화를 위한 국제연대기구로 2021년 10월 출범한 유엔 세계식량계획(WFP) 차원의 '학교급식연대(School

Meals Coalition)'가 주목을 받는 것도 그 때문이다. 2023년 7월 이탈리아 로마에서 열린 〈유엔 푸드시스템 정상회의〉에서 유엔 사무부총장은 "학교급식은 학생은 물론 전체 사회와 세계의 먹거리 공급체계에도 막대한 이익을 가져다준다. 학교급식은 미래세대 지원을 위해 우리가 제공할 수 있는 가장 큰 사회적 안전망이며, 기후변화에 직면한 농촌사회에 회복탄력성을 제공할 잠재력도 아주 크다"고 강조할 정도다.

국제적으로 보면 한국의 학교급식은 가장 모범적일 것이다. 시쳇말로 'K-급식'이라 해도 지나치지 않다. 하지만 여기까지 오는 데는 학부모, 농민, 교사, 일반시민, 관련 시민사회단체 등 부문과 지역을 아우른 국민운동이 추진되었기에 가능했다. 무릇 사회운동이란 당사자들의 생활상의 이해와 요구에 입각해 집단적·지속적으로 그 해결을 위해 노력하는 것이라고 한다. 친환경무상급식 운동이야말로 사회운동의 전형적인 모범사례로 평가할 만하다. 그간 친환경무상급식 운동의 역사적 성과는 그 역사 속의 평가를 넘어 오늘 그리고 내일 우리 운동의 시대적 사명&비전, 목표&전략에 닿아 있기 때문이다.

친환경무상급식 운동의 주요 성과

첫째, 우리 사회의 핵심 의제에 관한 문제 제기와 의제화, 대항과 대안, 사회적 합의를 조직한 미래지향적 대중운동이다.

지난 20여 년간 무상급식 운동은 우리 사회의 진보·개혁에 앞장서온 대표적인 미래지향적 대중운동으로 평가할 수 있다. 특히 무상급식 운동은 우루과이라운드-WTO의 먹거리 전면개방 세계화체제에 대항하여 우리 농업·농민을 살리고 국민 건강을 지켜야 한다는 것을 대전제로 한다. 그래서 이와 함께, 학교급식 현장의 연이은 식중독 사고, 위탁급식의 저질 식재료, 최저가 입찰 위주의 시장지상주의, 영리 추구의 복마전으로 전락한 급식 현장 등 당면 현안들에 지속적인 문제 제기와 사회적 공론화, 그리고 조례 제정 투쟁과 대안 제시(무상/직영/우리농산물), 지역에서의 조례 제정에 토대한 학교급식법 개정 운동, 그리고 이들을 통한 사회적 합의의 조직화와 제도화를 성취해 낸 것이다.

무상급식 운동은, 우리 사회의 핵심 의제에 관한 문제 제기와 의제화, 대항과 대안, 사회적 합의를 조직해 낸 운동이라는 점에서, 국내외적으로 유례가 드문 미래지향적 대중운동으로서 본보기를 잘 보여 준다.

둘째, 일상생활을 살아가는 주민대중의 이해와 지지 및 참여를 조직하는 풀뿌리 민주주의 대중운동이다.

도시와 농촌 지역에서 학부모, 농민, 교사, 일반 시민 그리고 시민사회단체들이 학교급식 조례 제정 운동을 전개하고 지역에서의 조례 제정 운동에 토대하여 전국적인 학교급식법 개정 운동까지 전국단위 공동의제 해결을 성공시켰다.

무상급식 운동은, 오늘 우리 운동의 의제 설정과 의제 해결 과정에서 대중적 토대가 취약한 채 국가주의적 해법에 치우침으로써 풀뿌리 현장의 대중적 의식화, 조직화, 세력화가 취약한 주체역량 조건에 큰 시사점을 준다. 우리 운동의 주체역량 강화 전략에 대표적인 전범이 되고 있다.

셋째, 부문과 지역의 공동 의제 연대전선 운동으로서 성과다.

한국과 같이 중앙권력과 자본의 지배력이 강한 정치사회경제구조에서는 각계각층의 이해당사자들이 자신의 생활상의 이해와 요구를 공동의제화하고 당사자조직을 잘 꾸리면서 그 해결을 위한 연대전선을 잘 구축·운영하는 것은 선택이 아니라 필수라 하겠다. 그런 차원에서 학교급식과 같은 먹거리 의제는, 남녀노소 누구나 직간접적으로 관계하는, 인화성과 확산성에서 그 공감대와 확장력이 무엇보다 강한 공동 의제로서 중요했고 앞으로도 중요할 것이다. 각 부문과 지역의 운동이, 부문 내 및 부문 간, 그리고 지역 내 및 지역 간 중층적인(지역-전국 등) 연대체계를 구축해 공동 의제 해결에 관한 목표&전략을 잘 집중해 추진하여 성취한 사회운동의 전범이라 할 수 있다.

무상급식 운동은, 오늘 우리 사회의 생활 세계가 다양화·복잡화·전문화되어 갈수록, 국민 누구나 생활상의 이해와 요구에 관한 핵심 의제들을 공동 의제화 해서 집중적인 연대전선 운동으로 잘 발화해야만 대중운동으로서의 동력 확보와 전선 구축 그리고 타 의제로의 연계·확장에 진일보할 수 있다는 시사점을 준다.

넷째, 참여하는 대중의 구심력을 명료하게 제시한 현대적 대중운동이다.

무상급식 운동은 참여하는 이들에게나 참여해야 할 이들에게 명료한 사명&비전, 목표&전략을 제시했다. 먼저 사명&비전으로 제시한 '아이에게 건강을, 농민에게 희망을!'은 지난 세월 국내외적으로 이만한 대중운동으로서의 구심력을 담보한 슬로건이 있을까 싶다. 이는 우리 운동의 명료한 사명&비전으로 역할했다. 또한 급식의 3대 원칙 곧 '무상급식-직영급식-우리농산물 사용'을 운동의 목표&전략으로 제시했다. 이 또한 국내외적으로 볼 때 대중운동의 구심력을 담보한 목표&전략으로서 이만한 운동이 있을까 싶다. 이 모두 운동에 참여하고 있는 대중에게는 가야 할 길을, 참여해야 할 대중에게는 이해와 지지·참여의 공감·공명을 담보한 것이다.

무상급식 운동은, 오늘 우리 생활 세계가 아무리 다양화·복잡화·전문화되어도 누구에게나 그 시대적 기치 또는 비전&전략을 명료하게 제시하는 것이 국민적 대중운동의 기본 조건이자 우리 운동의 필수 역량이 되어야 함을 강조하고 있다.

다섯째, 대중운동으로서 심화·고양하는 원심력 곧 의제 설정과 의제 활동의 구조적 심화·확장을 지속적으로 실천하는 전략적 대중운동이다.

1990년대 말부터 2000년대 초까지 각 부문과 지역에서 무상급식 운동이 추진되고 각 단위에서 관련 운동본부가 조직되면서 그 실천적 노력들이 마침내 2003년 〈학교급식법 개정과 조례 제정을 위한 국민운동본부〉로 결집된 이후, 전국적 급식운동이 학교급식법 개정(2006년 개정, 2007년 시행)의 성과를 확보한다. 이후 그 실제 시행을 제도화하는 활동을 하면서, 학교급식을 중심으로 한 먹거리 의제는 운동 주체 내에서 공공급식으로의 확장, 국민의 먹거리 기본권 보장, 푸드플랜(먹거리계획) 수립·추진, 먹거리정책 보장 기본법(이후 '먹거리 기본법'으로 정돈) 등으로 심화·발전해 왔다.

무상급식 운동에 바탕한 최근 먹거리 운동에서 '국민에게 건강을, 농민에게 희망을!'이나, '먹거리로 모두가 행복한 나라!'의 기치는 우리 운동의 갈 길을 잘 말해 준다. 학교급식에서 (학교급식을 포함한)공공급식 전반의 지속가능한 먹거리체계 구축 운동으로 운동이 심화하고, 아이들에게 친환경 우리먹거리 무상 제공에서 국민 누구나 마땅히 누려야 할 먹거리 기본권 보장 운동으로 운동이 발전하기에 이른 것이다.

친환경무상급식 운동의 주요 과제

어느 운동이나 마찬가지지만, 무상급식 운동도 학교급식 현장만 보더라도 해결해야 할 과제가 많다. 학교급식 영역은 물론 사회복지시설 급식이나 주민 생활급식(읍·면·동 마을공동체식당 등) 영역까지 넓혀보면 아직도 갈 길이 멀다. 오히려 국민의 먹거리 기본권 보장이라는 차원에서 보면 이제 시작이라 해도 지나치지 않다.

우리 사회는 지구적 차원의 기후위기 문제는 차치하고라도 갈수록 심화하는 주요 문제들이 많다. 대표적인 문제들로 불평등·양극화 문제, 저출산·인구감소 문제, 농업위기·지방소멸위기 문제 등을 들 수 있다. 이 문제들은 서로 연결된 문제들이지만, 모두 먹거리 문제와도 직간접 연결되어 있다. 사회경제적 불평등이 먹거리 불평등으로 그리고 건강 불평등으로 악순환되지 않도록 하는 먹거리 정의를 어떻게 실현할 것인가, 농업위기·지방소멸위기 해소에 기여하는 지역 먹거리 선순환체계를 어떻게 구축할 것인가, 국민 누구나 생애주기별로 마땅히 보장받아야 할 먹거리 돌봄체계를 어떻게 구축할 것인가(보육·교육·복지 시설은 물론 읍·면·동 주민 생활 현장에서 최소한 하루 한 끼 이상은 국가 및 지자체가 공동으로 책임지는 주민 먹거리 돌봄체계 구축) 등은 우리 먹거리 운동이 당면하면서 중장기적으로 실현해 나가야 할 과제들이다.

지난 20여 년간 무상급식 운동에 바탕해 우리 운동의 실천 과제들을 몇 가지 살펴보기로 한다.

첫째, 법·제도 측면의 과제다.

1) 먹거리 기본 조례 제정이다. 먹거리 기본 조례는 주민의 먹거리

기본권 보장과 지속가능한 지역 먹거리 선순환체계 구축에 관한 주민의 권리와 의무, 지방자치단체의 기본 책무, 지역먹거리계획의 수립·추진, 지역먹거리위원회와 전담행정체계의 책임 있는 운영, 먹거리 계획 및 정책의 수립 과정에 있어서 주민의 참여 방안 등을 정하는 상위 조례이다. 그 제정과 민주적·실효적 운영을 이끌어 내는 것은 현재 먹거리 운동이 당면한 법·제도 과제이다. 먹거리 기본 조례는 2023년 7월 말 현재 특광역자치시도 17곳 중 14곳, 시·군·구 226곳 중 57곳 정도이다. 기본 조례가 그나마 제정되어 있는 곳들도 제대로 운영되지 않는 곳들이 허다하다. 그 민주적·실효적 운영과 미제정 지자체의 제정이 중요하다.

2) 먹거리 기본법 제정이다. 먹거리 기본법은 무상급식 운동에서 2010-2012년 무렵 당시 희망먹거리네트워크의 선도에 의해 먹거리 운동 진영에서 '먹거리 보장 기본법' 이름으로 처음 국민적 의제로 추진되었다. 그 이후 최근까지 먹거리 및 농업 진영의 공동 의제로서 대통령선거와 지방선거 시기 먹거리정책의 핵심 공약 의제로 제출되었으며, 2023년 현재 주요 먹거리 및 농업 진영의 전국연대체인 전국먹거리연대 차원에서 핵심 실천 의제로 추진되고 있다.

3) 학교급식법 개정이다. 학교급식법 개정 사항으로는 *학교급식 식품비 보호자 부담 원칙(제8조 3항)에서 현재 보호자 부담 원칙을 삭제 개정, *급식 경비 지원(제9조)에서 국가 또는 지방자치단체 지원이 현재 임의규정인 것을 의무규정으로 개정, *식재료(제10조)에서 아직도 '우수하고 안전한 식재료'로 되어 있는 것을 '국내산 안전한 식재료' 등으로 명확히 개정 등이 당면 과제이다. 특히 학교급식의 운영 방식(제15조)에서 위탁급식을 엄격히 제한해 놓았는데 최근 그 제한 규정을

약화시켜 위탁을 확대, 직영 구조를 무력화하고자 하는 시도들이 나타나는 데 대한 대응도 필요하다.

4) '공공급식 특별법'(가칭) 제정이다. 현재 유·초·중등 학교급식, 어린이집 및 지역아동센터 급식, 사회복지시설 급식, 경로식당 급식, 결식아동이나 저소득층 급식, 독거노인 반찬 배달 등은 모두 지방사무로 규정되어 있다. 이로 인해 지방자치단체가 자체 재원으로 지원해야 하므로 지자체의 재정 자립 수준에 따라 이들 해당 주민들의 먹거리 보장 수준도 천차만별이다. 공공급식 지원에 관한 지자체의 지원 수준(1식당 지원 단가)에 따라 당사자 주민의 삶의 질이 좌우되고 있는 것이다. 재정력이 좋은 지자체 주민일수록 더 질 좋은 급식을 누리는 급식 불평등이야말로 말이 안 되는 어처구니없는 현실이다. 국가가, 국민 누구나 사회경제적 조건에 차별없이 좋은 먹거리를 보장받도록 해야 한다는, 먹거리 기본권 보장에 대한 기본 책무를 방기하고 있는 것이다. 이는 물론 기획재정부가 관리하고 있는 '보조금 관리에 관한 법률'에서 위 사무들을 국고보조금이 지원될 수 없는 지방사무로 규정해놓은 〈별표〉에서 해당 사무들을 삭제하면 간단하다고 하지만, 만만찮은 길이다. 그와 함께 별도의 방안도 동시에 추진해야 한다. 즉, 원천적으로 학교급식을 포함한 사회복지시설 급식, 읍·면·동 주민 생활급식(경로당 마을회관, 어린이집, 지역아동센터, 작은도서관 등 급식)에서 국가 및 지방자치단체의 공동 책임을 의무화하는, 생애주기별 주민의 먹거리 돌봄 체계 구축에 관한 '공공급식 특별법(가칭)' 제정이 필요하다.

5) 그 외에도 학교급식 등 공공급식의 현물 조달체계 발전을 가로막고 있는 '지방자치단체를 당사자로 하는 계약법'('지방계약법')의 개정(급식 입찰금액의 하향화, 지역제한 입찰대상 확대 등) 등도 중요한 개

정 사항이다.

둘째, 실천 운동 측면의 과제이다.

1) 시·군·구, 광역 지자체 권역에서 먹거리 운동 연대조직(현재 '먹거리연대')의 조직화와 연대 역량 강화이다.

농민, 학부모, 소비자시민, 교사, 먹거리 관련 사회적경제조직, 시민사회단체 등 다양한 부문의 제 당사자조직과 연대단체들이 시·군·구, 광역 지자체 권역에서 먹거리 의제를 중심으로 한 상설연대체로서 '먹거리연대'를 조직하고 그 연대 활동을 활성화할 필요가 있다.

2) 주민의 먹거리 기본권 보장과 지속가능한 지역 먹거리 선순환체계 구축을 위한 주민의 당사자운동 활성화이다.

무상급식 운동이 개척하고 창출해 낸 풀뿌리 대중운동으로서 목표&전략이 주효했던 것은 급식 의제라는 생활상의 구체적 이해와 요구에 부응하는 대중운동에 철저했던 것이지만, 그 운동이 학교 현장에서, 그리고 사회복지시설 급식이나 주민 생활급식 현장에서의 당사자운동으로 심화·확장되지 못한 것도 엄연한 현실이다. 이들 수요 측면의 제 영역에서 그리고 공급 측면의 제 영역(급식 공급 생산자조직, 공급망 및 물류·유통 관련 사회적경제조직 등)에서 당사자운동 활성화가 필요하다.

3) 민간 부문 내 민민협력(거버넌스) 활성화와 이에 바탕한 민관협력 견인 활성화이다.

앞서 제기한 지역먹거리계획 수립·추진, 지역 내 학교급식을 포함한 사회복지시설 급식 등 공공급식 전반의 급식체계 발전(전품목 현물 조달체계 등), 읍·면·동 주민 먹거리 돌봄체계 구축, 주민의 다양한 먹거리공동체 활동과 식생활교육 활성화 등은 관련 의제에 관한 지속적인 민간협력(민간 거버넌스)를 전제로 한다. 그래서 민간협력에 바탕해 해당 행정부서에 대한 대응·견인을 하거나 관련 정책·예산을 확보·시행하는 데 있어서 먹거리 진영의 공동 목표&전략이 잘 반영되도록 하는 민간협력이 중요하다. 민간협력이 활성화되어야만 지역먹거리위원회 운영과 지역먹거리계획 수립·추진에 있어서 민간 주도성 확보, 원활한 민관협력 증진, 신규 먹거리 정책·예산 개발 등이 힘을 받고 실효적으로 전개될 수 있기 때문이다.

좌담회

국민과 함께해 온 친환경무상급식운동 20년, 성과와 과제

좌담 참가자

강혜승 참교육을 위한 전국 학부모회 서울지부장

구희현 친환경무상급식 경기도운동본부 상임대표

김정숙 전 안전한 학교급식을 위한 부산시민운동본부 상임대표

김정택 친환경무상급식풀뿌리국민연대 고문

문명우 광주광역시 남구 학교급식지원센터 센터장

박인숙 친환경무상급식풀뿌리국민연대 공동대표

신현숙 친환경무상급식대전운동본부 공동집행위원장

이보희 희망먹거리네트워크 대표

임은주 전 경기도영양교사회 부회장

진헌극 친환경무상급식풀뿌리국민연대 상임대표

채칠성 친환경우리농산물학교급식제주연대 상임대표

(가나다 순)

좌담회

국민과 함께해 온 친환경무상급식운동 20년,
성과와 과제

친환경무상급식 운동 20주년, 성과와 향후 급식운동진영의 과제는?
: 친환경무상급식풀뿌리국민연대, 친환경 무상급식 운동 20주년 좌담회 개최

아이들이 학교에서 건강한 먹거리를 먹게 하자는 농민과 시민의 마음이 모여 실현된 학교에서의 친환경무상급식. 시민사회가 2000년대 초반부터 진행한 친환경무상급식 운동은 지난 20년간 먹거리 민주주의와 주민 참여 운동의 모범 사례로 자리매김했으며, 우리 사회에 '학교급식은 교육'이라는 의제를 제시했다.

2003년 11월 11일, 전국 50개 시민사회단체가 서울시의회에 모여 '학교급식법 개정과 조례제정을 위한 국민운동본부'(약칭 '국민운동본부')를 결성했다. 그로부터 20년, 한국의 친환경무상급식은 눈부시게 발전했다. 친환경무상급식 운동 20주년을 맞아 친환경무상급식풀뿌리국민연대(약칭 '국민연대', 상임대표 진헌극)가 기념 좌담회를 2회에 걸쳐 개최했다. 2023년 7월 25일 서울 여의도 농정전환실천네트워크 회의실에서 열린 1차 좌담회, 9월 22일 온라인 화상 회의로 가진 2차 좌담

▌1차 좌담회('23.7.25.). (사진) 앞 열 왼쪽부터 임은주(전 경기도영양교사회 부회장), 김정택(친환경무상급식풀뿌리국민연대 고문), 신현숙(친환경무상급식대전운동본부 공동집행위원장), 뒤 열 왼쪽부터 구희현(친환경무상급식 경기도운동본부 상임대표), 강혜승(참교육을 위한 전국 학부모회 서울지부장), 진헌극(친환경무상급식풀뿌리국민연대 상임대표), 박인숙(친환경무상급식풀뿌리국민연대 공동대표), 이보희(희망먹거리네트워크 대표). ※ 온라인 화상 회의로 가진 2차 좌담회('23.9.22.)에는 위 여덟 분 외에 김정숙(전 안전한 학교급식을 위한 부산시민운동본부 상임대표), 문명우(광주광역시 남구 학교급식지원센터 센터장), 채칠성(친환경우리농산물학교급식제주연대 상임대표) 등 열한 분 모두 참여

회 때 나온 내용을 종합해, 급식운동 주체들이 이야기한 친환경무상급식 운동 20년의 성과 및 한계, 그리고 앞으로의 과제를 살펴보자.

1. 친환경무상급식 운동의 태동과 전개

진헌극(친환경무상급식풀뿌리국민연대 상
임대표) 친환경무상급식 운동의 태동을
이야기하자면 1990년대 이래 대두된
WTO(세계무역기구) 체제하의 농산물
전면개방 문제, 그리고 과거 위탁급식으
로 인한 식재료 안전성 문제를 거론하지
않을 수 없었다. 그 대안으로 "학교급식
에 우리 농산물을 쓰자"는 이야기가 나
왔고, 그걸 실천하기 위해 전국 각지에서 학교급식지원조례 제정 운동
을 추진했다.

김정택(친환경무상급식풀뿌리국민연대 고
문) 인천 강화군의 경우 2001년 친환경
쌀 재고 문제가 심각했다. 이에 강화도
농민·시민단체들은 인천지역 학교급식
식재료로 강화도 친환경 쌀을 사용토록
하자며 강화도 조례제정운동본부를 만
들었다. 2002년 7월 1일부터 여의도 농
민대회가 열렸던 10월 13일까지 △국산
쌀 지키기 △학교급식지원조례 제정 등을 목표로 '100인 100일 걷기
운동'을 전개하며 급속도로 운동이 진전됐다. 그래서 2004년 4월, 인
천시 학교급식지원조례가 (전남에 이어 전국 두 번째로) 통과됐다.

이보희(희망먹거리네트워크 대표) 2006년 6월 21일 CJ푸드시스템(현 CJ프레시웨이)에서 위탁급식을 받던 수도권 지역 24개교 2,000여 명의 학생이 집단 식중독에 걸렸다. 그때부터 학교급식전국네트워크는 △위탁급식의 직영급식 전환 △우리 농산물 사용 △무상급식 등 3대

목표를 내세우며 국회 앞에서 농성 및 기자회견을 진행했다. 이에 이미경·최순영 국회의원이 △학교급식의 직영급식 전환 △시·군 학교급식 지원센터 설치 등의 내용을 담은 학교급식법 개정안을 발의했다. 개정 운동 과정에서 급식지원센터 설치 규정이 빠져서 법안에 그 내용을 다시 넣어야 한다고 촉구해 재삽입했던 기억, 법 개정을 위해 매주 대전 전교조 사무실에 활동가들이 모여 밤 10시 넘게까지 회의하다 막차 타려고 우다다다 뛰었던 기억이 난다.

김정숙(전 안전한 학교급식을 위한 부산시민운동본부 상임대표) 2003년 국민운동본부 출범 때만 해도, 부산 등 광역시엔 위탁급식 실시 학교가 많았다. 우리는 '학교급식을 직영급식의 일환으로 한다'는 그 문구 하나를 넣기 위해 학교급식법 개정 노력에 매진했고, 급식이 교육의 일환으로 운영되려면 직영급식이 돼야

한다는 주장을 제기했다. 급식을 교육으로 받아들이게 한 게 우리 급식 운동의 출발이라고 본다.

직영급식 실현 과정은 어마어마하게 힘들었다. 급식조례에 '우리 농산물'이란 표현을 쓰는 것마저 허용되지 않았다. 전라북도는 2005년 전북 시민사회가 발의한 「전라북도 지역산 친환경식재료 사용 학교급식지원조례」속의 '우리 농산물 사용 지원'이라는 표현을 문제 삼으며 대법원에 제소한 바 있다(대법원은 2005년 9월 5일 해당 조례가 WTO '정부조달에 관한 협정' 상 내국민 대우원칙 위반이라고 판결). 이 논리에 맞서고자 송기호 변호사 등을 초빙해 WTO 협정 관련해 학습했던 기억도 난다. '우리 농산물'이라는 단어를 못 쓰게 한 상황이 결과적으론 우리의 운동성을 강화시켰다.

채칠성(친환경우리농산물학교급식제주연대 상임 대표) 제주도에선 2004년 7월 21일 「제주도 친환경 우리 농산물 학교급식 사용에 관한 지원조례」를 공포했다. 이 조례는 명칭에 '친환경'과 '우리 농산물'을 함께 쓴 최초의 조례로 기억한다. 당시 행정자치부(현 행정안전부)의 재의 요구가 있었지만, 결국 제주도의회에서 재의결했다.

김정숙 대표 말씀대로 '급식은 교육이다'라는 구호는 우리 급식운동의 큰 논리적 근거가 됐다. 이 화두를 던지면서 행정 단위와 시민단체, 학부모에게 '급식을 위해 공적자금을 투입해야 한다'는 인식과 '급식은 개인의 영역이 아니라 국가의 영역'이라는 인식을 심어줬다.

강혜승(참교육을 위한 전국 학부모회 서울지부장) 서울 또한 위탁급식의 문제점이 많았다. 위탁급식의 직영급식 전환을 위해 학교 내에서 학부모와 교사가 결합해 다양한 활동을 전개했다. 학교 급식소위원회 활동을 통해 학교급식 질도 개선하고, 급식업체 실사를 다니며 위생 및 식재료 상태를 살피는 과정에서 급식에 대해 많이 배웠다.

박인숙(친환경무상급식풀뿌리국민연대 공동대표) 2009년 친환경무상급식 공약을 내걸며 당선된 김상곤 경기도 교육감의 등장으로 무상급식에 대한 국민적 관심이 커졌다. 당시 2010년 6.2 지방선거를 대비하자는 이야기가 나오기 시작했다. 무상급식을 전면에 내세우자고 이야기하던 과정에서 2,200여 개 단체가 모여  국민연대를 결성했다. 지방선거를 앞두고는 친환경무상급식에 동의하는 후보들을 찾아다니며 정책협약을 진행했다.

무상급식 운동의 확장·발전 과정에서 반대 측은 "왜 이건희 손자에게 밥을 공짜로 줘야 하느냐"는 논리로 반발했지만, 이에 맞서 우리는 친환경무상급식의 '보편적 교육' 성격을 이야기함으로써 무상급식 실현을 위한 논리적 근거를 마련했다.

강혜승 친환경무상급식 실현을 위해 시민사회가 2011년 '오세훈 서울시장 나쁜 투표 거부운동'을 벌인 기억도 생생하다. 결과적으로 나쁜 투표 거부운동이 성공적으로 이뤄지면서 친환경무상급식이 잘 이뤄지지 않았나 생각한다.

2. 급식지원센터의 역할, 어떻게 정립시킬까?

박인숙 현재 전국 각지에 다양한 형태의 급식지원센터가 104개소 있다. 이곳에서 그동안 공공조달체계 운영을 시도하고 실험해 온 걸 높이

평가하면서, 현 시점에선 조달체계를 제대로 갖출 방안이 무엇인지, 그리고 최근 각지 지자체 단체장의 교체 등으로 급식지원센터 역할이 축소되거나 운영상의 불안정성이 발생하는 문제는 어찌 해결할지도 고민하면 좋겠다.

채칠성 최근 급식지원센터들을 보면 그 기능이 식재료 유통에 치우치는 경향이 있다. 유통 기능에 치우치면 우선 '효율성'을 생각하게 되고, 효율성을 생각하면 가장 큰 조직인 농협을 떠올리게 되지 않나. 제주도의 경우 아직 하드웨어적으론 급식지원센터가 없지만, 센터 설치 요구 때마다 농협이 그 자리를 차지할 가능성이 거론되며, 제주도청에서도 농협이 센터 운영을 맡아주길 바라는 상황이다. 그렇다고 먹거리 운동 진영에서 센터 운영을 맡자니 우린 아직 준비가 안 돼 있다. 이는 앞으로 우리의 큰 과제라 생각한다.

김정숙 학교급식지원센터는 제겐 아픈 손가락이다. 학교급식지원센터를 시민과 생산자의 힘으로 함께 만들어 보자며 '시민·생산자 협동조합'을 만든 곳이 부산이다. 부산·울산·경남을 다 훑으며 찾은 생산자들과 함께 출자해 기업을 만들었다. 당시 부산시장 후보에게 '급식지원센터 설치'를 요구하며 시위를 벌이는 등 뼈 빠지게 노력한 결과, 학교급식지원센터 3개소를 설치하는 것까진 성공했다. 그러나 그 센터 운영권이 전부 농협으로 넘어가고 말았다. 농협의 차장들과 공무원들이 센터의 자리를 싹 차지하고, 우리가 운영위원으로조차도 제대로 발언권을 행사할 수 없는 상황이었다. 다른 지역엔 그래도 협치 체계에 참여할 수 있는 '어공(시민사회 활동 과정에서 일시적으로 공무원이 된 활동가)'들이 있었지만 부산엔 그런 사람이 없었다.

과거 우리 자체의 준비가 충분하지 않았던 것을 되새기며, 전국적인 학교급식지원센터 운영 사례를 취합해 보고, 각지의 운영 상황은 어떤지 살펴보면 좋겠다.

이보희 사실 104개 급식지원센터 중 조달 기능을 갖춘 센터는 적다. 예컨대 서울 서대문구 학교급식지원센터처럼 학교급식 관련 교육·홍보 역할을 주로 맡으며 쌀·수산물·김치 등 몇 가지 품목을 공급하는 형태의 센터가 전체 센터의 약 80%다.

진헌극 지역은 좀 다르다. 경남 김해시 먹거리통합지원센터는 관내 생산자들을 조직·관리·교육하고 생산물을 늘리기 위한 역할을 한다. 이와 연계해 김해시 먹거리정책과도 학부모·학생 등 시민 대상 먹거리교육을 지원한다. 김해시는 학교급식 식재료의 70~80%는 먹거리통합지원센터에서 총체적으로 관리한다.

임은주(전 경기도영양교사회 부회장) 경기도 안양·군포·의왕·과천 학교급식지원센터는 경기도 농산물을 경기도농수산진흥원에서 받고, 전통장류와 수산물을 공동구매한다. 학부모 교육 및 학생 대상 생산지 견학 프로그램도 운영 중이다. 이와 함께 '요리 레시피 개발 TF'가 있다는 것도 안양·군포·의왕·과천 센터의 특징이다. 이처럼 다양한 기능을 수행하다 보니 학부모들은 친환경무상급식에 대한 선호도가 높다. 그전에 있던 안산의 급식지원센터는 물류 기능 없이 교육 기능만 담당했다.

구희현 안산시 학교급식지원센터는 공무원이 센터장으로 자리 잡고 있어서 기능이 더 확대되지 않는 상황이다. 협치 과정에 참여하는 행정조직 관계자들이 학교급식에 대한 관점을 확고하게 하지 않는 한 급식 발전은 어려워진다.

3. 학교급식, 나아가 공공급식과 먹거리 기본권 강화를 위한 과제는?

이보희 우선 학교급식법을 개정해야 한다. △학교급식 관련 국가·지자체의 역할 명시 △학부모 경비부담 경감을 위한 '무상급식' 표현 명시 △급식 국가부담 비율 50% 규정 △유치원 급식 확대를 제한하는 단서조항(50명 미만 유치원은 학교급식법 적용 대상서 제외) 삭제 △학교급식지원센터 설치 근거 의무화 등이 개정해야 할 내용이다.

김정숙 최근 푸드플랜 운동이 시작됨에 따라, 이젠 학교급식을 넘어 어린이집·유치원 및 공공기관 먹거리까지 포괄하는 '공공급식 체계'로 나아가야 한다. 최근 지역 상황을 봐도 지역 먹거리 운동 조직은 학교급식운동본부 대신 먹거리연대 체계로 대부분 재편되고 있지 않나.

신현숙(친환경무상급식대전운동본부 공동집행위원장) 일본 핵오염수 방류로 학부모의 위기감이 크다. 국민연대에서 방사능 물질로부터 안전한 급식 실현을 위한 운동을 끌고 가면 좋겠다. 방류 저지부터 시작해, 법 개정 및 새로운 법안 마련을 통해 방사능으로부터 안전한 학교급식을 실현해야 한다. 이와 관련해 지역에서 할 수 있는 일이 많다. 대전에서도 최근 기자회견을 열었다. 지자체에 수산물 공동구매 등의 대안을 제시하며 핵오염수 문제에 함께 대응할 새로운 활동가들을 모아야 한다.

문명우(광주광역시 남구 학교급식지원센터 센터장) 방사능 없는 급식을 위해선 방사능 검사 횟수를 늘려가야 한다. 현재 광주광역시엔 방사능 검사 장비(장비 1대당 약 3억 원)가 한 대밖에 없는 데다 검사 전담 인력이 사실상 없다. 기계를 갖춘 광주시 보건환경연구원에선 1년에 몇 건 의뢰가 들어오면 그때만 잠깐 분석실 내려가서 검사하는 방식으로 방사능 검사 체계를 운영 중이다. 우리가 요구하려는 건 △방사능 검사 장비 확충 △조직 개편 통한 상시적 검사 전담 인력 배치 △연중 지속적으로 실질적인 방사능 검사 실시 등이다.

참고로 식품의약품안전처에서 내놓은 식품공전의 방사능 검사는 1만초 이상 하게 돼 있다. 그런데 수산물업체들이 시험성적서를 제출한 걸 보면, 1,800초만 돌려 검사한 걸 내고 있다. 식품공전에 나와 있듯이 1만초 이상을 돌려야만 굉장히 민감도가 높게, 적어도 1베크렐 이상 검출할 수 있는 수준이 된다. 어떻게 시료를 채취하고, 어떤 장비로 어느 정도 방사능 검사를 해야 국민 불안을 잠식시킬 수 있는 정도의 검사가 가능할지를 놓고 따로 논의해야 한다.

김정택 먹거리 기본권 강화를 위해 '마을 단위 돌봄 활동'에도 관심을 기울여야 한다. 장애인 문제를 보면, 장애인 탈시설은 국제적 추세다. 장애인은 마을에서 살아야 한다. 마을 돌봄 활동에선 먹거리가 중요하다. 읍·면·동 단위에 살아가는 구성원들의 먹거리 돌봄 방안을 모색하는 게 향후 농업과 복지 영역의 결합을 위해서도 중요하다.

이보희 급식운동 과정에서 '소농'의 정의를 명확하게 하면서, 소농의 권리 보호 관점을 명확히 해야 한다. 유엔 농민권리선언에서 규정하는 소농, 이들의 생산물을 공급하는 것은 농민 인권 보호 차원에서 중요하다. 소농이 학교급식 공공조달 체계에서 공급 우선권을 가져야 하지 않을까.

임은주 영양교사인 제 입장에선 학교급식비 단가를 좀 더 올린다면 마음껏 친환경식재료를 쓸 수 있겠다는 생각이 든다.

4. 급식운동의 앞날을 위한 급식운동 주체들의 과제는?

강혜승 급식운동의 오늘을 보면, 친환경 무상급식이 실현되면서 오히려 운동 자체는 침체됐다고 생각한다. 식재료 검수 및 학교 급식소위원회 참여 등 학부모의 주체적 활동 참여가 과거보다 등한시되는 듯하다. 학부모단체 내부를 봐도, 급식운동 과정 전반을 파악하며 활동을 이어갈 활동가의 맥이 끊겼다. 일본 핵오염수 문제를 봐도 그렇다. 서울지역 학부모들은 오히려 10여 년 전 후쿠시마 수산물 수입문제가 처음 거론될 때 훨씬 적극적으로 운동에 동참했다. 지금은 환경운동 단체들이 운동을 끌고 가고, 학부모단체들의 참여가 저조한 듯하다.

박인숙 학부모의 동력을 다시금 이끌어 내기 위해, 급식운동 진영과 학부모 조직이 함께 모니터링단을 만드는 등의 활동이 필요하겠다. 이는 최근의 방사능 문제 해결을 위해서도 필요하다. 급식지원센터에서도 학부모 모니터링단을 만들어, 현행 급식제도의 개선·보완 과정에 끊임없이 참여하고 체계적·조직적으로 급식체계를 모니터링하는 게 필요하다.

한편으로 급식운동 과정에서 활동가·전문가들이 직접 행정에 결합해 진행한 활동의 빛과 그림자가 있는 듯하다. 이분들이 친환경무상급식 확대를 위해 헌신적으로 활동했기에 큰 성과가 있었다. 다만, 급식운동 진영과 이 역량(행정에 결합한 전문가)들의 지속가능한 결합과 협치를 통해 우리가 상상했던 것이 더 강하게, 지속적으로 실현돼야 하는데, 어느 순간 그들은 그곳(행정)의 '일하시는 분'이 되고 우리와 분리가 되는 한편, 운동 단체는 역량이 행정으로 가면서 약화되는 문제를 보완하지 못하고 주체를 세우지도 못했던 것 같다. 이제 이 과정을 평가하며, 지금 단계에서 우리 역량이 어떻게 해야 강화될지를 허심탄회하게 이야기해야 한다.

구희현 최근 경기도 급식 상황을 봐도 위기감이 크다. 경기도교육청 측은 위탁급식을 실시하려는 것 아니냐는 의혹을 받고 있고, 도내 학교 급식실 조리종사자 4만2,000여 명 중 341명이 폐암 확진자다. 조리종사자 신규 채용도 잘 안 되는 상황이다.

급식 체계 속의 각종 문제를 점검하고 해결하기 위해, 급식 체계 감시 역할은 영양교사와 친환경농민, 학부모, 시민사회, 급식지원센터의 전문가 집단 등 여러 구성원이 책임감과 사명감을 갖고 맡아야 한다.

김정택 (급식 발전을 위해) 정치적으로 넓게 보는 것도 필요하다. 민주당인지 국민의힘인지 따지지 말고 사안에 따라 적절히 타협하는 것도 필요한데, 우리가 정치적으로 그럴 만한 단호함이 있을까?

문명우 성에 안 찰 수는 있으나 변화가 많은 것도 사실이다. 가톨릭농민회의 유정란 생산자들이 계신데, 과거엔 이들의 유정란을 '학교 아이들도 먹을 수 있으면 얼마나 좋을까' 생각하면서도 현실적으론 불가능하다고 여겼다. 그러나 공공급식지원센터가 생기면서 현재 광주에선 유정란을 학교에 공급하고 있다.
Non-GMO 한 끼당 100원씩 추가 지원한 뒤, 과거에 양조 된장을 주로 먹던 학교 현장에선 전통장 및 간장을 많이 이용하기 시작했다. 식용유도 Non-GMO 식용유를 사용하고 있고, 아이들은 친환경식재료 및 농산물, 쌀도 과거에 비해 굉장히 많이 먹고 있다.

지역마다 차이는 있겠지만 전국적으로 보면 좋은 사례들이 있기에, 자기 지역에서 좀 부족하다 생각하면 타 지자체에서 좋은 사례를 소개해주며 격려하고, 어느 정도 (친환경급식) 사업이 진행되는 지자체는 시민사회가 (급식 체계를) 모니터링하고 견제·감시하는 방향으로 가면 좋겠다.

▌좌담회 내용 정리와 사진 촬영은 한국농정신문 강선일 기자가 담당해주었습니다. 감사합니다.

주요 이슈 활동

먹거리 운동의 거대한 시작,
전국 학교급식지원조례 주민발의 운동

박인숙 전 친환경무상급식풀뿌리국민연대 상임대표/ 인천학교급식시민모임 공동대표

　세계적으로 학교급식은 1870년 영국에서 처음 출발한 것으로 알려지고 있다. 우리나라 학교급식 도입은 1953년 한국전쟁 당시 외국의 원조물자에 의해 시작되었고, 1972년까지 외국 원조에 의한 구호급식이 진행되었다. 학교급식법은 1981년 1월 29일 제정되어 시행되었다. 처음에는 부분적으로 정부 지원 학교급식이 진행되다가 본격적으로 학교급식이 시행된 것은 초등학교 1996~1997년, 고등학교 1999~2001년, 중학교 2001~2003년이다. 2003년에는 특수학교 및 초·중·고등학교까지 전면 실시되었다. 유치원 급식 비리 문제가 사회적 의제로 등장하면서 2021년 학교급식법 개정을 통하여 원아 50명 이상의 사립 유치원도 학교급식법 적용 대상에 포함되었다. 이제 유치원부터 고등학교까지 학교급식법에 근거하여 위생·안전 등이 관리된다.

　학교급식은 1992년 여성 농민들의 학교급식 시행 요구와 여성단체의 요구로 본격화되었는데 여성의 노동권 보호와 사회적 보육 및 교육 정책의 일환으로 시작되었다(김선희, 2010). 특히 1996년 도입된 위탁급식과 교실배식은 학교급식을 전면 확대시켰다. 그러나 정부 지원 없이 경비는 학부모 부담으로 실시되었으며, 학교가 직접 운영하는 직영급식보다 위탁급식 업자에 의한 위탁으로 실시하면서 위탁급식의 문제가 발생했다.

위탁급식은 급식시설 설치부터 식단, 조리, 배식 등 모든 과정을 민간 업자에 위탁하는 것이다. 위탁급식은 영리가 목적이 되면서 질 낮은 식재료, 열악한 조리과정으로 빈번한 식중독 사고를 일으켰다. 과도한 영리 추구로 급식 질은 떨어지고 위생에 많은 문제가 발생했으며 식재료는 대부분 값싼 수입농산물을 사용했다. 수입산 식재료에 의한 사고도 빈발하여 급기야 학생, 학부모는 물론 당시 진보정당이었던 민주노동당, 농민을 비롯한 생산자, 노동조합, 시민운동단체, 생활협동조합, 지역주민이 모여 공동 대책에 나서게 되었다.

또 한편으로는 우루과이라운드 등 농정 개방으로 농민과 농업의 어려움이 가중되고 있는 상태에서 학교급식은 소비자와 농민이 만나 서로 상생할 수 있는 좋은 매개가 되었다. 친환경 쌀을 생산하던 친환경 농민들은 건강한 아이들의 성장과 친환경 생산물의 안정적인 판로 개척을 모색하던 중에 학교급식과 결합을 고민하게 되었다. 특히 우리 쌀을 지키고 우리 농업을 회생시키기 위해 2002년 7월 1일 전남 진도를 출발해 10월 13일 여의도 고수부지 도착까지 105일 동안 '우리 쌀 지키기 100인 100일 걷기운동'은 중요한 계기점이 되었다. 걷기 대회를 통해 학교급식 조례 제정 공감대를 조직했다.

민주노동당은 2002년 기초단체장 2명과 광역 지방의회에 비례 9명을 포함한 11명을 진출시켰다. 그해 5월에 전북을 시작으로 각 지역에 학교급식 조례제정 운동을 위한 운동본부를 추동하고 7월에는 민주노동당이 주관한 학교급식 워크숍을 개최했다. 2002년 10월에는 전남에서 민주노동당 소속 전종덕 도의원이 급식조례 제정을 요구하여 2003년 9월에 전국 최초 주민발의에 의한 학교급식조례를 제정했다. 2004년에는 국회에 진출한 최순영 의원이 학교급식법 전면 개정안을 제출하여 2006년 학교급식법 개정을 이끌어 냈다.

이러한 다양한 움직임은 전국 각 지역별로 2002년 또는 2003년에 이르러 학교급식조례제정운동본부를 발족하고 우리농산물 사용, 학교급식 우수농산물 지원 조례 제정운동을 추진했다. 2002년 전북에서 최초로 조례제정 운동에 돌입했다. 2002년 5월에 전북 지역에 있는 26개 단체들이 참가하는 학교급식조례제정 연대회의를 조직하였다. 조례제정 성과는 2003년 9월 전남 나주에서 전국 최초 학교급식지원조례를 제정하면서 시작되었다. 전남 나주에서 주민발의 조례운동이 조례제정 성과를 거두게 되면서 학교급식조례 주민발의 운동은 전국적으로 빠르게 확산되었다.

광역시·도 차원에서는 2003년 10월 20일 전남에서 최초 주민발의에 의하여 '전라남도 학교급식 식재료 사용 및 지원에 관한 조례'가 제정되었다. 이어 두 번째로는 2004년 4월 23일에 인천에서 주민발의로 조례를 제정했다.

제주에서는 2004년 5월 25일 제주 최초의 주민발의로 '제주 친환경 우리농산물 학교급식 지원조례'를 도의회에서 의결했다. 이에 당시 행정자치부가 '우리농산물' 명칭 사용이 WTO협정 위반이란 이유로 재의결 요구를 했으나, 7월 16일 제주도의회에서 만장일치로 원안 재의결을 하고 7월 21일 공포함으로써 '친환경 우리농산물'을 표기한 전국 첫 조례가 제정되었다.

서울지역도 2004년 11월 20만 명이 넘는 주민발의 서명을 제출하여 시의회를 통과했으나 행정안전부에서 WTO협정 위반 시비로 재의가 요구되는 상황에 부딪쳤다. 경기도와 같은 상황에 봉착했다. 그러나 적극적인 대응과 일부 조항 조정을 통해 모두 조례 제정을 성사시켰다.

각 지역별 조례제정운동본부는 2003년 11월 11일 '학교급식법 개정과 조례제정을 위한 국민운동본부'를 발족하여 학교급식법 개정과 지역 내 학교급식 지원 조례 제정 운동을 추동하였다. 2006년 CJ 위탁급식 대규모 식중독 사고 발생을 계기로 폭발한 위탁급식 문제 제기는 학교가 직접 학교급식을 책임지는 직영급식 전환 요구로 확장되었다.

이 사건은 학교급식법 개정의 중요한 계기점이 되었으며, 그동안 학교급식법 개정 운동과 결합하여 마침내 2006년 6월 학교급식법 개정을 만들어 냈다. 2006년 학교급식법 개정은 위탁급식을 직영으로 전환하고 지방자치단체가 학교급식 경비를 지원할 법적 근거를 마련했다. 또한 지방자치단체에서 학교급식지원센터를 설치하여 식재료 조달의 공공적 시스템 구축의 전환점을 마련했다.

들불처럼 번진 주민발의 학교급식지원조례 제정 성과는 2010년 2월 학교급식전국네트워크의 자치단체 학교급식지원조례 제정 현황 조사에 의하면 당시 16개 광역단체 모든 곳에서 조례를 제정했으며 기초자치단체 230개 중에서 196개에서 조례를 제정했다. 최근 조사에 의하면 학교급식 관련 조례는 2023년 6월 현재 17개 광역단체 중에서 세종시를 제외한 16개 광역단체와 기초단체 226개 중에서 서울 강남구와 인천 옹진군을 제외한 224개 기초단체에서 조례를 제정했다. 무상급식이 진전되면서 학교급식지원조례는 폐기되거나 친환경무상급식지원 조례로 대체되기도 했다.

학교급식지원조례 운동은 단순 서명운동이나 청원 방식이 아니라 대부분 주민발의 방식으로 추진되었다. 모든 지역에서 최초 주민발의의 성사였다. 당시 주민발의는 문턱이 높았는데 서명 참여자의 상세 주소는 물론 주민등록번호와 날인을 해야 했다. 각 지역별 의회 구성은 보수정당이 대다수를 점하고 있는 상황에서 조례가 제정될 수 있었던 것은 학부모를 포함한 시민들의 절대적 지지가 있었기 때문이다.

주민발의는 법적 요건이 까다로운 만큼 확실하게 주민의 힘을 조직할 수 있었다. 우리나라 민주주의와 지방자치 역사상 동일한 내용의 조례를 전국동시다발로 주민 직접 참여에 의한 주민발의 조례를 성사시킨 사례는 아직까지 전무후무하다. 건강하고 안심할 수 있는 우수한 우리농산물로 학교급식을 바꾸자는 의제는 그만큼 대중적 요구와 관심, 참여를 이끌어 내는 의제가 되었다.

각 지역 학교급식조례운동본부는 우리농산물 사용, 위탁급식 직영전환, 무상급식 확대 등 3대 목표를 관철하기 위해 노력했다. 조례제정운동은 우리 농산물을 통한 안전한 급식을 실현하는 목표를 만들어 ① 지역산 친환경농산물, ② 지역농산물, ③ 인근 지역산 친환경농산물, ④ 국내 친환경농산물, ⑤ 우리농산물 등으로 식자재 선택기준을 만들어 갔다. 학교급식지원 조례를 제정한 다음 대부분 지역에서는 자기 지역 또는 인근 지역에서 생산되는 친환경 식재료를 사용할 때 기존 관행 식재료와 차액을 지원하는 방식으로 우수 식재료 차액 지원 사업이 추진되었다.

학교급식 시민운동은 친환경 등 우리농산물 사용, 직영급식으로 전환 하는 성과를 만들어 낸 이후 무상급식 운동으로 확대 전환했다. 무상급식 운동의 시작은 2009년 경기도 교육감 보궐선거에서 김상곤 후보에 의해 제기되었고, 당선 이후 경기도 도의회에서 김상곤 교육감이 제출한 무상급식 예산을 수차례 삭감하면서 더욱 이슈화되었다.

2010년 3월 지방선거를 앞두고 본격적인 무상급식 시대를 열기 위하여 2,200여 개 시민단체가 결집하여 '친환경무상급식풀뿌리국민연대'를 출범시켰다. 친환경무상급식풀뿌리국민연대는 "친환경무상급식은 교육이다", "친환경무상급식은 보편적 복지의 실현이다", "친환경무상급식은 지역경제를 활성화한다", "친환경무상급식은 친환경농업을 확대한다", "친환경무상급식은 아이들의 행복이다"라는 5대 공동행동 슬로건을 제시했다.

친환경무상급식 의제는 2010년 지방선거 최대 이슈로 부상했으며,

무상급식을 찬성하는 진영과 반대하는 진영의 대립으로 전국을 강타했다. 2010년 지방선거 과정에서 전국적으로 32만 명의 서명 요구가 교육감 후보와 수도권 광역단체장 후보들에게 전달되었으며, 친환경무상급식 정책에 동의하는 후보들과 정책협약이 추진되었다.

당시 협약식에서는 "친환경무상급식은 아이들의 건강권과 인권, 교육 기본권을 보장하는 일"이라며 "생명농업과 농촌, 지역경제를 활성화시키고 지구환경을 보전하는 무상급식을 더 이상 늦출 수 없다"고 강조했다. 보육부터 교육까지 무상급식 단계적 실시, 친환경급식 확대와 식생활교육 시행, 안전한 급식시스템 구축 등의 3대 목표와 10대 과제를 발표했다. 후보들은 의무교육 기간인 초·중학교에 전면 무상급식 실시와 당선 직후 학생 전원에 대해 친환경무상급식을 실현하기 위한 단계적 이행 계획을 발표하기로 협약했다.

지방선거 과정에서 무상급식은 소득에 의한 선별급식이냐 소득과 상관없이 전면급식이냐 논쟁이 형성되었다. 대표적인 예가 "이건희 손자에게도 무상급식을 지급해야 하는가?"를 둘러싼 논쟁이 계속되었다. 또한 이는 보편적 복지와 잔여적 선별복지라는 복지 논쟁으로 이어졌다. 지방선거 결과 무상급식을 전면 실시하겠다는 후보들이 대거 당선되었다. 이후 곧 바로 2010년 하반기부터 무상급식 이행 지역이 등장하였다.

주민발의에 의한 학교급식지원조례 운동은 직영급식으로의 전환, 친환경무상급식 시대를 만드는 동력이 되었고 전국적으로 "학교급식은 교육이다"라는 담론을 형성했다. 그야말로 들불처럼 번진 학교급식 지원 조례제정 운동은 대한민국 보편적 복지의 서막을 열었으며, 주민참여 민주주의 운동의 첫 사례가 되었다. 먹거리 운동의 대변화를 여는 시작을 만든 것이다.

경기도 김상곤 교육감의 무상급식 추진

구희현 친환경무상급식풀뿌리국민연대 공동대표/친환경학교급식 경기도운동본부 상임대표

김상곤 경기도 교육감 후보는 2009년 4월 22일 선거에서 주민직선 1년 임기의 교육감에 당선되었다.

이명박 정권의 4대강 밀어 부치기와 신자유주의 경제정책 그리고 독선정치로 인하여 국민들과 야권이 패배의식에 사로잡혀 있을 때 김상곤 경기도 교육감의 당선은 희망의 돌파구 역할을 했다.

김상곤 경기도 교육감 후보는 공약으로 이명박 정권의 특권·경쟁교육 반대와 무상급식실현·혁신학교만들기·학생인권조례제정과 민주시민교육 등을 주요 정책공약으로 제시하여 당선되었다.

여기서 무상급식 공약은 상당히 어려운 실천공약임에도 불구하고 학부모와 학교급식 운동본부 관계자들의 제안을 수용하여 그 거대한 무상급식 실현의 첫발을 내딛고 무상급식의 전국화와 고교 무상급식까지 실현하게 되었다.

2009년 임기를 시작한 김상곤 교육감은 그해 7월 경기도의회 재석 117석 중 101명을 차지하는 한나라당 소속의원들이 농어촌 초등학생과 도시의 5·6학년 예산 86억 원을 전액 삭감하고 대신 저소득 자녀 중식 지원비 106억 원을 증액하여 의결한 관계로 1기에서의 무상급식 실시는 물건너갔다.

이에 항의하여 민주당과 민주노동당 소속 경기도의원 12명은 삭발식을 진행하고 "부자정당 한나라당은 서민급식 예산을 살려내라"고 촉구했다.

한편 "안전한 학교급식을 위한 국민운동본부"도 이날 민주당의 삭발식 직후 경기도의회 앞에서 '친환경무상급식 촉구 1만인 국민 선언 발표' 기자회견을 열고 도의회 사과를 강력히 요구했다.

국민운동본부는 경기도의회의 무상급식 예산 삭감에 항의하기 위해 5일간 인터넷 홍보 등을 통해 국민 1만3,277명의 서명을 받았으며 국민들의 요구를 수용해 경기도의회는 무상급식 예산을 전액 증액하라고 촉구했다.

2010년 지방선거가 실시되어서 김상곤 교육감은 재선에 도전하면서 무상급식 실현 등 1기의 공약을 연속적으로 추진하겠다는 의지를 밝히며 당선되었다.

이에 전국동시지방선거에서 민주당 등 야권의 후보들이 "무상급식 추진" 공약을 전면적으로 내걸면서 무상급식을 두고 찬반 의견이 팽팽했다. 6.2지방선거의 대형 이슈로 부각되었으며 정부와 한나라당은 전면 무상급식에 반대를 했으며 민주당 등 야권은 보편적 복지 개념을 적용, 전면 실시하자고 맞섰다.

선거는 국민의 선택을 받은 야권의 대승리로 결말이 났으며, 선거 견인 정책은 무상급식 공약이라는 것을 누구도 부인하기 힘들 것이다.

이 선거 이후에 무상급식을 통해서 보편적 복지의 지평을 열어 가는 계기가 되었다.

경기도교육청은 2010년 3월부터 17개 시·군의 379개 교 15만106

명에게 교육청 예산 648억 원을 들여 전면 무상급식을 실시했으며 초·중·고 학생의 24%인 42만3,000명이 무상급식을 받고 있다. 2학기에는 도시지역 5,6학년 23만6,379명으로 확대했다.

경기도교육청은 '무상급식 5개년 추진계획'을 마련하여 2011년까지 3~6학년 66만 명, 2012년에는 전체 초등학생, 2013년까지 중학생으로 단계적으로 확대 실시했다.

경기도교육청의 무상급식 추진을 원활히 수행하기 위해서 교육감 직속으로 급식운동 관계자들이 포함된 "경기도교육청 친환경무상급식 추진단"을 가동하여 소통과 집행에 추진력을 더했으며 박미진 급식운동본부 집행위원장을 교육청 급식담당 사무관으로 파견을 했다.

김상곤 경기도교육감 1·2기는 무상급식의 시동과 정착을 위한 몸부림 그 자체였다.

김상곤 교육감은 아이들이 눈치보지 않고 즐겁게 밥을 먹도록 하자는 것, 의무교육의 한 방편으로 공평하게 누리게 하자는 것, 교육복지라는 보편적 관점에서 접근해야 된다는 소신이 강했으며 추진력도 남달랐기 때문에 가능했다고 본다.

또한 다수당인 민주당 경기도의회와의 협치와 학부모 및 급식운동 관계자들의 의지와 열정이 합해진 결과의 산물이었다.

무상급식 논쟁,
서울에서 벌어진 나쁜 투표 거부 운동

이원영 전 친환경무상급식풀뿌리국민연대 집행위원장

2002년부터 시작된 학교급식법 개정 운동, 학교급식조례 제정 운동, 서울시 무상급식 주민투표 등 친환경무상급식을 두고 많은 사회적 논란이 전국에서 계속되었다.

학교급식을 둘러싸고 벌어진 논쟁들은 2010년 친환경무상급식 도입과 함께 일단락되는 듯 했지만, 서울에서는 오세훈 서울시장이 당선되면서 오히려 커다란 불씨가 다시 점화되었다.

친환경무상급식에 대한 논란

보편적 복지냐, 선별적 복지냐?

무상급식을 둘러싼 논쟁 가운데 대표적인 반대 논리는 "부잣집 아이들에게도 급식을 공짜로 줘야 하냐?"는 것이다.

여기에 더해 "이건희 삼성 회장의 손자가 한 달에 급식비 3만7천 원을 내지 않고 공짜로 먹는 게 무상급식이라면, 그 돈으로 교육 환경을 개선하거나 더 많은 일자리를 창출해야 할 것"이라는 주장도 있다.

이런 주장들은 보편적 복지에 대한 이해가 전혀 없거나 그 가치와 의미를 제대로 이해하지 못하기 때문이다.

보편적 복지는 실상 어려운 개념이 아니었지만, 무상급식을 통해 많은 국민을 학습시켰다. 논쟁이 교육적 효과를 만들어 낸 셈이다.

보편적 복지는 복지정책의 대상자를 구별하지 않고 모두를 포괄하자는 것이다. 반면에 선별적 복지는 특정한 대상만을 선별해서 하자는 복지정책이다. 보편적 복지, 즉 보편주의는 복지가 사회적 권리로서 모든 사람에게 주어져야 한다는 것이고 선별적 복지, 선별주의는 개인의 필요와 욕구에 기초하여 주어져야 한다는 것이다. 선별주의에 사용되는 핵심적인 기준은 소득이다.

보편적 복지의 대표적인 것이 연금이나 건강보험 등과 같은 사회보험과 유·초·중·고 무상교육 제도 같은 것이다. 선별적 복지의 대표적인 예로는 최저생계비 이하로 생활하는 국민에게만 필요한 자원을 지급하는 기초생활보장제도를 들 수 있다.

물론 보편적 복지나 선별적 복지 가운데 어느 한쪽만을 해야 하는 것은 아니다. 복지의 보편적 필요성과 선별적 필요성은 정책별로 다를 수 있기 때문이다. 하지만 대부분의 선진국에서는 복지국가를 목표로 선별적 복지를 넘어 보편적 복지를 향해 나아가고 있다. 또한, 시혜적 차원을 넘어 모든 국민의 기본적인 삶의 질을 유지하기 위한 권리로 복지가 발전하고 있다.

무상급식 논란에서 급식운동의 주장은 재벌 회장의 손자도 무상급식을 받을 권리가 있다는 것이었다. 세금은 소득에 따라 차등해서 내지만 복지는 부자도 가난한 사람도 골고루 혜택을 받아야 하기 때문이다. 무상급식의 경우 우리나라 헌법 제31조에 무상의무교육이 명시되어 있고 학교급식이 학교 교육의 한 내용이기 때문에 학교급식은 당연히 의무교육에 포함되어야 한다.

따라서 무상급식은 국가가 의무를 지는 교육복지의 핵심 사안이다. 아울러 친환경무상급식의 전면 실시는 우리가 보편적 복지국가로 나아가는 데 첫발을 내딛는 디딤돌인 것이다.

무상급식과 예산 논쟁

"무상급식을 하면 서민들이 세금을 더 내야 하나요?"라는 질문을 하며 한정된 재정을 무상급식보다 더 시급한 곳에 써야 한다는 주장이 있었다. 즉, 한정된 예산이므로 무상급식 예산이 늘면 다른 예산이 줄지 않는가 하는 우려가 존재했다.

하지만 한정된 예산을 전제로 하면 어떤 복지도 확대할 수 없다. 예산은 늘리면 되는 것이다. 예산을 늘리는 것이 꼭 증세를 필요로 하는 것은 아니다. 낭비되는 세금, 제대로 걷지 못하는 세금을 통해 재원은 충분히 마련할 수 있다.

논쟁이 활발하던 2010년 당시, 무상급식을 전면 실시할 경우 초·중학교 학생들에게 무상급식을 하는 데 추가로 드는 예산은 연간 1조6천억 정도 예상되었다. 고등학교까지는 1조 원이 추가된다. 모두 중앙정부와 광역시·도, 교육청, 기초시·군·구가 재정자립도 등에 따른 적정 비율을 산정하여 예산을 배치한다면 어려운 일이 아니다. 예를 들어 이명박 정부 시절에 세금 부자 감세 100조 원을 하지 않았다면 수십 년을 무상급식하고도 남는다.

즉, 무상급식은 예산의 문제가 아니라 '교육과 복지에 대한 철학'과 정책 의지의 문제였던 것이다. 친환경무상급식을 전면 실시한 당시 한나라당 출신 합천군수는 "8차선 도로 왕복 1㎞만 안 깔면 됩니다."라며 발상의 전환을 이야기한 적도 있었다.

눈칫밥 논쟁

"급식비를 낼 수 없는 아이들을 아무도 모르게 지원하면 '낙인'이나 '차별'이 없어지지 않나?"는 주장도 있었다. 저소득층 자녀들에게만 선별적으로 무상급식을 하는 것이 '눈칫밥'을 먹게 하여 차별이나 모멸감, 편견을 일으키고 수혜 학생이 낙인감을 느끼게 한다는 주장에 대한 반론이었다.

이 '낙인'의 문제는 선별적·잔여적 복지정책이 가지는 근본적인 문제로 오랜 기간 논의되었던 개념이다. 문제는 보편적 무상급식이 아닌 선별적 급식비 지원으로는 아이들의 낙인감을 피할 수 없다는 데 있다. 외부에서 규정되는 낙인도 문제이지만 지원을 받아 급식을 먹는 아이들이 느끼는 자기 낙인감은 어떤 형태가 도입되어도 해결할 수 없다.

보편적 교육복지의 일환으로 무상급식이 실현될 때만이 우리 아이들이 자존감을 다치지 않을 수 있다. 우리는 이미 무상급식의 시행으로 그런 작은 평화를 경험하고 있다.

무상급식 논란, 2010년 지방선거에서 사회적 합의를 이루다

친환경무상급식 도입을 둘러싼 정치적 격돌은 2010년 지방선거에서 최고조에 이르렀다. 무상급식을 반대하는 정치인들이 걱정한 것은 재정이 아니라 보편적 복지의 확산이 가져올 사회 패러다임의 전환이었다.

2010년 무상급식 논쟁은 정치적 논쟁이 되었고 많은 지방선거 후보들이 주요한 공약으로 무상급식 시행을 내세웠고, 이들이 압도적으로 교육감, 단체장, 지방의원으로 당선되었다. 즉, 선거를 통한 사회적 합의가 만들어진 것이다. 그리고 2011년 서울시 무상급식 주민투표에서 다시 한 번 확인되었다.

오세훈의 친환경무상급식 조례 공포 거부

2010년 전국의 지방선거 결과와는 달리 서울시장에는 무상급식에 반대 입장인 오세훈 후보가 당선되었다.

오세훈은 서울시장 당선 후 2010년 11월, 2011년 서울시 예산안을 발표했는데 20조6천억 중 기존 저소득층 급식비 지원 0.3% 외에 무상급식 예산은 '0원'이었다. 무상급식 예산은 서울시교육청 50%, 구청이 20%를 담당하고 서울시는 30%인 약 700억 원을 배정하면 되었지만 오세훈 서울시장은 한푼도 편성하지 않았다.

이런 과정에서 2010년 12월 1일 마침내 서울시의회에서 서울시 친환경무상급식에 관한 조례가 통과되었다. 당시 한나라당 시의원들이 무상급식 조례를 막기 위해 의장석을 점거하는 난동이 있었지만 결국 통과되었다. 그런데 오세훈 시장은 제정된 조례를 공포하지 않았고 12월3일, 기자회견을 통해 "복지의 탈을 씌워 앞세우는 망국적 포퓰리즘인 무상급식을 거부하겠다"고 밝혔다.

한편, 이미 서울시교육청(50%)과 서울 21개 구청(20%)은 무상급식 예산을 편성하고 초등학교 1학년부터 4학년까지 무상급식을 실시할 준비를 했다.

2011년 1월 5일, 친환경무상급식풀뿌리국민연대, 서울친환경무상급식본부 등은 오세훈 시장이 서울시 친환경무상급식조례 통과 이후 시의회에 한 달 넘게 불출석하고 선거법을 위반하여 무상급식 반대 광고를 게재하여 국민들이 피해를 받는 상황임을 이유로 감사원에 감사를 청구한다.

탈법으로 얼룩진 주민투표와 주민투표 거부 운동의 승리

그러자, 1월 10일, 오세훈 시장은 전면적 무상급식에 대한 주민투표를 서울시의회에 제안했으나 서울시의회가 거부하자 주민 서명을 통해서라도 전면적 무상급식에 대한 찬반 투표를 실시하겠다고 선언한다.

1월 31일, 복지포퓰리즘추방국민운동본부가 '전면무상급식 반대 주민투표 시행'을 위한 신청서를 서울시에 접수하면서 앞으로 6개월간 주민투표와 관련한 서명을 받는 등 서울시의회에서 통과시킨 전면 무상급식을 저지할 것임을 밝힌다.

2월 9일, 서울시 주민투표청구심의회는 주민투표 실시에 대한 안건을 가결하고 이날 서울시보에 공시를 한 후, 주민투표 절차를 진행한다.

6월 16일, 복지포퓰리즘추방국민운동본부는 무상급식 주민투표 청구인 서명부를 접수한다.

6월 27일, 시민단체들은 '오세훈 심판! 무(상급식실현) 서(울한강) 운(하반대) 시민행동(무서운시민행동)'을 발족한다.

7월 11일, 무서운시민행동은 주민투표 서명부 열람 결과 약14만건의 허위 대리 서명을 발견하고 주민투표 명의 도용을 고소·고발한다.

그리고 7월 19일, 무상급식 '주민투표청구 수리처분 집행정지' 행정소송을 신청한다.

그러나 7월 25일 서울시 주민투표청구심의회가 주민투표청구를 의결 수리한다.

7월 28일, 무상급식 주민투표 대응을 위한 풀뿌리시민사회·야당·지역단체가 비상대책회의을 개최한다.

8월 1일, 주민투표를 발의한다. 같은 날 무상급식 주민투표 규탄 및 투표거부 시민운동 돌입을 선포한다. 그리고 8월 4일, '부자 아이 가난한 아이 편가르는 나쁜 투표 거부 시민운동본부(나쁜투표거부운동본부)를 발족한다. 또한, 나쁜투표거부운동본부 공동대표 이상수, 이수호, 배옥병은 복지포퓰리즘추방국민운동본부 상임의장직 7명을 상대로 주민투표법 위반 및 위계에 의한 공무집행방해죄로 고발한다.

8월 21일, 오세훈 서울시장은 투표율 33.3%가 넘지 않으면 서울시장직을 사퇴한다는 기자회견을 개최한다.

8월 24일, 투표일 투표율은 25.7%였고 결국, 무상급식을 거부한 오세훈 시장은 사퇴하였다.

요약하자면 오세훈 서울시장은 무상급식을 거부하며 서울시민의 주민투표에 붙였다. 서울시민들은 사실상 무상급식을 반대하는 오세훈 서울시장의 정책에 대한 반대를 투표 거부로 표현했다. 나쁜투표거부운동본부를 꾸려서 적극적인 투표 거부 운동을 벌였다. 그래서 유효 주민투표 최소요건인 33%의 투표율조차 나오지 않았다.

물론 나쁜투표거부운동을 시작하기 전에 투표에 참여해야 한다는 의견과 거부하자는 의견이 매우 팽팽히 맞섰다. 하지만 불법과 탈법을 해서 만든 주민투표에 대해 근본적으로 동의할 수 없고 오히려 정당하게 거부해서 성립시키지 말자, 나쁜 투표니까 거부하는 것이 맞다는 것으로 긴 논의의 끝에 결론을 지었다.

그 후 자치구별로, 부문운동별로 나쁜투표거부운동본부 조직을 꾸리고 왜 투표를 거부해야 하는지를 홍보했다. 시민들은 투표를 거부해야 무상급식이 실시된다는 사실에 당혹스러워 했지만 흔쾌히 올바른 선택을 하였다.

오세훈 서울시장이 무상급식에 대한 주민투표를 제기한 것은 단순히 학교급식 정책의 가부에 관한 것이 아니었다. 국가 수준에서 복지정책의 방향과 보편적 복지에 대한 시민들의 판단을 요청한 것이다. 그래서 이렇게 말했다. "망국적 무상쓰나미를 서울에서 막아 내지 못하면 국가 백년대계가 흔들린다는 절박한 심정에서 주민투표를 제안한다."(아시아투데이 2011.01.10.)

오세훈 시장의 주장을 받아 보수 신문들은 사설에서 "서울시 주민투표가 나라의 진로를 결정한다."라고 지원에 나섰다. "이번 주민투표는 무료급식을 단계적으로 실시할 것인가, 아니면 전면적으로 실시할 것인가를 정하는 데 그치지 않고 여야 간 또는 여당 내에서 복지정책의 범위, 방향, 속도를 둘러싸고 벌어졌던 이견에 대한 국민의 종합 판정이라는 의미를 띨 수밖에 없게 됐다." (조선일보 2011.8.13.)

이처럼 무상급식 전면 실시를 반대한 측에서 규정한 주민투표의 의미를 보더라도 서울시 주민투표 결과는 무상급식, 보편적 복지론의 승리라고 평가할 수 있다.

서울시 무상급식 주민투표 결과로 오세훈 서울시장은 사퇴했고 서울시장 보궐선거가 치러졌다.

그리고 새로 당선된 박원순 서울시장은 무상급식 시행 예산을 1호로 결재했다. 하지만 전국 곳곳에서 무상급식 논쟁의 불씨는 꺼지지 않고 계속 살아 있었다.

경남 무상급식 원상회복 운동의 의의와 성과

진헌극 친환경무상급식풀뿌리국민연대 상임대표/학교급식경남연대 상임대표

운동의 배경

2014년 하반기부터 홍준표 경남도지사와 경남도는 경남의 무상급식 식재료 지원 비율(기존 도와 시·군 자치단체 62.5%, 교육청 37.5%) 50% : 50%로 교육청에 강력하게 요구하고 나섰다. 이에 경남도교육청이 비협조적으로 대응하자 경남도는 학교 무상급식 지원금 특정감사를 실시하겠다고 결정하고 발표했다. 이에 경남도교육청이 감사를 거부하자 홍준표 경남도지사와 경남도는 감사 중단 결정 및 무상급식 식품비 지원 중단과 예비비 편성을 결정한다.

※ 경남의 학교급식비는 인건비와 운영비는 경남도교육청이 100% 부담하고, 식품비에 한해서 도와 시·군 자치단체 70%, 교육청이 30% 부담한다는 2010년 양 기관 간의 협의서가 있음.

이후 2015년 4월 1일 무상급식이 중단됨으로써 무상급식 대상 학생

28만 5000여 명 중 21만 8,000여 명이 유상급식으로 전환되었다.(전체 학생수는 48만 2천8백여 명)

이러한 조치는 경남의 친환경무상급식을 크게 훼손하고 축소시켰다. 발전과는 반대의 길로 나아감으로써 경남의 학생과 학부모, 시민사회 및 보편적 교육복지를 바라는 도민 등 모두에게 큰 아픔과 상처를 주었다.

운동의 기조와 방향

당시 운동의 기조와 방향은 다음과 같았다.

친환경무상급식에 담긴 교육적 의미와 친환경 및 우리농산물을 공급함으로써 지역 농업·농촌을 살려 내며 도농상생의 건강한 생태계를 조성하여 도민의 삶의 질을 높이자는 의미 등에 대한 대중적 여론을 확산시키고 무상급식 중단을 막아 내며, 원상회복을 할 수 있는 폭넓은 대중적 운동을 전개한다.

더불어 자치단체장(경남도지사 및 18개 시장·군수)뿐만 아니라 도의원, 시·군의원에 대한 정치적 압력을 강화하여 무상급식 중단을 철회하게 만든다.

교육청과 학교 운영위원회, 정당 등 무상급식 중단에 반대하는 모든 제 세력과 협력하여 전방위적 압박을 강화한다. 더불어 전국적 여론 형성과 공동 행동을 적극적으로 조직한다.

운동의 전개

2014년 11월 21일 〈친환경무상급식지키기 경남운동본부〉가 출범했다. 약 100여 개 단체 및 10여 곳 시·군운동본부 참여했으며, 이후

약 300여 개 참가 단체와 18개 시·군운동본부로 확대되었다.

이후 2014년 하반기~2018년 상반기 초까지 각계 선언 및 기자회견 등이 300회 이상 개최되었다.

- 학교급식경남연대, 경남미래연대, 마창진참여자치시민연대, 경남여성연대 등 수많은 시민사회단체 기자회견 개최
- 전교조, 교총, 경남 초·중등교장협의회, 경남학교운영위원회협의회, 참교육학부모회, 경남교육희망, 거제 및 김해교육연대, 통영교육희망네트워크 등 교육단체 기자회견 개최
- 경남무상급식지키기 학부모 감시단 발족 및 경남도의회 방문, 도의회 의장과 도교육청 소관 예결특위 위원장 면담
- 할머니, 지역원로, 종교계 등의 무상급식 원상회복 촉구 기자회견 개최

그 후 대규모 집회 및 서명운동, 주민투표 등이 연이어 지속되었다.

- 무상급식지키기 1만인 선언(1만 100여 명 서명 받음) : 2014년 12월 4일
- 무상급식 원상회복 도민 집회 및 거리대행진(5,000여 명 참가) : 2014년 12월 20일
- 무상급식 주민투표 발의 : 2015년 2월 2일 기자회견 개최, 2월 5일 주민투표 추진을 위한 청구인 대표자 증명서 교부 신청, 2월 17일 경남도 주민투표 청구인 대표자 증명서 불교부 결정 내림
- 경남도민 61만 명 학교급식법 개정 청원 서명, 국회 제출
- 홍준표 경남지사 주민소환 : 2015년 7월 23일~2016년 9월 26일
- 운동장에서 학부모 급식, 학교 등교 거부 운동
- 아파트 가구 및 차량 무상급식 원상회복 현수막 부착 운동 등

또한 경남도와 18개 시·군 단체장 및 경남도의회 압박 운동을 전개했다.

- 각계의 항의 방문을 다양하고 지속적으로 조직하고 추진
- 도와 도의회를 대상으로 각종 집회 및 농성 개최
- 특히 도의회는 관련 상임위와 본회의 때 학부모와 도민 참관단 조직 등

운동의 의의와 성과

경남 무상급시기 원상회복 운동의 의의와 성과는 크게 두 측면에서 정의할 수 있다.

첫째, 먹거리 민주주의 실천.

2014년 말 ~ 2018년 초까지 경남의 학부모와 도민이 한마음 한뜻으로 우리 아이들의 친환경무상급식 원상회복을 위해 함께 공유하고 투쟁함으로써 먹거리 민주주의를 직접 실천했다.

독단적인 자치단체장의 방침과 사업 중단에 대해 도민이 직접 나서 원상회복을 이루어 내었다는 점에서 도정(시·군정 포함)에 대한 풀뿌리 주민자치를 실질적으로 이루어 내었다.

둘째, 급식운동의 가치 공유와 확산.

학부모, 농민, 도민이 함께 투쟁함으로써 친환경무상급식에 담긴 교육적 의미와 친환경 및 우리농산물을 공급함으로써 지역 농업·농촌을 살려 내며 도농상생의 건강한 생태계를 조성하여 도민의 삶의 질을 높인다는 학교급식 공공성에 대해 공유하고, 도민들에게 널리 확산시켰다.

각종 언론 여론조사를 살펴보면 도민의 70% 가량이 무상급식 중단에 반대하는 것으로 나타났으며, 무상급식에 대한 각 언론의 사설 또는 기고가 대폭 증가했던 점 등이 그 실질적인 사례로 평가된다.

시도별 활동

시도별 활동

서울시 학교급식지원조례 제정 운동 역사
(2003-2010년)

이원영 전 친환경무상급식풀뿌리국민연대 집행위원장

43개 단체가 모여 급식조례제정운동본부 결성

학교급식지원조례를 제정하기 가장 어려웠던 지역은 서울이었다. 서울은 2003년 10월 1일에 서울시 학교급식조례제정운동본부를 결성한다. 학부모, 교사, 시민, 노동자, 정당 등 학교급식 개선을 위해 노력하는 43개 단체가 모여서 '직영급식, 우리농산물 사용, 무상급식 확대, 학부모 참여'라는 4대 원칙을 담은 학교급식 조례를 제정하기로 하였다.

다음은 10월 1일자 한겨레신문 기사이다.

서울도 급식 조례 제정 운동 /36개 시민단체 운동본부 발족/ 학부모 서명운동 벌이기로

서울에서도 학교급식조례 제정 운동이 본격화한다.

학교급식전국네트워크, 참교육학부모회, 경제정의실천시민연합, 전교조 서울지부 등 서울지역 36개 시민사회단체는 1일 서울시청 앞에서 '서울시 학교급식조례제정운동본부'를 발족한다.

운동본부가 만들 급식조례안은 안전하고 질 좋은 우리농산물 공급,

자치단체의 급식비 지원, 위탁급식의 직영급식화, 무상급식 단계적 확대, 학부모 참여, 급식 감독권 보장 등의 내용을 담고 있다. 이를 위해 이들은 운동본부 발족과 함께 조례안을 서울시의회에 접수시키고 학부모들을 상대로 대규모 서명운동도 벌이기로 했다.

한편, 참교육학부모회가 이날 학생 등 3200명을 상대로 조사해 발표한 급식실태를 보면, 학생들의 학교급식 만족도는 초등학생 42.3%, 중학생 15.8%, 고교생 7.4% 등 평균적으로 12.8%에 불과했다. 만족하지 않는 이유로는 '메뉴가 다양하지 않다'(29.9%), '비위생적이다'(28.0%), '반찬 양이 적다'(17.1%) 등을 꼽았다.

100일 동안 10만 명 서명 목표 달성, 기적 창출

서울시 학교급식 조례를 제정하기 위해 2023년 10월 28일부터 6개월간 20세 이상 서울시민 14만 명 이상의 청구인 서명운동을 전개했다. 그런데 놀라운 것은 100일 밖에 안 되었는데 10만 명이라는 목표를 달성할 수 있었다는 점이다.

기초자치단체인 구로구의 경우는 학교 운영위원회의 결의로 가정 통신문을 각 가정에 보내, 전교생의 부모님으로부터 서명을 받기도 했고, 선생님과 학생들이 자발적으로 방과 후 지하철역 등에 나가 서명을 받기도 하였다. 구로구는 서울시 최초로 구로구학교급식지원조례가 제정되었다.(2007.12.7.) 또한, 금천구는 서울시 조례와 함께 금천구의 '학교급식조례(주민발의) 제정 운동'을 시작하기도 했다.

서울시조례제정운동본부는 학교급식 지원에 관한 조례 제정 청구서 서명을 시작한 지 5개월 만에 146,258명의 서명을 받아 서울시에 제출하였다.

서울시를 상대로 주민발의 조례제정 청구를 하자 당시 이명박 서울시장은 800만 원의 예산을 별도로 들여 서명명부를 일일이 검토한다. 그 결과 24,476명의 이름과 주민등록번호가 일치하지 않는 등 오류가 발견되었다며, 5일간의 보정기간을 줄 테니 18,218명의 서명명단을 추가로 접수해야 한다고 통지했다. 이에 2004년 5월 3일부터 5일동안 운동본부는 추가 서명운동을 통해 67,101명을 추가했다. 5월 8일 주민발의 접수를 성공시켰다.

서울시민 20만 명이 주민발의에 참여한 위대한 풀뿌리 민주주의의 쾌거였다.

다음은 2004년 5월 8일 서울급식조례제정운동본부 성명서(일부 생략)이다. 당시 20만 명의 주민발의 운동에 대한 역사적 정리로 중요한 자료라고 평가된다.

〈성명서〉

서울시학교급식지원조례 제정과 함께 주민자치입법청구권을 규제하는 관련법을 개정하라.

우리는 지난 3월 30일, 서울시장에게 청구인 대표인 배옥병 대표를 비롯하여 146,258명의 서울지역 유권자가 참여한 「서울시학교급식지원에관한조례」 제정을 청구하는 주민발의 서명지를 제출하였다. 작년 10월 1일 「서울시학교급식조례제정운동본부」를 결성하고 10월 28일 학교급식 서명운동 시작을 알리는 선포식을 가진 뒤 5개월 동안 서울의 44개 민주시민 단체와 25개 기초자치구별로 구성된 조례제정운동본부 등이 중심이 되어 대대적으로 조례 제정 청구인 서명을 받은 결과였다. 우리는 청구인 명부를 제출하면서 단결된 서울시민 의식을 바야흐로 세상에 빛내게 되었다는 감동과 기쁨에 넘쳐 있었다.

우리는 오늘 보정 전 무효처리청구인명부 6,218명 중 유효판정을 받은 5,980명과 보정 청구인명부 61,121명을 합하여 모두 67,101명분의 청구인명부를 서울시에 추가로 제출하여, 20만 명에 달하는 「서울시학교급식지원에관한조례」 제정청구 주민발의 서명지를 접수한다. 이로써 보다 큰 목소리로 우리 자녀들의 건강과 생명에 직결되는 학교급식을 제도적으로 바로 세울 것과 그에 합당한 예산 및 행정 지원을 위한 강도 높은 노력을 서울시에 촉구하게 되었다.

서울시의회 의원들 역시 서울의 초·중·고 학생들에게 질 좋은 먹을거리를 제공하고 건강한 미래시민을 키워 낸다는 마음으로 바람직한 학교급식 제도를 규정하는 '서울시학교급식지원조례'를 전향적으로 심의하여 통과시켜 주기만을 바라며 시민을 대표하는 의회로서의 역할을 충실히 수행할 것을 기대한다.

한편, 오늘 우리는 서울시학교급식지원조례 제정 청구인명부를 추가 제출하게 된 일련의 과정에서 풀뿌리 민주주의를 실천하고 참여자치행정을 펴기 위해 너무도 많은 노력과 시간을 투자하고 인내해야하는 것에 대해 문제를 지적하지 않을 수 없다. 주민발의는 주민의 권리를 보장하는 주민자치로서 참여 민주주의의 실천적 핵심 과제인 것이다. 그러나 복잡한 청구서명 양식과 유권자수 1/20이라는 청구인수로 규정하고 있는 바, 특히 대도시에서는 주민발의를 시도하기란 너무도 어려우며 다양한 규제로써 주민권리 포기를 강요함과 같다. 더욱이 이번과 같이 보정을 함에 있어서도 그 수를 재차 삼차 헤아리기 위해 서울시가 별도의 예산을 들여 용역을 동원하는 소모적이고 비효율적인 일이 없도록 해야 한다. 따라서 주민자치의 절차와 방식 등을 개선하여 주민이 진정한 주인이 되는 사회 구현을 위해 적극 검토하고 이에 합당한 내용으로 자치관련 법 등을 개정해야 한다.

우리는 주민자치 입법 활동을 두 번 전개하면서 얻은 힘과 경험으로 진정한 민주적 자치행정과 시민으로서 주권회복과 주민자치를 실천할 것임을 다짐한다. 아울러 시장과 교육감은 시민과 함께 아름다운 서울시를 만들기에 책임지는 자치행정 수장으로서의 참모습을 보여주기 바란다.

우리는 이제 20만 서울시민의 이름으로 다음과 같이 요구한다.
1. 이명박 시장은 1000만 서울 시민을 대신하여 조례제정을 청구하는 20만 청구인들의 뜻을 받들어, 학교급식 지원을 위한 조례 제정과 학교급식 개선을 위한 행정 지원을 강화할 것을 촉구한다.
2. 서울시의회 의원들은, 직영급식, 우리농산물 사용, 무상급식 확대, 학부모 참여를 골자로 하는 서울 시민의 뜻이 삭제되지 않고 학교급식지원조례안에 최대한 반영될 수 있도록 노력하기 바란다.
3. 아울러 국회와 서울시는, 주민들의 자치입법 청구권의 확대를 위해 주민발의 청구인 수를 축소하고 조례제정 청구 절차와 방식을 간소화하여 시민들이 지방자치의 실질적인 주인이 될 수 있도록 관련법과 조례 및 규칙을 조속히 개정할 것을 촉구한다.

2004년 5월 8일/ 서울시학교급식조례제정운동본부

서울시급식지원조례 드디어 통과, 그러나 대법원 제소

그리고 2004년 11월, 주민발의로 제정 청구한 학교급식지원조례를 서울시의회에서 통과시켰다. 다음은 그날의 감격이 담긴 기자회견문이다.

〈공 동 기 자 회 견 문〉

서울시학교급식조례제정운동본부와 서울특별시의회에서는 지난해 8월부터 오늘에 이르기까지, 150만 여 서울 학생들의 건강을 지키며 교육을 바로 세우고 미래 사회의 안녕을 위해 서울시학교급식지원조례 제정을 추진하였다.

전국 교육을 선도하는 수도 서울은 100%에 육박하는 초·중·고등학교 위탁급식이라는 특별한 상황으로 식중독 사고 다발 위험과 저질 식재료를 사용하며 이윤만 추구하는 업자들을 방관해 왔다.

한마디로 전국에서 열악한 급식교육을 하고 있는 부끄러운 현실을 해결하고자 주민발의 청구로 학교급식조례를 제정하였으며 그것은 우리 아이들에 대한 어른된 도리요 책임인 것이다.

서울의 학교급식조례 제정을 위해 운동본부 구성 이후 조례안을 만들고 시에 제출하기까지는 두 차례에 걸쳐 무려 17만2,023명의 시민이 서명에 참여했다.

이는 서울의 역사 이래 처음 있는 숭고한 사건이었음은 물론 전국적으로도 전무후무한 선례를 남겼다. 운동본부는 주민발의 조례안이 의회에 제출되어 심의되기까지 1년 3개월의 긴 시간 동안 끊임없이 노력하였다. 서울시민의 소망이 시 집행부에 전달되었고 4개월의 논의 끝에 바로 오늘 서울시의회에서 입법 제정되었다.

오로지 1천만 시민 자녀들의 학교급식을 최상으로 안전하게 그리고 진정한 교육으로 제공받게 하기 위해 제정된 주민발의 서울학교급식지원조례 탄생의 감격을 서울시의회와 시와 운동본부가 1천만 시민과 함께 나누고자 한다.

2004년 12월 2일. 오늘 우리는 서울의 주민발의 조례 탄생으로 명실공히 풀뿌리 민주주의 지방자치 시작을 선포한다. 이제 서울시 학생들은 그동안 서울에서 학교를 다닌다는 이유만으로 학교급식 교육의 선택의 자유를 보장 받지 못했다.

이제 우리는 자녀들이 건강하게 성장하도록 하는 일 역시 교육이며 시민 모두가 책임질 것을 다짐하는 『생명 중심 서울시민 권리장전』에 조인을 한 것이다. 삶의 역사, 상생의 자치 민주주의 역사를 만들어 가는 지방분권 확립을 선언하는 것이다. 이제 남은 일은 시민을 대신하여 이명박 서울시장이 공포하여야 하고, 즉각 시행하여야 한다.

어려운 현실을 극복하며 오늘의 감동이 있기까지 온 힘을 모아온 서울시와 시의회에 다시 한 번 감사드린다. 그리고 아낌없는 사랑을 보내 주신 서울시민, 어려움에 처할 때마다 보도를 통해 여론을 환기시켜 준 언론 관계자님들, 뿐만 아니라 각자 자기 일을 바쁘게 하면서도 조례제정에 헌신해 주신 우리 단체 및 지역의 모든 운동본부 관계자께 감사의 말씀을 올린다.

다만, 아직은 안심할 수 없기에, 탄생의 기쁨은 어려운 여정의 시작임을 알기에 우리는 그 어떤 역경과 외압에도 굴하지 않는 서울의 힘, 시민의 힘으로 차근차근 서울의 교육 환경과 서울의 자치 민주주의를 지켜 낼 것을 다짐한다.

2004년 12월 2일
서울시학교급식조례제정운동본부/ 서울시의회 교육문화위원회

하지만 앞으로도 갈 길은 첩첩산중이었다. 서울시학교급식지원조례는 '국내산 농산물 사용을 명시했으므로 WTO협정 위배'라는 이유로 서울시장이 12월 10일에 시의회에 재의를 요청했다.

하지만 서울시의회가 2005년 2월 24일에 원안 재의결을 했고 서울시장이 의회를 통과한 조례를 공포하지 않아 3월 10일, 시의회 의장 직권으로 공포되었다.

이에 행자부가 서울시장에게 조례를 대법원에 제소토록 종용하였으나 시장이 조례제소 시한인 3월 28일까지 조치하지 않았기 때문에 정식으로 자치법적 효력이 발생하였다.

그런데 이번에는 행자부가 4월 4일, 직접 나서서 대법원에 효력정지가처분신청과 재의결무효소송을 제기한 것이다.

어렵게 통과된 서울시학교급식지원조례 역시 전북, 경기에 이어 행자부에 의해 대법원에 제소를 당한다.

대법원은 2005년 9월, 전북 급식조례가 WTO협정 위반이라는 판결을 내린다. 이에 각 지역 급식운동본부는 계속 패소를 할 경우 그동안 쌓아왔던 급식운동의 성과가 무너지게 될 우려가 있으므로 국내산 우리농산물 사용은 향후 풀뿌리 운동 등을 통해 지속적으로 제기해 내고 각 지역 조례는 지역 특성에 맞게 친환경과 우리농산물 문구를 우수농산물 등으로 유연하게 넣기로 협의를 하게 된다.

서울운동본부는 수정안을 만들었으며 정부로부터 "수정안에 하자가 없다"는 답변을 받아 냈다. 그때가 2006년 3월 21일이었으니 무척이나 험난한 과정이었다.

이런 과정을 거쳐 2007년 4월 수정된 학교급식조례 개정안이 통과되었다. 그 후 2008년 4월에 서울시 급식조례가 다시 전부 개정되었다.

친환경급식 지원 시작, 그리고 센터 설치

2009년 62개 학교 친환경급식 지원 시범 실시, 2010년 198개 학교 친환경급식 지원이 진행되었다.

2010년 당시 서울에서는 25개 자치구 가운데 17개 자치구에서 학교급식지원조례가 제정되었으며 서울시 친환경급식 지원과는 별개로 자치구 조례로 친환경급식을 지원하는 곳도 관악, 강동, 양천, 강북 등으로 늘어났다.

자치구 조례가 제정된 곳은 제정 순서대로 보면 구로구, 관악구, 금천구, 강북구, 강동구, 중구, 서초구, 서대문구, 중랑구, 송파구, 용산구, 도봉구, 성북구, 성동구, 양천구, 동작구, 은평구 등이다.

자치단체의 친환경급식 사업이 확장되면서 급식센터 설치·운영에 대한 논의가 서울에서도 활발하게 진행되었으며, 서울시에서는 서울친환경유통센터를 2010년 2월에 설치해 운영을 시작했다.

서울

친환경무상급식을 넘어 공공급식으로, 먹거리 기본권 보장으로
- 2010~2023년 서울시 친환경무상급식을 중심으로 -

이보희 희망먹거리네트워크 상임대표

친환경무상급식! 지방선거의 대세 공약이 되다

2009년 경기도 교육감 보궐선거에서 무상급식을 선거공약으로 내세운 김상곤 교육감이 당선되면서 친환경무상급식 정책이 전국으로 확산되는 계기가 되었다.

2010년 3월, 지방선거를 앞두고 친환경무상급식 실현을 위해 2,200여 개 시민사회단체가 모여 '친환경무상급식풀뿌리국민연대'를 발족하고 친환경무상급식을 지방선거의 핵심 의제로 만들면서 국민의 뜨거운 호응을 받았다.

2010년 지방선거에서 야권 후보들을 중심으로 친환경무상급식을 핵심 공약으로 채택하게 되었고 여기에 여당인 한나라당 후보 일부도 동참하게 되면서 친환경무상급식을 공약으로 채택한 후보들이 대거 당선되었다.

2010년 지방선거의 승리로 친환경무상급식은 전국으로 확산되었다.

서울시 드디어 친환경무상급식 실현의 첫걸음을 내딛다

서울시의 경우, 교육감은 진보적 성향의 곽노현 후보가 당선되고, 서울시의회는 야당인 민주당이 약 3분의 2를 차지할 정도로 압도적 다수가 되었으나 서울시장은 한나라당 오세훈 후보가 근소한 차이로 당선되면서 서울시 친환경무상급식을 둘러싼 갈등이 표면화되었다.

갈등의 시작은 지방선거 이후 한나라당을 중심으로 '부자급식'을 전면에 내세워 친환경무상급식 흔들기가 계속되면서부터이다. 오세훈 서울시장은 서울시의회에서 통과시킨 친환경무상급식 조례를 서울시장 직권으로 거부하더니 급기야는 2011년 8월, '전면적 무상급식에 대한 주민투표'를 들고나왔다.

이에 대한 대응으로 시민사회단체는 '부자 아이 가난한 아이 편가르는 나쁜 투표 거부 시민운동본부'를 구성하고 '나쁜 투표' 거부 운동을 전개하였다. 결국 유효투표율 33.3%에 못 미치면서 주민투표는 무산되고 오세훈 시장은 사퇴하게 되었다.

오세훈 시장의 사퇴로 2011년 10월 서울시장 보궐선거에서 친환경무상급식을 공약한 박원순 시장이 당선되었고 서울시 친환경무상급식은 본격적인 시동을 걸 수 있게 되었다.

2010년 지방선거 당시 전국 최하위 학교급식 수준의 서울시

2009년 오세훈 시장은 50억 원을 학교급식비 지원비로 배정했는데 그중 친환경 식재료 지원은 10억 원뿐이었고 나머지 40억 원은 오븐기 지원비였다. 이는 학생 1인당 700원꼴로, 전국 재정자립도 최하위인 전북도가 학생 1인당 연간 13만8천 원을 지원하는 데 비해 무려 20배의 차이가 났다.

2010년 지방선거 최대 쟁점은 친환경무상급식이었다. 설문조사에서 유권자의 75%가 무상급식을 바란다고 답했음에도 오세훈 서울시장이 당선 후 발표한 2011년 예산안 20조6천억 원 중에 무상급식비 지원은 "0"원이었다.

직영급식 실시율 또한 서울시는 전국 최하위로 73.1%에 불과했다. 2006년 학교급식법이 개정되고 직영 전환 유예기간 3년이 지난 시점인 2010년 1월 19일까지 직영 전환을 하지 않고 버티는 학교가 무려 27%였다. 결국 2010년 1월 20일, 위탁급식 학교장과 서울시 교육청 부교육감이 현행법 위반과 직무 유기로 고발당하는 사태까지 벌어졌다.

박원순 시장 취임 첫 번째 업무는 친환경무상급식 지원 서류 결재, 서울시 초·중학교 친환경무상급식 전면 실시!!

박원순 서울시장 취임 첫 번째 업무는 초등학교 5, 6학년 친환경무상급식비 지원 서류 결재였다. 찬반 논쟁이 치열했던 사회적 정책에 대해 선거 정치를 통해 시민들이 사회적 합의를 이뤄 낸 역사적 순간이었다.

그동안 서울시 예산 편성 없이 서울시교육청 50%, 21개 구청 20%의 예산 편성으로 진행해 오던 친환경무상급식이 서울시 30%, 자치구 20%, 교육청 50%의 비율로 재원을 분담하게 되면서 2011년 초등학교 전 학년에서 2014년 중학교 3학년까지 의무교육 대상 전체로 확대되게 되었다.

학교급식비에는 학교급식 실시를 위한 제반 비용, 인건비, 운영비, 식재료비가 포함되어 있다. 기존 급식비에 친환경농산물 사용 비율 70% 기준을 충족하기 위한 급식비를 포함하여 급식비를 인상하고 급식비에서 식재료비 사용 금액을 구분하여 규정하여 식재료비가 운영비나 인건비로 사용되지 않도록, 실질적인 친환경무상급식이 실현될 수 있도록 하였다.

2022년 기준 서울시친환경유통센터를 통해 공급하는 친환경농산물

공급 비율은 물량 기준 55%, 금액 기준 49%에 달한다.

서울시 학교급식 시스템 광역친환경급식통합지원센터와 친환경유통센터

지난 20여 년간 학교급식 운동이 지향해 온 핵심은 우리 아이들에게 평등하고 안전한 급식을 안정적으로 먹일 수 있는 시스템을 만드는 것이었다. 이는 급식지원센터를 설치하여 통합적인 급식지원 시스템을 만드는 것이었고 또 하나는 친환경 먹거리 공급시스템을 구축하는 것이었다.

2006년 학교급식법이 개정되면서 식재료 투명성, 안전성, 안정적 확보를 위한 공적 조달체계를 각 지자체에 도입할 수 있게 되었다.

서울의 경우 서울시, 교육청, 시민단체, 급식전문가 등이 함께 하는 민관 거버넌스 형태의 '서울시광역친환경급식통합지원센터(이하 '광역급식지원센터')'를 두고 급식 정책 개발, 모니터링, 식재료 유통관리를 체계적으로 지원하도록 하는 한편, 자치구 학교급식지원센터들과 협력·조정하는 역할을 담당하였다. 광역급식지원센터는 2015년 행정 내 조직인 평생교육국 친환경급식과로 개편되면서 기존 광역급식지원센터에서 하던 일은 친환경급식과에서 맡게 되었다.

또한, 식재료 공급을 위해 2010년 서울시농수산식품공사에 친환경유통센터(이하 '유통센터')를 총 3개소(강서 2, 가락 1개소)를 설치하고, 친환경농산물의 경우 광역도별 각 1개 업체, 총 9개 친환경농산물 산지 공급업체를 선정하여 직거래 계약재배로 공급하고 있다. 친환경농산물과 별도로 일반농산물(11개), 양곡(6), 농산 가공식품(23) 및 축산물(10) 공급업체와 농산(20), 축산(16), 수산(9) 납품업체를 선정하여 학교에 공급하고 있다.

2022년 기준 친환경유통센터를 이용하고 있는 학교는 총 1,326개 교로 초등 97%, 중학교 70%, 고등학교 50%, 특수학교 100%와 유치원 36%가 이용하고 있으며 농산물 16,390톤, 103,266백만원 공급 중이다. 축산물은 77,789백만 원을 공급 중인데 이 가운데 무항제 비율은 43%, 수산물은 37,745백만원으로 총 농수축산물 공급 금액은 218,800백만 원에 이른다.

서울시 학교급식 조달(취급·품질)기준을 마련하다

학교급식에 식재료를 조달하는 기준을 정한다는 의미는 식재료를 취급하거나 품질을 관리할 때 의무적으로 적용할 수 있는 원칙을 정하고 이를 현장에서 가급적이면 시행해야 한다는 것을 말한다. 서울시는 2015년부터 2017년까지 3년에 걸쳐 '친환경 학교급식의 지속가능성·안전성을 담보하기 위한 식재료 생산·공급 각 단계별 취급 및 품질관리 기준'이 담긴 규정집을 마련하여 적용하였다. 농산물과 축산물 조달기준은 2015년에 마련하여 2016년부터 적용하기 시작했으며 수산물과 가공 식재료는 2016년에 마련하여 2017년부터 적용하기 시작하였다.

학교급식 조달 품질기준 마련을 위해, 농축수산 가공식품 전문가, 생산자, 학교 영양교사, 유통 관계자, 학부모 대표 등 급식 관계자들과 TF팀을 구성하여 세밀한 자료 수집과 심도 깊은 토론을 거쳐 기준안을 마련하였으며 이에 대한 전문가, 시민의 의견 수렴을 위한 청책 토론회를 거쳐 최종안을 결정하였다.

친환경 식재료의 조달기준을 적용하기 위해 학교, 영양사, 학부모 등을 대상으로 교육과 홍보활동을 하였고, 이런 경과 기간을 거친 후에는 조달기준이 현장에서 잘 적용되도록 서울시교육청과 함께 지도·감독을 하였다.

지속 가능한 친환경 학교급식 조달(취급·품질) 기준은 생태 가치, 건강 가치, 사회 가치의 세 가지 원칙을 고수하고 있다.

서울시 학교급식에 적용되는 친환경 식재료 조달기준의 주요 내용은 다음과 같다.

구분	친환경농산물	친환경축산물	친환경수산물	가공 식재료
우선 사용	유기농산물, 무농약농산물, 생산이력 확인가능 농산물, 지역산 농산물	유기축산물, 무항생제축산물, 자급사료 투입 축산물, 동물복지축산농사 생산품	국내산, 자연산 수산물, 친환경인증 수산물, 생산, 원산지 표기 수산물	생산이력 투명한 가공품 유기식품인증 제품 전통식품 품질인증 제품
금지 권고	GMO농산물, 농산가공품, 양액재배, 식물공장 농산물, 방사능관련오염(조사)식품	수입축산물 취급 금지, 한우, 돼지고기 2등급 미만, 육우 3등급 미만	GMO유래 양식수산물, 방사능오염·부작용, 수산물 남획, 불법어업 수산물	GMO사용 가공원료 MSG, 발색제, 인공감미료 속효성 가공과정 제품

친환경 학교급식을 넘어 공공급식으로, 서울시민의 먹거리 기본권 보장으로

2012년 학교급식 운동 진영에서는 친환경무상급식의 성과를 바탕으로 어린이집, 지역아동센터, 사회복지시설, 군대, 병원, 공공기관 등 공공급식으로 친환경급식을 확대하고 더 나아가 영유아부터 어르신까지 먹거리 기본권을 보장하기 위한 활동으로 전환해야 함을 분명히 하면서 전 국민을 대상으로 한 먹거리 운동을 시작하였다.

이에 따라 첫째 학교급식법 개정, 둘째 먹거리 보장 기본법 제정을 목표로 GMO 완전표시제 의무화 등과 결합하여 지역단위 먹거리체계 개편을 위한 구체적 조례제정 운동과 함께 2014년 지방선거, 2016년 총선과 2017년 대선 공약에 먹거리 기본법과 국가식품계획을 정책으로 제안하기로 결정하였다.

2014년 지방선거에서 박원순 시장이 재선되고, 의무교육 대상인 중학교까지 친환경무상급식이 실현되면서 서울시는 본격적으로 공공급식으로의 확대와 시민 먹거리 기본권 보장을 위한 준비를 시작하였다.

2015년 희망먹거리네트워크를 중심으로 도시 먹거리 정책 수립의 필요성을 제안하고, 생산, 유통, 소비, 폐기까지 통합적 먹거리 정책 수립을 위한 총 3개 분야 8개 사업 25개 과제를 도출하는 서울 '식' 거버넌스를 운영하였다.

2016년 2월 시장 업무 보고에서 도농상생과 공공급식 확대가 주요 쟁점이 되면서 서울시 먹거리 기본계획 수립에 앞서 도농상생 공공급식을 먼저 추진하기로 하고, 이후 공공급식 방향 및 실태조사, 먹거리 공공급식체계 관련 학술용역, 부시장 주재 수차례의 기획조정회의를 거쳐 11월 31일 서울시-광역도(9개) 도농상생 공공급식 업무 협약식을 개최하게 되었다.

2017년 5월 완주군-강동구 도농상생 공공급식 시범사업을 시작으로 동북 4구 공공급식센터 등 6개소로 시범사업을 확대하고 2018년 3개소, 2019년 4개소로 총 13개 자치구로 확대되었으나 2022년 동대문구가 공공급식을 포기하면서 2023년 현재 12개 자치구에서 도농상생 공공급식을 시행하고 있다.

2017년 6월, 서울시 먹거리 마스터플랜이 발표되고 그해 9월 서울시 먹거리 기본권 보장을 위한 조례가 제정되면서 서울시는 10개 분과 150명에 가까운 서울시, 전문가, 시민사회단체 활동가로 구성된 먹거리위원회를 구성하였다. 또한 월 1회 각 분과위원회 위원장과 위원 1명이 참여하는 기획조정위원회를 통해 서울시의 먹거리 정책 실현을 위한 논의를 지속하였다.

2018년 11월, 서울시는 '서울시 하늘 아래 밥으로 차별받는 아이들

은 없어야' 한다는 신념으로 그동안 무상급식에서 배제되었던 사립초
등학교와 각종 학교 등을 포함한 고등학교 무상급식 단계적 추진 계획
을 발표하였다.

2021년 서울시는 초·중·고등학교 무상급식 100%를 실행하고 있
다.

오세훈 시장의 당선과 함께 후퇴하는 서울시 먹거리 정책

2021년 오세훈 서울시장이 보궐선거로 당선되고 나서 첫 일성이 도
농상생 공공급식 개편과 함께 시민사회단체로 지원하던 예산의 전면
삭감이었다.

2022년 오세훈 시장이 재선되면서 도농상생 공공급식은 결국 개편
의 순서를 밟게 되었다. 다른 사업과 마찬가지로 오세훈 시장의 발표
('21년), 서울시 자체 감사('22년), 개편안 발표('23년 1월 보도자료 배
포, 9월 언론브리핑)의 수순을 거쳐 학교급식을 공급하고 있는 2024년
1월부터 친환경유통센터로 통합할 예정이다.

이에 대해 시민사회단체와 산지 생산자, 자치구 공공급식센터, 수탁
기관 등이 모여 서울시 도농상생 공공급식 강제개편 반대 공동대책위
원회(이하 '공대위')를 결성하고 서울시에 맞서 기자회견, 서명운동, 보
도자료 배포 등의 활동을 추진하며 강제 개편을 막기 위한 노력을 지속
하고 있다.

공대위는 친환경유통센터와의 통합을 도농상생 공공급식의 후퇴로
규정하고 있다. 첫째, 효율성을 앞세워 도농상생을 포기하고 있다는
점, 둘째, 친환경농산물 공급 비율 축소(공공급식 84% → 친환경유통
센터 49%)로 인한 급식 질 저하, 셋째, 가공식품 공급 배제로 인한 식
재료 불안전성, 넷째, 가공식품이 공급 품목에서 빠지면서 이로 인한

이용시설의 불편 가중, 다섯째, 지역아동센터, 사회복지시설 등을 배제하는 이용 대상 시설 축소, 여섯째, 어린이집 급식 공급 경험 부족('22년 기준 친환경유통센터는 병설을 제외한 유치원 27개소만 공급), 일곱째, 충분한 준비 부족 등의 문제를 제기하고 있다.

특히 서울시가 2024년 1월부터 친환경유통센터에서 공급을 한다면서 불과 4개월 남짓 남은 '23년 9월 언론브리핑의 내용이 '23년 1월 보도자료에서 발표한 내용을 반복적으로 얘기하는 것 외에, 구체적인 실행계획이 빠져 있어 도대체 누구를 위한 강제 개편인가? 를 의심하게 하고 있다.

또한 오세훈 시장은 2017년 수립한 서울 먹거리 마스터플랜에 이어 2021년에 이미 먹거리위원회를 중심으로 '2030 서울시 먹거리 기본계획'을 수립하였음에도 불구하고 발표를 차일피일 미루더니 결국 취임 후, 단 한 번의 먹거리위원회 개최도 없이 조례 개정('23.3)을 단행하면서까지 서울시 먹거리위원회 구성 인원을 30명으로 축소하였다.

이는 시민의 적극적인 참여가 없으면 불가능한 서울시 먹거리 정책을 서울시민을 배제한 채 서울시 행정 중심으로 진행하겠다는 것으로 도농상생 공공급식 강제 개편과 함께 대표적인 서울시 먹거리 정책의 후퇴이다.

친환경무상급식 운동이 풀뿌리 시민운동으로 누구도 흔들 수 없는 정책이 되었듯이 서울시 먹거리 정책도 다시 시민의 힘으로 굳건히 지켜갈 수 있도록 노력해야 할 시점이다.

인천

인천지역 친환경무상급식 운동 20년

박인숙 인천학교급식시민모임 공동대표

1. 활동 개요

2003년 7월 15일 결성한 '학교급식 환경개선과 조례제정을 위한 인천시민모임'은 4만150명 시민들의 조례제정 청원서명을 받았다. 주민 발의 법에 의해 3만8천650명의 서명이 유효 서명으로 인정되었고 2004년 4월 23일 인천시의회를 통과했다. 이로써 인천지역 최초 주민 발의 조례가 제정되었으며, 전국적으로는 광역자치단체 역사상 전남에 이어 두 번째로 제정된 것이다.

조례제정인천시민모임은 조례제정 목표를 이룬 다음 2005년 1월 26일부로 현재의 '인천학교급식시민모임'으로 명칭을 변경하고 2023년 현재까지 인천지역 친환경무상급식 운동을 이끌어 왔다.

인천학교급식시민모임은 2004년 쌀, 장류 등 초등학교 친환경급식 지원 사업을 시작으로 현재 유치원과 어린이집을 포함하여 초·중·고등학교에서 우수농산물 지원 사업을 차액지원 사업형식으로 진행할 수 있도록 노력하였다. 그 뒤 교육청 차원에 가공식품 11개 품목의 품질 향상을 위해 정책 제안사업을 초등학교부터 진행했다. 2019년부터

2022년까지 20여 개 가공품에 대한 우수식재료 공동구매 사업을 추진하도록 하였다.

2010년 지방선거와 맞물려 무상급식 운동을 전면화하여 무상급식 시대를 열었다. 2011년 초등학교 무상급식, 2017년 중학교 무상급식, 2018년 고등학교 무상급식을 추진하였다. 2023년 현재 유치원부터 고등학교까지 전면 무상급식 시대를 열었다.

그 과정에서 2011년 인천광역시친환경무상급식지원조례를 청원하여 법적 근거를 마련하였고, 2013년은 방사능조례 청원을 통해 조례제정을 성사시켰다.

2011년부터 학교급식의 안전, 안심, 공공성을 담보하는 학교급식지원센터를 추진했으나 어려움이 많았다. 조례 근거는 마련되었지만 행정 중심으로 추진되었으나 집행부 교체 때마다 중단되었다.

인천시는 여러 차례 용역을 추진했지만 급식지원센터 설립은 더디었다. 2021년 9월부터 인천시 주도의 행정형 인천시급식지원센터를 설립하였지만, 쌀 현물 거래를 위한 노력이었고 적극적인 급식지원센터로서의 위상과 활동 역량은 보완되어야 한다. 현재 시 농축산과 유통팀에서 담당자 1명과 교육청 파견 1명이 쌀 현물 지원 사업을 추진하고 있다.

인천학교급식시민모임은 2020년 코로나19 팬데믹으로 모임을 추진하지 못하고 인천시 급식지원심의위원회 등에 결합하는 수준에서 정책개입을 하고 있다.

2. 시기별 주요 사업 일지

1) 학교급식 환경개선과 조례제정을 위한 활동 경과보고 (2003 ~ 2004)

〈2003〉

03.   서울·경기지역에서 학생 1,500여 명 집단 식중독 사고 발생
04.   인천지역 교육관련 단체를 비롯한 시민사회단체 학교급식문제에 대한 심각성을 공유하고 공동해결을 논의함
05.30. 인천지역 교육, 환경, 문화, 보건, 종교, 노동, 농업 관련 단체에 연대조직 건설을 위한 모임을 제안함
06.04. '학교급식 환경개선과 조례제정을 위한 인천시민모임' 제1차 회의 개최함. 학교급식 운동의 전국적 상황과 인천지역 상황을 공유, 20여 참가단체 확정 및 확대 계획 수립.
06.19. '학교급식 환경개선과 조례제정을 위한 인천시민모임' 제3차 회의 개최함. 무상급식, 직영급식, 우리농산물 사용을 3대 방향으로 한 총괄사업계획을 논의·확정함.
06.24. 학교급식 전국연대 연석회의 참가(대전)
07.15. 『학교급식 환경개선과 조례제정을 위한 인천시민모임』 발족 기자회견
08.12. 학교급식조례 주민발의 청원 기자회견 및 청원서 접수
09.02. 조례청원에 따른 대표자증명서 교부
10.17. 학교급식조례 제정을 위한 시민토론회 개최(부평구청 중회의실)
12.26. 주민 4만150명 조례제정 청원서명 → 3만8천650명 서명명부 제출

〈2004〉

02.26. 학교급식 아카데미 개최
04.   친환경급식학교 시범사업 시행
04.23. 인천광역시의회 본회의 수정통과
05.10. 조례제정 공포
06.03. 인천시장 면담 – 예산 편성 중점처리 요청
10.15. 인천시학교급식조례 시행규칙(안)에 대한 의견서 제출

2) 인천학교급식시민모임 (2005~현재)

2005년 1월 26일 회의에서 명칭 전환에 대한 논의과정에서는 '인천학

교밥상살림시민모임(또는 연대)' 또는 '인천학교급식네트워크'로 제안
되었다. 애초 목표였던 조례제정에 따른 활동의 일차적 목표가 완성되
었으며, 본격적인 급식 시행에 따른 대응을 위해 단체명을 변경키로 했
다. '급식' 용어 사용에 대해 일반적, 사회적 인식으로 무리없다는 다수
의견이 있었으며, 급식에서 주는 일방성 문제, 학교급식 활동의 목표를
구현하기 위하여 단체명에 "학교밥상살림"을 사용해야 한다는 주장도
있었다. 그러나 "학교밥상살림"에 대한 의미를 살리기 위하여 장기적
으로 이에 대한 명칭을 고려키로 하고 '인천학교급식시민모임'으로 결
정하였다.

인천학교급식시민모임은 공동대표와 공동집행위원장을 두었으며, 각
참여 단체에서 1명씩 운영위원으로 참여하여 매월 1회 운영위원회를
운영하고 있다. 운영위원들은 각 단체 조건에 따라 참석 변동이 있어
기록으로 정리하기 어려워서 공동대표와 공동집행위원장을 중심으로
정리하였다.

〈공동대표〉 역임

김정택 (강화환경농업농민회 회장)

이정욱 (인천연대 공동대표)

최인순 (푸른소비자생활협동조합 이사)

권순실 (푸른생협 이사장)

임병구 (전교조인천지부 지부장)

임병조 (전교조인천지부 지부장)

박홍순 (전교조인천지부 지부장)

김일회 (시민사회단체연대회의 공동대표)

박인숙 (전 공동집행위원장)

이강훈 (전교조인천지부 지부장)

박수진 (인천아이쿱생협 이사장)

이정임 (한살림 경인지부장)

도성훈 (전교조인천지부 지부장)

염성태 (시민연대 공동대표)

홍재웅 (인천환경운동연합 의장)

신복수 (인천생협 이사장)

이순우 (참교육학부모회 수석부회장)

이례교 (인천여성노동자회 회장)

최정인 (전교조인천지부 지부장)

박명숙 (인천여성노동자회 회장)

송정임 (인천아이쿱생협 이사장)

정세일 (생명평화기독연대 대표)

하동협 (전교조인천지부 지부장)

〈공동 집행위원장〉 역임

박인숙 (민주노총인천본부 부본부장)　　유진수 (시민연대 사무처장)

박춘배 (전교조인천지부)　　　　　　황보근석 (전교조인천지부)

이한수 (전교조인천지부 정책실장)　　장동수 (전교조인천지부 정책실장)

조우성 (전교조인천지부 정책실장)　　이종숙 (전교조인천지부 수석부지부장)

이광국 (전교조인천지부 정책실장)　　최선정 (전교조인천지부 정책실장)

이경배 (인천로컬푸드생산자협동조합 감사)　구자숙 (전교조인천지부 수석부지부장)

* 방사능감시단장 : 조영숙 (한살림 경인지부장)

* 학부모사업단장 : 최정희 (미추홀아이쿱 이사장)

〈참여단체〉

인천학교급식시민모임은 현재 30개 시민사회단체가 참여하고 있다.

가톨릭환경연대, 계양아이쿱생협, 노동당인천시당, 실업극복국민운동인천본부, 우리농촌살리기운동천주교인천교구본부, 인천녹색소비자연대, 인천녹색연합, 인천미추홀아이쿱생협, 인천사람연대, 인천아이쿱생협, 인천여성노동자회, 인천여성회, 인천시민사회단체연대, 인천지역공부방연합회,인천친환경농업인연합회, 인천평화의료생활협동조합, 인천환경운동연합,전국공무원노동조합인천지역본부, 전국교직원노동조합인천지부, 전국민주노동조합총연맹인천지역본부, 전국여성노동조합인천지부, 정의당인천시당, 참교육학부모회인천지부, 참좋은두레생협, 청소년인권복지센터내일, 평등교육실현을위한학부모회, 평화와참여로가는인천연대, 푸른두레생협, 희망을만드는마을사람들, 한살림경인지부

〈2009〉

10.27　2010 친환경무상급식 예산 촉구 1차 기자회견(인천시청)

12.01　2010 친환경무상급식 예산 촉구 2차 기자회견(인천시청)

12.02~12.09 자부담해소,친환경무상급식 촉구 1인시위

12.10　인천학교급식지원심의위원회 참석(김용우,박인숙,황인엽)

12.16　친환경무상급식 범국민서명운동 선포식 (국회)

〈2010〉

01.06　2010년 친환경무상급식 워크샵 (강화도)

02.09　친환경무상급식 서명운동 선포 및 추진위원 위촉식 (인천시청 계단)

03.17　친환경무상급식 범인천서명운동 구별순회 돌입기자회견 (부평문화의거리)

04.01　계양구학교급식지원조례 촉구 기자회견(계양구의회 앞)

04.07　기자회견(시청기자실)

04.12　교장 뇌물수수 규탄 기자회견(인천시청 계단)

04.26 조전혁 사무실 앞 규탄 집회 동참
04.27 선거관리위원회 편파 규탄 기자회견 동참
04.30 식생활교육법 설명회 (교육청)
05.03 친환경무상급식 정책협약 (6.2지방선거 단체장후보 – 인천학교급식시민모임)
09.03 민관협력 1차 실무회의(인천시청)
09.03 인천시의회 주최 무상급식 시행 토론회
10.12 친환경무상급식 예산 촉구 인천학교급식시민모임 기자회견 (시청기자실)
11.22 군.구청장 협의회 설명회
12.14 인천광역시친환경무상급식지원추진단 1차회의 (인천시청)
       * 공동추진단장 : 신동근 정무부시장 / 김정택 대표
12.15 인천학교급식지원심의위원회(인천시청)
12.16 인천시의회 본회의 – 예산 확정
12.21 친환경무상급식 환영 및 올바른시행을 위한 기자회견(시청기자실)

〈2011〉
02.08 인천광역시 친환경무상급식 지원 조례 청원 제출 기자회견 및 시의회 제출(청원
       인 대표 임병구 등 1004명 조례 청원/ 이한구 특위장 소개의원)
03.02 친환경무상급식 원년 선포 기자회견, 시청계단
03.25 식생활교육 조례 제정 토론회, 인천시의회 회의실
04.05 나근영 인천교육감 면담, 인천교육청
04.21 〈정책토론회〉 인천친환경무상급식지원센터 어떻게 만들 것 인가?,
04.26 B2B 전자조달 방식 문제제기 관련 교과부 급식 담당 과장 면담
05.12 인천시의회 무상급식특위 주최 공청회, 문예회관 국제회의실
06.02~03 시의회무상급식 주최 급식지원센터 지역 방문 결합 (당진,순천,나주)
10.19 안전한 급식 학부모 이끄미 교육, 부평구청
10.31 '인천광역시 친환경무상급식 지원에 관한 조례' 본회의 수정 통과
       * 상임위 수정통과에 항의 기자회견 및 의회 방청
       * 급식지원센터 : 용역결과 후 2012년 7월 1일부터 시행한다.

〈2012〉
02.08 학교급식종사자 처우 관련 입장 발표, 시청 브리핑룸
02.22 고등학교까지 국가책임 친환경무상급식 실현 범 인천시민서명운동본부 발족 기
       자회견 및 서명운동, 인천시청 앞 계단
06.08 인천시 교육지원담당관실 급식지원센터 설치운영방안 보고
       – 인천시 교육지원팀장을 센터장으로 하고, 급식지원담당 주무관 배치
06.18 조례취지에 부합하는 급식지원센터 설치 및 정상적 운영 촉구 기자 회견

06.19 노00 시의원의 시민모임 음해 중단 촉구 기자회견
06.22 시의회 교육위원회 주최 급식지원센터 관련 토론회 개최
06.26 송영길 시장 면담
07.02 정상적인 급식지원센터 설치와 송영길 시장 약속이행촉구 기자회견, - 김정택 공동단장 단식 돌입 및 시와 시민모임 합의 : 시장면담
07.11 친환경무상급식 풀뿌리 국민연대 인천순회 집담회, 인천시의회 의총실.
07.17 일부급식업자의 친환경무상급식 방해 및 학교자치 개입 중단 촉구 기자회견, 시청기자실
07.19 이성만 신임 시의회 의장 면담

⟨2013⟩
01.13 학교급식 공급체계 개선 촉구 김정택 목사 단식돌입, 시민모임 기자회견
01.14 시민모임 시청 앞 1인 시위,
03.07 친환경쌀 공급체계 개선 친환경농업인연합회 기자회견
03.12 친환경농업인연합회 집회
03.13 김정택 급식 심의위 부위원장 단식 돌입
　　　　 - 친환경쌀 공급체계 개선: 현물 공급, 인천시 책임 시범구사업, 친환경농업 생산지원금 확대
　　　　 - 시민모임 농성 돌입 및 기자회견
05.09 2010년 지방자치단체 친환경무상급식 공약 이행과 학교급식법 전면 개 정을 촉구 기자회견
08.29 안전한 학교급식과 식재료 품질 기준 정립을 위한 정책토론회, 시의회

⟨2014⟩
02.28 친환경무상급식 시민운동 10년 기념식 및 학교급식 방사능 퇴출을 위한 정책토론회, 인천교육종합정보센터 4층 대회의실
04.03 방사능 조례 청원서 제출 기자회견(소개의원: 강병수)
05.07 인천광역시 방사능 조례제정 환영 및 안전·안심 급식 정책제안을 위한 기자회견, 인천시청 기자실
07.17 친환경무상급식 확대를 촉구하는 기자회견, 시청 기자실
11.04 중학교무상급식 실시 및 방사능조례 이행 촉구 기자회견, 시청 기자실
11.04~12.04 중학교무상급식 촉구 1인시위 돌입,
12.04 중학교 1학년 무상급식, 혁신교육지구 예산 교육상임위 부결 규탄 기자회견, 시의회 앞
12.10 중학교1학년 무상급식·혁신교육예산 부활 촉구 기자회견
　　　　 인천 학부모·시민 비상행동, 시의회 앞 108배 뜻모음, 시의회 복도 앞 농성

12.16   본회의 방청, 중학교 1학년 무상급식 전액삭감, 혁신교육지구 예산 전액 삭감, 혁신학교 예산 일부 삭감 규탄 기자회견, 시의회 앞

〈2015〉
08.31   중학교의무급식 특별조례 및 예산수립 청원운동본부 발족
10.27~11.05 시청 본관앞 10일간 단식농성, 중학교 무상급식 촉구(박인숙 공동대표)
10.28   유정복 시장 면담
11.17   시의원 ,국회의원 정책질의서 추진
11.20   강화 청원서명 1만 4천여명 참여
11.25   1만명 급식 청원서 제출 기자회견 : 시청 기자실
09.02~12.16 1인 시위 진행
12.07~12.16 시의회 방청 및 피켓팅 활동
         * 시청 앞 촛불 집회 : 10/21(수), 10/26(월) 7시, 11/2(월) 7시, 시청 정문앞
         * 각계 칼럼 조직
         * 시 급식지원심의회 : 11/3, 11/10 2차례 개최 "무상급식 중학교 1개 학년 확대를 위해 노력하고, 인천시와 교육청은 원만한 합의안을 도출할 것을 권고한다" 채택
         * 기자회견
         – 인천중학교 무상급식 촉구 청원서명운동 돌입 기자회견 : 8/31, 시청앞
         – 인천시 친환경우수농산물 차액지원 예산 삭감 반대 기자회견 : 9/30, 시청기자실
         – 전국꼴찌, 인천중학교무상급식 촉구 기자회견 : 10/7(수) 11시, 시청기자실
         – 이청연 교육감 공약 중학교의무급식 – 안전급식 2016년 예산 편성 촉구 제정당, 학부모, 시민 기자회견 : 10/12(월) 11시, 교육청 앞 계단
         – 중학교 의무급식 2016년 예산수립을 위한 유정복 시장 결단 촉구 지역인사 100인 기자회견 : 10/20(화) 10:30, 시청 계단
         – 중학교 의무급식 유정복 시장 촉구 학부모 1004명 기자회견 : 10/28, 시청 앞 계단
         – 기독교,불교,천주교 3대 종단 성명서 발표 : 10/29
         – 단식농성 정리 및 향후 활동계획 발표 기자회견: : 2015. 11. 9(월). 11시, 시청 기자실
         – 교육상임위 예산 전액 삭감 규탄 기자회견 : 12/9, 시의회 앞
         – 중학교 무산시킨 새누리당 규탄 및 유정복 시장 촉구 기자회견 : 12/17, 시청앞
         – 경남도지사 무상급식 중단 규탄 및 인천지역 중학교 무상급식 실시 촉구 기자회견 실시: 2015년 3월 31일(화) 11시, 인천 시청기자실

〈2016〉

03.30 행복한 급식 4대 공약 약속 착한 국회의원 후보자 명단 발표 및 인증서 전달 기
       자회견 : 시청 기자실 =〉 7명 당선!!
       * 정책 동의 국회의원 후보자 웹자보 배포
06.20 GMO 식약처 고시 철회 의견서 제출
09.22 유전자룰렛 공동체 상영회, 부평구청 대강당

3) 인천지역 중학교 무상급식 실현 사업 추진

(1) 기자회견
· 학교급식법 개정 및 인천지역 중학교무상급식 6월 추경 예산 수립 촉구 기자회견 :
  2016년 5월 2일(월) 오전 11시, 인천시청 2층 기자실
· 인천지역 중학교무상급식 6월 추경 예산 편성 촉구 동시다발 1인 시위 돌입 기자회견 :
  2016년 5월 16일(월) 오전 11시 30분, 인천시청 본관 건물앞 계단.
· GMO 없는 안전한 학교급식 촉구 및 식약처 「유전자변형식품등의 표시기준」일부개정
  고시(안)에 대한 검토의견서 제출 보도요청 : 6/20
· 유정복 시장은 "무엇이 중헌디? 아이들 밥 먹이는 문제 보다 골프대회가 중요한가" 논
  평 보도요청 : 8/26
· 가난 낙인찍기 차별급식(선별급식) 운운 즉각 중단하고, 전국 꼴찌 중학교무상급식 불
  명예 해결을 위해 유정복 시장의 결단 촉구 논평 보도요청 : 9/18
· 인천시 중학교무상급식 민관협의회 정상화 및 예산 편성 촉구 기자회견 : 2016년 10
  월 6일(목) 오전 11시, 인천시청 2층 기자실.
· 인천중학교무상급식 민관협의회 개최 계획을 환영하며, 유정복 시장의 결단으로 전국
  꼴찌 인천지역 중학교 무상급식을 해결하길 바랍니다" 논평 보도 요청 : 10/10
· 인천시 중학교무상급식 관련 학부모, 시민 환영 입장 발표 기자회견 : 2016년 10월
  19일(수) 오후 1시 30분, 인천시청 2층 기자실.
· 2017년 전국 무상급식 확대에 대한 논평 보도 요청 : 11/23

(2) 1인 시위
· 5. 16(월) ~ 10. 19(수) 1인 시위 점심시간 시청앞

(3) 학부모 모임 조직
· 학부모 1, 2차 모임 : 6. 7, 6. 21 계양구 중심의 학부모 모임 진행
· [행복한 밥-중학교무상급식을 만드는 학부모 모임] 학부모 밴드 방 개설 : 현재 100여
  명 참여
· 기자회견, 1인 시위 등 참여 조직

(4) 기타 진행 사업
· 인천시중학교무상급식 민관협의회 참석
· 교육감 면담 : 6/21, 3시. 박인숙,황진도,이광국,이정덕(아이쿱) 참석
· 행정부시장 면담 : 6/29(수) 11시.
  * 중학교 무상급식 예산 수립 촉구, 친환경 우수농산물 확대 제기
· 시의회 의장 면담 : 10/19
· 민주당, 인천시 당정간담회 장소 앞에서 장미꽃 전달식 : 7월 6일, 로얄호텔 앞
· 인천시친환경무상급식지원심의위원회 참여 : 11/9
· 인천시의회 본회의 방청 : 12/16. 중학교 무상급식 실시 예산 통과

〈2017〉
01.13 급식시민모임 워크숍, 계양아이쿱 생협 계양숲
03.02 인천지역 중학교무상급식 전면 실시.
       인천시 중학교무상급식 실시 환영과 대선 2대 핵심공약 제안 기자회견, 시청 기
       자실
03.13 먹거리 플랜 토론회, 시청
03.27 인천 급식 백서 좌담회, 한 살림
08.30 급식 백서 발간 보고회, 부평구청 중회의실
10.19 인천 고등학교 무상급식 실시 및 학교급식센터 설치 촉구 기자회견, 시청기자실
       / 급식시민모임 운영위원회
11.01 인천 고교 무상급식 촉구 기자회견, 시청
11.06 인천 고교 무상급식 촉구 기자회견, 시의회 앞
11.16 인천시의회 앞 1인 시위, 고교 무상급식 촉구
11.20 시의회 의장 간담회, 고교 무상급식 학부모 시민 긴급 서명 전달
11.24 교육청 급식위원회 참석, 교육청
12.04 고교 무상급식 관련 시의회 교육상임위 방청
12.08 시의회 예결산위원회 방청
12.11 긴급기자회견, 고교 전 학년 전면 무상급식 촉구 기자회견, 시청기자실
12.15 시의회 앞 기자회견, 시의회 방청 =〉 고교 무상급식 결정

〈2018〉
01.04 교육청 급식위원회 참석
03.02 고등학교무상급식 시행 환영 기자회견, 시청
10.15~17 급식센터 관련 정무부시장 면담, 시의원 간담회
11.05 건강.안전급식 위협 인천급식납품업체 부당횡포 규탄 공동 기자회견,

11.08 불량 학교급식 업체 퇴출과 공공적 식재료 공급을 위한 인천시민 서명운동
11.13 교육청 가공품 공동구매 관련 가공품 품질 기준 교육 (소혜순)
11.19 급식모임 운영위원회, 영양교사회 간담회, 한살림 사무실
11.30 aT센터 항의 방문, 급식업체 영양교사 폭행 등 해결 촉구
12.05 급식지원센터 관련 시 교육지원관 과장 면담
12.11 교육청 도성훈 교육감 면담 : 가공품 공동구매 및 친환경급식/ 친환경 쌀 공급
      등 급식 현안
12.13 GMO 표시제 관련 사회적 협의체 1차 회의 (이경배 참석)

〈2019〉
03.04 친환경무상급식 조례 개악안 입법 예고
03.08 친환경무상급식 조례 개악안 관련 대표 발의 민경서 시의원, 담당 공무원 면담
03.11 친환경무상급식 조례 개악안 철회를 위한 인천시 정무 부시장 면담, 시의원 간
      담회, 비상 운영위 개최
03.14 친환경무상급식 조례 개악안 폐기
03.26 급식지원센터 관련 인천시 기조실장 면담
11.06 급식지원센터 용역 자문회의 참석, 용산
11.14 급식지원센터 용역결과 최종 보고회, 시청

〈2020〉
01.17 급식지원센터 설치 관련 인천시 교육협력담당관 간담회
04.23 코로나 사태로 급식 장기중단에 따른 학생 가정 꾸러미 추진
09.15 학교급식 우수식재료 공동구매 실무협의회, 교육청
11.10 농정 대전환 전국 순회 원탁회의, 인천 남촌 도매시장
12.17 인천시 지속 가능한 먹거리체계 구축을 위한 포럼, 인천예술회관 국제회의실

경기지역 친환경무상급식 운동

구희현 친환경학교급식 경기도운동본부 상임대표
이두열 먹거리정책연구소 소장

1. 활동 연혁

1) 학교급식조례 제정 운동

2003/10/01   학교급식 개선과 조례제정을 위한 경기도운동본부 발족
2004/03/30   경기도학교급식지원조례 제정 청구인 접수
2004/10/20   경기도학교급식지원조례 제정
2013/11/27   친환경학교급식 경기도운동본부 10주년 행사

2) 무상급식 운동

2008/07/09   '친환경학교급식을 위한 경기도운동본부'로 명칭 변경
2009/07/21   친환경무상급식 촉구 1만인 국민 선언 발표
2009/12/02   경기도의회 교육위 무상급식 예산 전액삭감 규탄
2011/05/04   무상급식 확대(김상곤 교육감 취임 2주년) 기자회견
2013/11/27   경기도 친환경무상급식 안정화 및 예산 수립 촉구 기자회견
2013/12/10   친환경학교급식 예산편성 정상화 촉구 시민-사회단체 기자회견
2014/12/09   친환경급식예산 증액 및 도비 100% 편성, 친환경무상급식조례제정, 무
               상급식예산 공식편성, 친환경급식 공급체계개선 촉구 기자회견
2014/12/18   친환경의무급식 4년, 학교급식 돌아보기
2015/07/08   학생중심의 교육급식 실현을 위한 토론회
2015/12/10   경기도 친환경급식 예산 확대 및 도비 100%편성, 친환경의무(무상)급식
2016/04/21   친환경무상(교육)급식 발전을 위한 대안제시 워크숍
2016/10/12   급식비리의 근본적인 해결과 학교급식의 정상화를 위한 제안대회

2017/11/28 경기도 고교무상급식 전면실시와 급식비에서 인건비·식품비 분리, 중학교 친환경급식 전면화촉구 기자회견

2017/12/07 친환경급식예산 삭감규탄·초중고 친환경무상급식 전면확대 경기도민결의대회

2017/12/12 식품비·인건비 분리촉구 교육청 보고회 기자회견 및 공청회

2020/06/15 친환경 학교급식 계약재배농가 피해대책 촉구 기자회견

2021/06/21 군급식 농산물단가 규탄 및 공공급식으로 개선촉구 기자회견

2021/06/24 후쿠시마 방사능 오염수 해양방류 결정 규탄 기자회견

2022/10/29 학교급식 조리노동자 환경개선 토론회

2022/12/14 학교급식경쟁체제 구축에 대한 입장 발표

2023/04/21 경기도교육청 학교급식 민영화추진 중단 촉구 기자회견

2023/04/26 경기도 친환경 학교급식 네트워크 워크숍

3) 시·군 (학교)급식지원센터 설치

2011/01   하남시 학교급식지원센터 개소

2011/07   시흥시 학교급식지원센터 개소

2012/02   광명시 학교급식지원센터 개소

2012/02   수원시 학교급식지원센터 개소

2012/03   화성시 학교급식지원센터 개소

2012/04   부천시 친환경급식지원센터 개소

2013/03   (재)안양군포의왕 공동급식지원센터 개소

2014/05   김포시 학교급식지원센터 개소

2019/10/14 경기도 친환경급식지원센터 운영위원회 발족

4) 푸드플랜운동 등

2018/05/21 경기도 지속가능 먹거리전략 제안대회

2019/01/30 경기도 먹거리위원회 출범

2021/10/07 5대 먹거리 현안 조속 해결 및 20대 대선 정책공약 발표

2021/11/04 경기먹거리연대 창립총회

2022/03/30 경기도 먹거리전략 추진 활성화 정책개발 토론회

022/08/31   경기도 지역먹거리계획 포럼

2022.11.04.(금) ~ 2023.02.28.(화) 시군으로 찾아가는 경기도먹거리아카데미

2. 주요 활동 내용

1) 조례 제정 청구인 접수
- ㅇ 일시 : 2004.03.30.
- ㅇ 장소 : 경기도청
- ㅇ 주관 : 학교급식 개선과 조례 제정을 위한 경기도운동본부
- ㅇ 서명참여 : 166,024명 (청구인 대표 구희현)

2) 경기도 시·군 (학교)급식지원센터 협의회 구성 운영
- ㅇ 일시 : 2013.03월
- ㅇ 참여 : 광명, 김포, 부천, 수원, 시흥, 안산, 안양군포의왕과천, 하남, 화성
- ㅇ 활동 : 월간 정기회의
- ㅇ 내용 : 시군 사업공유 및 공동연대 사업 추진

3) 경기도 친환경급식지원센터 운영위원회 발족
- ㅇ 일시 : 2019.10.14.
- ㅇ 장소 : 경기도친환경농산물유통센터
- ㅇ 위원 : 24명(학생, 학부모, 시도의원, 도교육청, 교육지원청, 영양(교)사, 조리실무사, 시군급식지원센터, 생산자, 소비자, 유통가공업체 등
- ㅇ 내용
  - 공동위원장 : 구희현 상임대표, 박승삼 농정해양국장
  - 분과구성 : 학교급식운영, 생산관리, 식생활교육, 공공급식
  - 주요내용 : 운영위원회는 생산 가공 유통 소비 폐기 등 전 과정에 대해 모니터링하고 대안을 제시하면서 경기도 친환경무상급식을 업그레이드 시키는 한편 어린이급식, 군대급식, 사회복지시설급식 등 공공급식 실현의 발판을 마련하도록 지혜를 모아가기로 함

4) 경기도 먹거리위원회 발족
- ㅇ 일시 : 2019.01.30.
- ㅇ 장소 : 경기도청
- ㅇ 위원 : 43명(공동위원장 3명, 경기도의 5명, 도시지역 농촌지역 도농복합지역 대표 시장군수, 공모 선정 민간위원)
- ㅇ 내용 : 먹거리 보장을 도민의 기본권으로 인식하고 도민의 권리 보장을 위해 필요한 정책을 추진하며, 먹거리 정책을 주기적으로 평가하고 경기도의회 교육청 시군 시민단체 등과 연대해 먹거리 복지를 실현
  - 공동위원장 : 경기도지사 이재정, 경기도교육감 이재정, 민간호선 김덕일

- 먹거리 기본권 보장 선언문 발표

5) 경기먹거리연대 창립
- 일시 : 2021.11.04.
- 장소 : 경기도의회 4층 소회의실
- 참여 : 경기참여농정포럼, 경기교육희망네트워크, 경기도도시농업시민협의회, 식생활교육경기네트워크, 참교육학부모회경기지부, 친환경학교급식을 위한 경기도운동본부, 경기도영양교사회, 경기도학교영양사회, 슬로푸드경기연합, 경기도소비자단체협의회, 한살림 경기권역, 두레생협경기지역협의회, 화성아이쿱생협, 경기도친환경농업인연합회, 카톨릭농민회 경기지회/수원건강먹거리시민네트워크, 평택먹거리시민연대, 화성먹거리시민네트워크, 광주먹거리자치시민연대, 안양군포의왕과천친환경급식시민행동/전민수, 박미진, 최낙성, 최한상, 김준규, 이고운, 김지연/경기도지속가능발전협의회

6) 학교 (무상)급식경비 지원현황
2010. 03. 초등학교 농어촌 지역 전체, '10. 09. 초등학교 도시지역 5~6학년 확대
2011. 03. 초등학교 전학년으로 확대, '11. 09. 유치원 만5세 확대
2012. 03. 유치원 만5세, 초등학교 전학년, 중학교 2~3학년 확대
2013. 03. 유치원·초등학교·중학교 전학년 확대(일부지역 미추진)
2014. 03. ~ 2019. 08. : 유치원·초등학교·중학교 전학년 실시
2019. 09. ~ 2021. 02. : 유치원·초등학교·중학교·고등학교 전학년 실시
2021. 03. ~ : 유치원·초등학교·중학교·고등학교·(인가)대안학교 전학년 실시
2022. 03. ~ : (공립)유·(공사립)초·중·고 학교급식 지원 단가 내 인건비 분리

학교급식 개선과 조례 제정을 위한 경기도운동본부 발족선언문

학교급식은 투명한 과정을 통하여 운영되고, 전체 학생이 혜택을 받을 수 있고, 질 좋은 식단을 제공하고 우리 농업을 되살릴 원동력이 되어야 한다.

학교급식은 단순히 학부모의 '도시락 싸기 전쟁'과 학생의 '무거운 가방'으로부터의 해방이라는 차원으로 그쳐서는 안 된다.

우리농산물 사용으로 질 높은 식사를 통한 학생들의 건강증진과 올바른 식습관 형성, 무상급식을 통한 빈부격차에 의한 위화감 방지 및 최소한의 학생인권 보호, 학생·학부모·교사 모두가 주체로 참여하는 급식과정 전체의 투명한 처리를 통한 민주화 교육과정 등이 학교교육의 연장선상에서 학교급식 운영의 목표가 된다. 동시에 국내 농축산물의 수급조절 기능과 전통 식문화의 계승도 함께 하여야 할 것이다

2003년 3월 서울·경기·인천지역 18개 위탁급식 학교에서 집단 식중독이 발생하여 커다란 물의를 일으킨 바 있다. 학교급식의 본질적 문제는 무엇보다 '급식은 교육'이라고 하는 문제의식의 부재에서 기인한다. 공교육 기관인 학교의 급식은 전액 국고지원으로 설치가 이루어지고 비영리로 직영되어야 함에도 불구하고 예산부족을 이유로 학교급식 시설과 설비비를 학부모에게 부담시키고 있다. 식중독 환자의 70%가 학교급식에서 발생하고 그것도 대부분 위탁급식에서 발생한다.

최근 집단 식중독이 대변해 주듯 위탁급식은 위생 면에서도 늘 불안하다. 우리가 급식 문제 해결을 위해서 학교급식법 개정과 급식운영체제의 개선을 지속적으로 요구해 왔음에도 불구하고 정부와 경기도, 경기도교육청은 예산 등의 이유로 여전히 부정적인 반응을 보이고 있다. 우리는 우리 아이들이 불량식품을 먹고 식중독으로 얼마나 더 쓰러져야 할지 모르는 상황을 더 이상 좌시할 수가 없게 되었다.

이에 우리는 교육단체, 시민사회단체, 학부모단체 등 도단위 20개 단체, 15개 시·군 지역의 수많은 단체들이 모여 '학교급식 개선과 급식 조례 제정을 위한 경기도운동본부'를 결성한다.

학교급식 조례가 반드시 제정되어야 하는 이유는 너무도 명백하다.

첫째, 우리 농수축산물 중심의 올바른 식습관을 형성하여, 우리 아이들의 건강권을 확보하고, 우리 농업을 회생시킬 수 있기 때문이다.

조례를 통해 지역 내에서 생산하는 친환경농산물을 비롯한 농수축산물과 안전한 가공식품 등의 사용을 우선적으로 사용하도록 의무화하여, 궁극적으로 질 높은 식단을 제공하여 학생들의 건강권을 확보하고 우리 농수축산물 중심의 식생활에 익숙케 함으로써 향후 국민들의 건강권까지 확보해 나가기 위한 것이다. 또한 학교급식의 식재료로 지역의 농수축산물을 우선적으로 사용케 함으로써 지역의 농가를 보호할 수 있을 것이며, 이는 WTO체제 하에서 우리 농업을 살리는 기반이 될 것이다.

둘째, 불평등한 교육기회의 개선과 학생의 인권보호를 위해서이다.

무상급식은 저소득층 아동에 대한 급식 제공으로 빈부격차에 따른 교육기회의 불균등 요소를 제거하여 불평등의 악순환을 단절시킬 수 있다. 또한 0교시 수업으로 아침을 결식하는 학생들에게 급식은 적어도 하루 한 끼의 균형식과 영양식을 먹을 권리가 보장되어야 한다. 비용을 지불한 만큼 보상받아야 하는 소비주권의 문제이자, 행복추구권, 건강권 등 자연적 천부인권을 보장하는 학생인권의 문제이다.

셋째, 학교급식의 투명성을 보장하고, 참여를 통한 교육민주화, 사회민주화의 과정이기 때문이다.

직영으로 대표되는 투명한 학교급식 운영과 학교운영위원회 활동, 학생회 활동은 부패와 사회악의 근원을 척결하고, 교사회·학부모회·학생회 등 교육자치 활동으로 학교개혁을 이루어 낼 수 있고 이는 교육민주화뿐만 아니라 사회민주화 과정의 또 다른 모습이다.

이처럼 학교급식 지원에 관한 조례의 제정은 급식의 질 개선뿐만 아니라 우리 지역의 농업 회생과 학교자치를 통한 민주화 교육과정이라는 수치로 계산할 수 없는 소중한 효과를 거둘 수 있는 초석이 될 것이다. 이제 학교급식 조례의 제정은 선택이나 기술의 문제가 아니라 신념이며 철학의 문제이어야 한다.

이를 위해 우리는 생산자를 비롯하여 학부모, 교사 및 정부, 경기도, 경기도교육청뿐만 아니라 우리의 교육과 농촌을 걱정하는 모든 사람들과 머리를 맞대고 바람직한 학교급식 조례를 만들어 내는 데 총력을 기울일 것이며, 보다 진일보된 운영체계를 구축함으로써 교육으로서 학교급식이 완성될 수 있도록 힘/찬/전/진/을 해 나갈 것이다.

2003. 10. 01.
학교급식 개선과 조례 제정을 위한 경기도운동본부

친환경무상급식 운동과 대전푸드플랜네트워크 운동

신현숙 친환경무상급식대전운동본부 공동집행위원장

1. 활동 연혁

1) 학교급식조례 제정 운동1)

[2003년~2004년]

4. 18. 학교급식법개정및조례제정을위한대전운동본부 발족

3. 5. 대전광역시학교급식식품비지원에관한조례 공포

12. 14. 유성구 학교급식지원조례 제정

[2005년]

4. 18. 학교급식대전운동본부 상임대표 및 집행위원 기자회견

4. 28. 대전광역시장 방문 면담

5. 3. 학교급식대전운동본부 서구의회 규탄 집회

5. 19. '학교급식지원조례제정주민발의를위한시민연대'(가칭)결성 제안서 발송

6. 14. 학교급식지원조례제정주민발의를위한대전시민연대 발족식(20개 단체 참가)

6. 21. 학교급식지원조례제정주민발의를위한대전시민연대 대덕구추진본부 발족식

7.4.~6. 학교급식지원조례 주민발의 청구서명 협조를 위한 17개 학교 방문

8. 23. 학교급식조례제정 시민 캠페인 행사

9. 5. 6월 22일부터 시작된 서명운동에 17,148명의 서구 주민 참여, 대전지역 최초의 주민발의 청구

---

1) 유병연(2007년 올바른학교급식을위한대전운동본부 집행위원장) 정리

9. 21.	학교급식조례 주민발의 대덕구 주민 9,766명의 청구인명부 접수
9. 27.	서구청장 항의 방문
10. 7.	학교급식지원조례 주민 발의안 서구청에서 각하 통보
10. 14.	대덕구의회 의원들과의 간담회
10. 21.	서구청장 방문
11. 28.	서구청장에게 학교급식조례안 발의 여부에 대한 질의서 발송
11. 30.	학교급식 행정심판 청구서 제출
12. 5.	서구청장 발의 학교급식조례안에 대한 의견서 제출
12. 20.	대덕구 조례 제정에 이어 서구의회에서도 학교급식지원조례 통과

[2006년]

3. 6.	대전방송 김영PD와 청란여중 권선술 선생님에 대한 탄원서 제출(2005년 9월 21일 학교급식과 관련한 대전방송의 방송 내용과 관련하여 대전지방 검찰청에 명예훼손 혐의로 피소됨)
3. 13.	학교급식지원조례주민발의를 위한 대전시민연대 총회
5. 22.	보도자료 배포 : 학교급식지원조례제정 100% 찬성(5/31 자치단체장 후보에 대한 질의서 답변)
6. 20.	CJ푸드의 위탁급식 서울·경기지역 36개교에서 3,000여 명 식중독 발생
6. 30.	보도자료('위탁급식의 직영전환과 납품구조 개선만이 식중독을 막을 수 있다.')
7. 24.	동구·중구 자치단체장에게 조례안 발의 요청서 발송
8. 4.	동구청장 면담
8. 24.	중구청장 면담
8. 29.	학교급식지원시민연대 대전광역시장 방문
10. 18.	보도자료('고작 3억 원으로 학교급식을 지원하려는 대전시를 강력히 규탄한다.')
11. 17.	대전광역시 중구 학교급식식품비 지원에 관한 조례 제정
12. 20.	대전광역시 동구 학교급식식품비 지원에 관한 조례 제정

[2007년]

| 9. 5. | 올바른학교급식을위한대전운동본부 기자회견 : "안전한 학교급식 위해 학교급식지원센터 설립하라" |

[2008년]

| 6. 30. | 안전한학교급식을위한대전운동본부 기자회견 : "대전광역시는 학교급식 예산 증액과 미국산 쇠고기 수입 대비 식품안전망을 구축하라" |

2) 무상급식 운동

[2010년]

1. 7. 친환경무상급식 서명운동 출범 및 기자회견(64개 단체)
5. 17. 대전시장·교육감 후보와 '친환경무상급식실현을위한 대전운동본부, 2010대 전유권자희망연대와 '친환경무상급식' 협약
11. 17. 대전시민사회단체연대와 안전한학교급식을위한대전운동본부 기자회견 : "대 전시교육청은 친환경무상급식 예산을 즉각 편성하라"
12. 8. 대전시민사회단체연대와 안전한학교급식을위한대전운동본부 기자회견 : "김 신호 교육감은 무상급식 예산을 즉각편성하라!"
12. 22. 친환경무상급식 전면실시 촉구와 약속위반 김신호 교육감 규탄대회
12. 22.~30. 친환경무상급식 전면실시 촉구 교육청 노상농성(야5당&시민사회단체)

[2011년]

1. 13. '친환경무상급식실현을위한 대전운동본부' 무상급식 촉구 서명운동 선포식
2. 8. '친환경무상급식실현을위한대전운동본부' 출범(야 5당과 대전시민사회단체연 대회의, 대전마을어린이도서관협의회, 대전충남통일연대 등 55개 단체 대표 20여명)
4. 20. "대전시 친환경무상급식의 바람직한 정착방향 모색을 위한 토론회" : 친환경 식재료 제공, 친환경급식지원센터 구축 요구
6월부터 초등학교 1~2학년 대상 무상급식 실시

[2013년]

3. 15. 충남대학교 산학협력단 유성구 연구 용역 발표 : 유성구 학교급식지원센터 설 립안
9. 25. 대전충남녹색연합 성명서 발표 : "대전시는 방사능으로부터 안전한 학교급식 조례를 제정하라"

[2014년]

2월 '대전시 교육청 방사능 등 유해물질로부터 안전한 학교급식 식재료 공급에 관 한 조례안' 김인식 의원 발의로 제정

[2016년]

3. 2. 친환경무상급식대전운동본부발족 기자회견 : "중학교까지 무상급식 실현"
3. 14. 친환경무상급식대전운동본부에서 지역 각 정당과 국회의원 예비후보들에게 '중학교까지 친환경무상급식 실현을 위한 공개질의서'를 발송

[2017년]

7월, 9월 친환경무상급식대전운동본부 거리 서명 : 중학교 전면 무상급식 실시, 광역학
교급식지원센터 설립을 위한 거리 서명 운동 3회 진행

6. 1.   송대윤 시의원과 간담회 : 대전시 학교급식지원조례 전부 개정 등

8월   대전시 친환경무상학교급식 지원 조례 전부 개정: 송대윤 시의원 발의, 운동본
부 개정안 마련

[2018년]

2018년   대전시 초등학교부터 중학교까지 무상급식 실시

5. 17.   친환경무상급식대전운동본부와 2018년 6월 13일 지방선거 대전시장 후보 공
약 협약식 : 허태정 후보 등 5명 시장 후보 모두 참석, 고등학교 친환경무상급
식, 광역학교급식지원센터 설치 등 약속

5. 23.   친환경무상급식대전운동본부·성광진 교육감후보 공약 협약 : '고교까지 친환
경무상급식'과 '방사능·GMO로부터 안전한 급식'

9. 18.   친환경무상급식대전운동본부 성명서 발표 : "대전시교육청은 2019년부터 고
등학교 무상급식을 전면 시행하라"

[2019년]

3월부터 대전시 어린이집, 유치원부터 고등학교까지 전면 무상급식 실시

3) 친환경급식 운동

[2019년]

2. 27.   대전광역시 친환경학교급식지원센터 준비위원회 1차 회의 시작

3. 6.   운동본부 문성호 상임대표와 집행위원들과 허태정 대전시장 면담 : 대전광역
시 친환경학교급식지원센터 직영 설치, 어린이집·사립유치원 친환경급식지원
은 친환경식재료로 공급해 달라고 요청

3. 25.   녹색연합 등 운동본부내 10개 단체 기자회견 : 대전시 어린이집·사립유치원
친환경 식품비 현물 지원은 취지에 맞게 친환경으로 지원하라

10. 28. 대전시 친환경학교급식지원센터 설립·운영 기본 계획에 대한 운동본부 워크숍

12. 26. 대전시 친환경학교급식지원센터 준비위원회 7차 회의

[2020년]

2월   대전시청내 '대전시 친환경학교급식지원센터' 개소

2. 18.   대전시 친환경학교급식지원센터 1차 운영위원회

3. 17.   친환경무상급식대전운동본부 기자회견 : 대전시 어린이집·사립유치원 친환경

우수 농산물 차액 지원에 대한 감사원 공익감사 청구

4. 27. 유성구 농민 면담

4. 28. 운동본부 성명서 발표 : "대전시와 대전시 교육청은 미사용 무상급식비를 교육 재난지원금으로 학생가정에 지원하라"

7. 27. 운동본부에서 구본환 의원 면담 : 대전시 지역먹거리 통합 지원 조례(안) 제정 반대 의견 전달

9. 4. 대전시 어린이집, 사립유치원 로컬푸드 꾸러미 사업 감사원 공익감사 청구 : 진행 문성호 대표 외 474명 연명으로 운동본부에서 우편 접수

[2021년]

3. 18 대전시 지역먹거리 통합지원조례 제정 토론회

4. 15. 급식연대 주최 지역푸드플랜 현안과 대안모색 토론회

10. 6. 운동본부 토론회 : "대전친환경학교급식지원센터 현재와 향후과제 모색"

5. 7. 대전시 어린이집, 사립유치원 로컬푸드 꾸러미 사업에 대한 감사원 공익감사 결과 통보 : 조례위반 감사청구 이유 없음

6. 2. 대전광역시 친환경우수농산물 지원사업 감사원 공익감사 결과 성명서 발표 : "감사청구에 대한 감사원 회신 결과 납득하기 어려워"

7. 5. 한국농정신문 인터뷰 : "대전시, 로컬푸드의 친환경화' 노력 기울여야"

11월~2022. 2 대전시 주최 먹거리정책 방향 논의를 위한 워킹그룹 회의(총 7회)

[2022년]

5. 3. 시장 후보들에게 '행복한 급식, 안전한 먹거리 4대 핵심 정책안'을 발송함

5. 9. 이장우 시장 후보가 찬성 답변서를 보내옴.(정책 협약식은 진행하지 못했지만 "학교급식에 친환경 쌀 100% 및 친환경농산물 50% 이상 사용"을 공약에 반영함.)

5. 11. 성광진 대전교육감 후보와 운동본부 정책 협약 : 학교급식에 친환경 쌀 100% 및 친환경농산물 50% 이상 사용 등

7. 21. 최경숙(시민방사능감시센터) 강의 : "후쿠시마 오염수 방류와 지역 먹거리 대응"

11. 21/23 운동본부와 송대윤·이병철 의원 간담회 : 대전시 친환경학교급식지원센터 축소 운영의 조례위반 여부

11. 21. 운동본부 성명서 발표 : "친환경학교급식지원센터 팀제 운영은 명백한 조례 위반"

[2023년]

3. 24. 친환경무상급식대전운동본부 6차 정기총회

7. 10.　　"후쿠시마 오염수 방류 반대, 방사능으로부터 안전한 학교급식체계 마련하라!" 기자회견

4) 푸드플랜 운동[2]

[2018년]
04 ~　　　대전푸드플랜네트워크 결성 제안
06.05.　　창립총회(정관, 임원선출, 사업계획, 예산안)
06.07.　　출범식(대전시립박물관)
07.24~09.04. 푸드플랜 아카데미(14강)
07.20.　　대전-세종 로컬푸드 상생포럼(대전세종연구원)
09.14.　　참여단체 정책 워크샵(푸드플랜의 전략과 과제)
09.28.　　대전시 푸드플랜 관계 공무원 교육(푸드플랜의 이해)
08.22~09.13. 대전시, 교육청, 지자체장 면담
　　　　　 : 대전시장, 교육감, 동구, 유성구, 대덕구, 서구청장
10.28.　　유성구 '로컬푸드 페스티벌'
11.29.~12.14. 커뮤니티키친 교육
11.27.　　유성구 푸드플랜 타운홀 미팅
12.04~13. 동구 푸드플랜 아카데미(4강)
12.10.　　자문단 회의
12.06.　　대덕구 푸드플랜 실무추진단 교육
12.13.　　유성구 푸드플랜 워크샵

[2019년]
03~28　　대전푸드플랜 수립 연구용역 공모
03.12.　　제2차 정기총회
04.25.　　학교급식지원센터 준비위원회(기본계획안 심의)
05.~　　　전문위원회 사업방향 논의(정책, 조직, 교육위원회)
06.12.　　정책위원회 월례포럼(광역 학교급식지원센터 체계)
07.25.　　대전 푸드플랜 연구용역 중간보고회
08.09.　　로컬푸드 활성화 기본계획(안) 민관협력 간담회
08.20.　　조직강화 TFT 1차 회의
08.27.　　2019년 워크샵(조직 위상과 구체적 비전과 사업내용)
09.25.　　서구 푸드플랜네트워크 모임(1차)

---

2) 이찬현(대전푸드플랜네트워크 상임대표) 정리

10.02.   바른유성찬 생산자연합회 임시회
10.07.   동구 푸드플랜네트워크 창립
10.22.   대덕구 푸드플랜네트워크 초동모임
10.30.   청년농부단 모임
11.05.   대전 먹거리 비전 선포식
11.08.   유성구 푸드플랜네트워크 준비위(1차)
11.18.   서구 푸드플랜네트워크 창립
12.05.   한밭가득 발대식 및 생산자 교육(대전시청)
12.06.   대덕구 푸드플랜 연구용역 자문단 회의
12.11.   중구 푸드플랜네트워크 초동모임
12.17.   군급식 품목별 출하회 구성·운영계획
12.18.   유성구 푸드플랜네트워크 창립
12.18.~19. 대전 푸드플랜 거버넌스 사례 소개(김제, 거창)
12.23.   대전 먹거리 계획을 위한 워크샵

[2020년]
01.03.   대전시 2020 먹거리 추진방향 단위사업 설명회
01.06.   대덕구 푸드플랜네트워크 창립
01.20.   제3차 임시총회(정관개정, 공동대표 선출)
02.14.   생산자 교육 및 기획생산체계 구축 연구사업
02.18.   친환경학교급식지원센터 운영위원회 개최(1차)
02.21.   로컬푸드 공급대행업체 선정공고(어린이집, 유치원)
02.24.   친환경학교급식지원센터 개소
05.07.   드라이브 스루[Drive Thru] 직거래장터
05.16.   유성구 행복팜 커뮤니티가든
06.02.~03. 대덕구 커뮤니티키친(마을부엌) 플래너 양성과정
06.01.~08. 유성구 마을부엌 창안학교
06.10.~07.03. 로컬푸드 드라이브스루 직거래장터
06.26.   대전시 기획생산센터 운영위(1차)
07.22.   학교급식지원센터 학교지원분과 회의(공동구매 건)
08.24.   2021년 로컬푸드 관련 본예산 의견제출 요청
08.27.~09.08. 농부매니저 양성과정
09.08.~29 서구 푸드플랜 활동가양성과정
09.09.   국가먹거리종합전략 수립을 위한 원탁회의 참가
09.22.   대덕구 푸드플랜 중간보고회
10.21.   한밭가득 농산물 온라인쇼핑몰 시스템 설명회

10.22	2020 농정 대전환 전국순회 원탁회의 공동 워크샵
1.04.	2020 농정 대전환 전국순회 원탁회의(구. 충남도청 대회의실)
	(국가 먹거리 종합전략, 농어업·농어촌 분야 뉴딜 과제)
11.17.	서구 관저동 먹거리 공동체 네트워크 출범식
11.24.	대덕구 푸드플랜 수립 연구 최종보고회

[2021년]
01.11.	대전광역시 학교(공공)급식 식재료 푸드플랜네트워크 선정기준 확정
02.04.	대전 롯데백화점 로컬푸드 직매장 개장
02.16.	전국순회 원탁회의 지역 조직담당자+농특위 간담회
02.17.	대전시 지역먹거리 통합지원 조례 제정 정책간담회
03. ~	코로나19로 뚜렷한 단체 활동이 어려움

2. 주요 활동 내용

1) 조례 제정 운동[3]

학교급식법개정및조례제정을위한대전운동본부는 2003년 발족하여 학교급식 관련 사업을 벌였으나 주도적인 역할을 하지 못했다. 2004년 대전시와 유성구가 조례를 제정하였지만, 자치단체가 자발적으로 조례 안을 발의하고 법제화한 것이었다.

조례제정운동본부는 2005년 주민발의를 통한 조례 제정을 핵심 사업으로 결정하고, 그해 6월 14일 주민자치운동의 새로운 전형을 만들어가는 시발점으로 대전지역 20여 개 시민사회단체와 연대해 "학교급식지원조례제정주민발의를위한대전시민연대"를 발족하였다.

주민발의에 의한 조례 제정 사업은 대전지역 최초의 사안으로 언론의 지속적인 관심과 시민들의 격려와 적극적인 참여로 법적으로 제한된 3개월 이내에 서구에서는 17,148명, 대덕구에서는 9,766명의 서명이 이루질 정도로 성공적이었다. 그러나 서구청은 주민발의 조례를 우

---

3) 유병연(2007년, 올바른학교급식을위한대전운동본부 집행위원장) 정리

리농산물 사용에 대한 대법원 판례를 이유로 각하하여, 이에 대한 서구 청과의 지루한 공방이 이루어졌다. 이에 반해 대덕구는 우리농산물 우선 사용 내용으로 조례가 제정되었다. 이를 계기로 서구도 결국 구청장 발의로 조례를 제정하게 되었다.

2006년에 와서 비로소 중구청과 동구청이 학교급식지원조례를 제정하게 되었다. 11월 17일에는 중구청이, 11월 20일에는 동구청이 학교급식식품비 지원에 관한 조례를 제정하였다. 이는 대전시민연대가 동구, 중구 자치단체장에 대한 조례 발의 요청서를 발송한 데 이어 동구청장 면담, 중구청장 면담 등 지속적으로 제정활동을 펼친 결과이다.

결국, 대전광역시를 포함한 전 구청이 학교급식지원조례를 제정하게 됨으로써 2005년 6월 14일 대전시민연대를 발족한 이래 1년 6개월 만에 목표를 달성하게 되었다.

2) 무상급식 운동

2010년 1월 7일 대전지역 교육 관련 단체와 시민사회, 학부모, 야4당 등 20여 개 단체들이 무상급식 실현 30만 명 서명을 목표로 친환경무상급식 서명운동을 시작하였다. 그리고 5월 17일 지방선거 출마 시장·교육감 후보와 친환경무상급식 시행에 대해 정책 협약을 맺었다.

선거가 끝난 후 새로 취임한 염홍철 시장이 무상급식 예산을 편성하였으나 김신호 교육감은 하지 않았다. 그리고 12월 5일 대전시의회에서 대전시 무상급식 예산 40억 원이 전액 삭감되는 불상사가 발생했다. 이에 대전급식운동본부와 시민사회, 야5당은 기자회견, 1인 시위, 규탄대회, 노상 농성 등으로 끈질기게 무상급식 실시를 촉구하였고 2011년 2월 8일 '친환경무상급식실현을위한대전운동본부'를 출범하였다.

드디어 2011년 6월부터 대전에서도 무상급식이 시작되었으나 교육청이 총 비용의 20%만 부담하는 소극적 참여로 초등학교 1~2학년부터 단계적으로 무상급식을 실시하게 되었다. 2016년에 와서야 초등학교 전면 무상급식이 이루어졌는데 이는 타 시·도에 비해 매우 더디게 진행된 셈이었다.

2016년 3월 친환경무상급식 실현을 위해 새롭게 '친환경무상급식대전운동본부'(이하 운동본부)가 발족하였다. 운동본부는 3월 14일 지역 국회의원 예비후보들에게 중학교까지 친환경무상급식 실현을 위한 공개 질의서를 발송하였고, 2017년에는 수차례 거리 서명을 진행하였다.

운동본부의 적극적인 노력과 시민들, 시의회의 요구로 2018년부터 중학교 무상급식이 실시되었다. 하지만 타 시·도에 비해서 매우 늦은 편이었다.

2018년 5월 17일 운동본부는 민선7기 지방선거 시장 후보 5명 모두와 친환경무상급식 협약을 맺었는데 많은 언론의 주목을 받았다. 당선된 허태정 시장과 설동호 교육감이 고등학교 전면 무상급식를 협의하도록 운동본부는 성명서 등을 통해 강하게 촉구하였다. 드디어 2019년부터 대전에서도 고등학교까지 전면 무상급식이 실시되는 성과를 이루어냈다.

3) 친환경급식 운동

급식 질 향상은 식재료 조달체계 개선과 친환경급식을 통해 이루어질 수 있으므로 급식운동 진영에서는 2007년부터 꾸준하게 학교급식지원센터 설립을 요구하였다.

2018년 운동본부는 시장후보들과 고교 무상급식 실시와 친환경학교급식지원센터 설립에 대한 정책협약을 진행하였다. 민선7기 허태정 시장이 2019년 대전시 학교급식지원센터 준비위원회를 구성하여 센터 설립안을 마련하였고, 2020년 2월 대전시청 내 컨트롤타워형 대전시친환경학교급식지원센터(이하 '센터')를 개소하였다. 현재 센터는 식재료 조달체계를 개선하기 위해 곡류, 육류, 가금류 공동구매를 진행하고 있다. 운동본부에서는 센터 운영위원으로 참여하여 적극적으로 의견 개진하고 있다.

한편 대전시에서는 2019년부터 친환경 우수농산물 구입 차액지원 예산을 어린이집과 사립유치원에 현물 급식 방식으로 지원하고 있다. 로컬푸드 꾸러미를 공급하고 있는데 운동본부에서는 친환경농산물로 예산 취지에 맞게 지원할 것을 강력하게 촉구해 왔다. 2019년 3월 6일 시장 면담을 통해 영유아 급식은 친환경으로 하겠다는 답변을 받아 냈으나 정책은 변함없이 진행되었다. 이에 2019년 3월 25일 운동본부 내 10개 단체 기자회견, 대전시 담당부서 면담 등으로 개선을 요구하였으나 꾸러미 사업은 계속되었다. 결국 운동본부는 2020년 9월 4일 474명 연명으로 감사원 공익감사를 청구하였다.

2022년 운동본부는 민선8기 시장 후보와 교육감 후보들에게 학교급식에 친환경쌀 100%, 친환경농산물 50% 이상 사용할 것을 정책 제안하였고 이장우 시장 후보와 성광진 교육감 후보가 수용하였다.

2023년 7월 10일 운동본부는 후쿠시마 오염수 방류 반대 기자회견을 진행하였으며 현재 방사능으로부터 안전한 식재료 공급 조례 제정을 추진 중이다.

2019년부터 대전에서도 전면 무상 학교급식이 실시되고 있지만 대부분 식재료 조달체계가 시장에 맡겨져 있으므로 식재료 안선성을 확보하기 힘들며, 생산자와 직거래 구조가 만들어지지 않아 우리 농업 활성화에 기여하고 있다고 보기도 어려운 상황이다. 20여 년에 걸쳐 많은 활동가들이 애써 왔던 친환경무상급식 운동은 급식조례 제정, 무상급식 실시, 학교급식지원센터 설립 등 큰 성과를 이루어 냈지만 여전히 진행중이다.

4) 대전 푸드플랜 운동[4]

대전 푸드플랜 운동은 지역 내 생산된 신선하고 안전한 농산물을 지역 내에서 소비하는 선순환 체계를 만들어가는 것이다. 푸드플랜 운동은 생산자와 소비자 사이의 이동거리를 단축시켜 식품의 신선도를 극대화시키자는 취지로 출발했으며, 이를 통해 생산자의 경제적 안정과 환경을 생각하는 안전한 먹거리를 제공받기 위하여 현명한 소비자의 선택과 생산자로서 자부심과 자긍심을 갖고 생산된 농산물이 지속가능할 수 있도록 하는 것이 중요하다.

대전푸드플랜네트워크는 2018년 6월 7일 출범하고 첫 사업으로 푸드플랜 아카데미(14강)을 진행하였습니다. 이후 대전-세종 로컬푸드 상생포럼, 참여단체 정책 워크숍, 대전시장, 교육감, 구청장 면담을 통하여 푸드플랜의 중요성을 알렸다. 그리고 유성구와 동구에서 푸드플랜 아카데미 등 다양한 활동을 진행했다.

2019년에는 대전 푸드플랜 연구용역 중간 및 최종 보고회로서 대전 먹거리 비전 선포식, 유성구의 바른유성찬의 정신을 이어 대전으로 확대 발전한 한밭가득 발대식, 동구, 서구, 중구, 유성구 푸드플랜네트워크 창립, 대전의 거버넌스 사례를 다른 지역 여러 곳에 소개하는 등 다양한 활동을 진행했다.

2020년에는 친환경 학교급식지원센터가 개소하였고, 드라이브스루 직거래장터, 농부매니저 양성과정, 서구 푸드플랜 활동가양성과정, 대덕구 푸드플랜 용역보고회, 그리고 전국 최초 마을 단위로 서구 관저동 먹거리공동체네트워크 출범식 등 다양한 활동을 진행했다.

2021년에는 대전 롯데백화점, 현대 프리미엄아울렛 매장에 로컬푸드 직매장이 개장하였고, 대전시 지역먹거리 통합지원 조례 제정 정책간

---

4) 이찬현(대전푸드플랜네트워크 상임대표) 정리

담회 등 다양한 활동을 진행했다.

　대전푸드플랜네트워크는 코로나19로 인해 지속적인 활동에는 어려움이 있으나 대전광역시의 먹거리 체계를 개선하고, 안전하고 건강한 먹거리를 제공하기 위해 지속적으로 소통하고 대안을 모색하고 있다.

전북 급식운동 활동 기록

유정희 전북먹거리연대 교육위원장

〈활동 연혁〉

2002년 전북학교급식연대 창립

2010년 6.2 지방선거, 전북학교급식연대회의 – 도지사 교육감 후보에
　　　정책질의서 발송
　　　: 도단위 학교급식지원센터 설치와 이에 위한 조례개정 입장
　　　　발표 요구

2010년 9월 전라북도 친환경무상급식 실현 특별위원회 구성 – 전북도
　　　의회
　　　: 친환경무상급식 실현 대토론회(2010. 10. 13)등 진행

2011년 전북학교급식 운동본부 활동

2/10　2011년 전북학교급식연대회의 정기총회 (전북도연맹사무실)
　　　전북학교급식연대 =〉 전북학교급식 운동본부로 명칭 변경
　　　상임대표 김영호 선출

3/4　　안전한 학교급식을 위한 국민운동본부총회(김영호상임대표,
　　　이효신집행위원장참석)

3/7   친환경농산물 학교급식 확대방안에 관한 연구과제에 대한 자문회의 참석(이효신)

3/18 동암고 급식사고 대응과 직영방식전환 성명서발표

3/22 학교현장이 만족하는 재정지원사업 발굴을 위한 전북교육청 교육공동체 정책간담회참석(유해숙)

3/22 1차 대표자회의(전북도연맹사무실)

3/30 전북도 학교급식지원 실무위원회의(이효신,유기수,백영숙,이한세,김영숙참석)

4/8   안전한 학교급식을 위한 국민운동본부 2011년 상반기 위크샵 참석 (김영호상임대표,이효신집행위원장참석)

4/14 전북학교급식 운동본부 2차 대표자회의(전북도연맹사무실)

4/29 전북학교급식 운동본부 3차 대표자회의(전북도연맹사무실)

5/3   친환경무상급식센터 추진을 위한 세미나(전북농업인회관, 100여 명 참석)

5/16 도교육청에서 학교급식 소위원회연수(전북교육문화회관,1,000여 명 참석)

5/19 도교육청 -전북학교급식위원회회의(이효신집행위원장 참석)

5월말 2011년제4차 한우고기 체험행사(사업비8,900만원, 총인원 28,408명)

7/18 전북학교급식 운동본부 4차 대표자회의(전북도연맹사무실)

7/22 안전한 학교급식을 위한 국민운동본부 여름워크샵 (김영호상임대표,이효신집행위원장 참석)

7/25 전북학교급식 운동본부 T/F팀 구성및 1차회의(전교조사무실)

8/23 학교급식지원센터 설립 추진방안 심포지움 전북도연맹과 공동 개최

9/21 안전한 학교급식을 위한 국민운동본부 대표자·집행위원 연석회의(이효신)

9/29   전북학교급식 운동본부 5차 대표자회의(전북도연맹사무실)

10/21   제3회 전국친환경무상급식대회 참석(8명참석)

11/2   전북도지사와 간담회

2012년 활동

1/31   국본- 친환경무상급식 운동 방향과 과제 마련 위크샵

2/2   전북학교급식지원 심의위원회 회의 참석 (김영호)

2/10   전북학교급식 운동본부 6차 대표자회의(전북도연맹사무실)

2/18   전북도청와 간담회(김영호상임대표,이효신집행위원장참석)

2/22   안2/27 2012년 전북학교급식 운동본부 정기총회(전북도연맹
        사무실)

3/12   전북학교급식 운동본부 공동대표자회의

4/12   전북학교급식 운동본부 1차 단체대표자회의

4/18   전북학교급식 T/F 구성 및 출범

4/20   지리산 친환경농업포럼참석(이효신사무처장12명)

4/23   전북학교급식 T/F 1차회의

5/3   전북학교급식 운동본부 2차 단체대표자회의

5/18   전북학교급식 T/F 2차회의

6/1   전북학교급식 T/F 3차회의

6/5   제1회 전북학교급식위원회(전북도교육청)

6/12   전북학교급식 운동본부 3차 단체대표자회의

6/14   전북학교급식 T/F 4차회의

6/25   전북학교급식 T/F 5차회의

7/12   전북학교급식 T/F 6차회의

7/24   전북도교육감 보고(전북친환경급식통합지원센터설치운영계획)

8/6   전북학교급식 T/F 7차회의
        전북친환경급식통합지원센터설치운영계획 공청회

8/27   전북도지사보고(전북친환경급식통합지원센터설치운영계획)
        전북학교급식 운동본부 4차 단체대표자회의
9/5   전북학교급식 T/F 8차회의
9/17   전북학교급식 운동본부 5차 단체대표자회의
9/19   학교급식법 개정 국회공청회
9/26   울산북구학교급식지원센터 견학-버스1대 20여명
10/13   친환경급식 한마당(광화문 광장)
11/13   전북학교급식 운동본부 6차 단체대표자회의
11/14   전발연 주관 학교급식 보고서 연심회 참석(사무처장)
11/26   학교급식관련 연수(전북교육문화회관)
11/28   제2회 전북학교급식위원회(전북도교육청)
11/30   희망먹거리네트워크 창립식(서울시청)
12/4   김승환 전북교육감과 공동대표 간담회(도교육청)

2013년 활동보고
2/18   전북학교급식 운동본부 7차 대표자회의(익산유스호스텔)

2014년 활동보고
4/10   1차 대표자 회의 – 농업인회관
4/19   2차 대표자 회의 – 농업인회관
4/28   3차 대표자 회의 – 농업인회관
11/27   전북교육청/전북학교급식 운동본부 공동주관 학교급식 연수
        진행
2015년
4/16   1차 공동대표자 회의 – 상임대표 조상규 선출

광주

올바른 학교급식을 위한 광주운동본부

김선임 상생먹거리광주시민연대 집행위원장
문명우 광주광역시 남구 학교급식지원센터 센터장

1. 활동 연혁

1) 학교급식조례 제정 운동

○ 2002년 9월~12월 광주조례제정운동 준비과정(간담회, 토론회, 준비위원회, 워크샵, 집행위원회, 조례제정 학습 등)(전교조, 참학, 빛고을생협, 민주노동당, 박금자의원 등)

○ 2002년 10월 25일 〈학교급식의 질 향상과 조례제정을 위한 토론회〉 참학,전교조 공동주최 약 150여명 참석

○ 2002년 12월 12일 학교급식조례제정광주운동본부 창립대회 및 워크샵(26개 단체, 200여명, 공동대표 : 전농, 시민협, 전교조, 우리농, 빛고을생협, 참학/집행위원장 : 최강은/사무국장 : 윤민자)

○ 2003년 학생, 학부모, 대시민 대상 조례제정 서명운동

○ 2003년 시의회, 시교육위, 시당국과 간담회 및 워크샵

○ 2003년 3월 광주시의회 김용억 의원발의, 교육사회위원회 계류 결정

○ 2003년 9월 광주시 교육위원회 7명 전원 찬성으로 시의회 이송

○ 올바른 식습관 형성을 위한 교육활동(학교, 학부모, 시민대상 먹거리교육)

○ 학교급식 질 향상을 위한 급식모니터링, 학교운영위원회 급식소위 구성 운동

○ 학교급식법 개정운동(지역 국회의원 면담, 학교급식법 전국 네트워크와 연대)

○ 2004년 2월 9일, 광주시 학교급식지원조례 본회의 통과, 2월28일 조례 공포

○ 2004년 광주시장, 구청장, 시의회장, 교사위장 조례 및 시행규칙 제정 위한 면담 추진

○ 2004년 6월 급식조례 개정과 올바른 시행규칙 마련을 위한 워크샵

○ 2005년 광주시 급식정책 추진 및 시행규칙 제정촉구/시장, 담당국 면담투쟁, 기자회

견 등 진행

o 2005년 10월 광주시의회 윤난실 의원 시행규칙 제정과 예산수립 촉구 시정질의
o 2005년 11월 시행규칙 마련과 주민발의 조례개정으로 운동방향 설정하며 〈올바른 학교급식을 위한 광주운동본부〉로 명칭 변경(간사단체: 전교조, 참학)
o 2005년 11월 〈시행규칙마련과 급식지원 실시〉취지의 기자회견 후 1인 시위 돌입 20일간 1인 시위 통해, 광주시의 시행규칙 및 추경 3억원 수립 시범운영 약속
o 2006년 3월 시행규칙 입법예고 확인 후 급식운동본부 시행규칙 의견서 제출
o 2006년 5월 운동본부 05년 활동평가, 광주시로부터 시행규칙 제정과 시범운영 실시 확답, 각 당 시장 후보자에 학교급식정책 질의서 발송
o 2006년 6월 학교급식관련 학교운영위원 교육(급식업체 선정관련 학부모교육)
o 2006년 7월 광주광역시학교급식지원조례 시행규칙 재입법 예고
o 2006년 8월 광주시 재입법된 시행규칙 반대집회
o 2006년 8월 자치구 조례제정과 광역 조례 주민발의로 전면 개정하기로 결정, 자치구별 의회 및 교육청과 기초단체 조례 만들기를 위한 간담회 추진
o 2006년 10월 각 구청, 의회에〈조례제·개·폐 청구제도에 대한 질의 및 요청서〉제출
o 2006년 11월~12월 시민과 급식운동 활동가를 위한 〈급식학교〉 진행
   (강사: 이흥남, 이빈파, 황성효)(올바른학교급식을위한광주운동본부)
o 2006년 11월 30일 친환경급식 시식 및 생산지 견학(나주, 105명 참석)
o 2006년 12월 18일~27일 우수농산물 지원 시범학교 현장 모니터링 진행
   (광주 26개교, 설문조사 및 현장방문, 이영선, 조홍영, 임영재, 이희한, 백형기)
o 2007년 5월 14일 광주시급식비지원조례 개정 및 자치구 조례제정을 위한 발대식 광주시와 5개 구청에 청구서 제출, 주민발의를 위한 서명운동 돌입
o 2007년 6월 7일 〈광우병학교급식감시단 발족 및 급식조례제개정 촉구 기자회견〉
   (공동대표:최은순,박재성,김영철,유시훈,김평식,김성종/집장:윤난실,현병순/이영선
o 2007년 6월~8월 광주시와 각 구청 담당자, 급식운동본부 간 급식조례 간담회 지속
o 2007년 9월 광주시 학교급식비지원조례개정(안) 입법예고, 12월 개정, 08년 1월 시행 광주운동본부는 〈단계적인 무상급식 확대를 위한 예산 확보〉의 근거를 광주시 조례에 명시할 것을 요구하는 의견서를 광주시에 제출한 상태(공동대표:최은순,박재성,김영철,오민영,김평식,임낙평/집장:윤난실,현병순/사무국 이영선)
o 2007년12월1일 광주시조례개정안 통과 촉구 시의회에 의견서 제출(공동대표: 최은순, 박재성, 김영철, 유시훈, 김평식, 김성종/집행위원장: 윤난실,현병순/사무국 이영선)
o 2010년 〈안전한 학교급식을 위한 광주운동본부〉로 연대단체 명칭 변경
   (친환경무상급식을 위한 지방선거 후보자 서약서, 기자회견, 협약식 진행)
o 2014년 〈안전한 먹거리 광주운동본부〉로 연대단체 명칭 변경(공동대표: 한살림, 광주농민회, 광주환경련, 어린이도서연구회, 전교조, 빛고을생협, 참학/ 상임대표: 최은

순/ 집행위원장: 임진희, 이재남)

〈학교급식조례제정광주운동본부〉 (창립대회 자료집 근거)
ㅇ 공동대표 : 정병표, 정희곤(전교조 광주지부장), 이희한(빛고을 생협 이사장), 최은순, 윤민자(참교육학부모회 광주지부장), 김성종(시민단체협의회 대표), 이준호, 김영철 신부(우리농촌살리기 광주운동본부 대표), 허연(광주농민회), 기범석(학교운영위원협의회), 김평식(우리밀살리기운동본부)

ㅇ 집행위원 : 김종근, 김희숙(전교조광주지부 사무처장), 최강은(우리밀살리기운동본부 사무처장), 양희연(빛고을생협 이사), 이민철(광주흥사단 청소년부장), 박웅두(전농광주전남연맹 정책실장), 김도영(가톨릭농민회 사무차장), 이미경, 이미자(참교육학부모회 광주지부 사무국장), 이명례(시민생활환경회의), 이희숙(한살림), 김종철(농민회)

ㅇ 참여단체 : 전교조 광주지부, 참교육학부모회 광주지부, 전농광주전남연맹, 우리밀살리기운동광주전남본부, 우리농촌살리기광주대교구본부, 빛고을생협, 광주시민연대, 누리문화재단, 광주환경운동연합, 월드비전광주지부, 광주흥사단, 광주YMCA, 광주YWCA, 민주노동당 광주시지부, 동부교육청운영위원장협의회, 광주여성민우회, 광주전남녹색연합, 민주노총광주전남지역본부, 광주전남개혁연대, 농협 광주본부, 광주전남문화연대, 참여자치21, 참여자치광산주민회, 민예총 광주지부, 무등산보호단체협의회, 시민생활환경회의

2) 친환경무상급식 운동
ㅇ 2003년 9월 전국 최초의 친환경농산물 급식시범학교 실시/ 2003년 9월~2004년 12월 무학초(약130명), 조대여중(약700명), 전산고(약700명)/ 1식 500원/연180일/ 약2억원
ㅇ 2005년 11월 〈시행규칙마련과 급식지원 실시〉 취지의 기자회견 후 1인 시위 돌입 20일간 1인 시위 통해, 광주시의 시행규칙 및 추경 3억원 수립 시범운영 약속
ㅇ 2006년 광주시급식비지원에 대한 시장후보자 정책질의(공동대표:윤민자,정희곤,유시훈,김성종,김평식,배삼태/ 집장: 이백순/ 사무국장: 이미자)
ㅇ 2006년 9월 광주시 학교급식시범운영 실시 발표(총예산 306백만원/시구 50%:50%) 26개교/ 1식 200원/ 2006년 9월~12월(90일 기준)
ㅇ 2006년 11월 광주시의회 의장 면담(학교급식지원 예산 확대 요청)
ㅇ 2007년 우수농산물식재료지원사업(총예산9억6천/1식200원/180일기준)
ㅇ 2007년 1월 22일 광주시교육감 면담(우수농산물 시범학교관련)(참석:최은순,윤난실,현병순,이영선,이희한,백형기)
ㅇ 2007년 4월 24일 〈광주학교급식 우수농산물 지원사업의 방향과 과제〉토론회 개최

○ 2007년 5월 14일 광주시급식비지원조례 개정 및 자치구 조례제정을 위한 발대식 광주시와 5개 구청에 청구서 제출, 주민발의를 위한 서명운동 돌입

○ 2007년 6월~8월 광주시와 각 구청 담당자, 급식운동본부 간 급식조례 간담회 지속

○ 2007년 9월 광주광역시 학교급식비지원조례개정(안) 입법예고. 광주운동본부는 〈단계적인 무상급식 확대를 위한 예산 확보〉의 근거를 광주시 조례에 명시할 것을 요구하는 의견서를 광주시에 제출했음.

○ 2008.7.17. 광주시, 자치구 급식담당자 간담회(광주시급식심의위 구성, 09년 친환경급식예산, 원산지표시제, 기초급식조례 관련)(최은순, 현병순, 이영선, 김상호, 백형기, 최선아, 최명자)

○ 2008~2009년 친환경우수농산물 지원확보를 위한 노력, 급식학교, 생산지 방문, 학교급식 모니터, 캠페인 등 다양한 활동 전개-전남급식센터준비위와 함께

○ 2010년 3월 26일 6·2 지방선거에서 친환경무상급식 실현을 위한 방안 마련을 위해 회의 소집/명칭 변경(전국동시) "올바른→안전한"으로 변경/후보자들 서약서와 기자회견, 협약식 등 논의

○ 2010년 4월 5일 예비후보자들 대상 친환경무상급식 공약을 실현을 위한 서약식 및 서명운동 선포식(다수의 지자체 후보자들 서약식 참여)

○ 2010년 8월 광주시 무상급식 예산 편성에 대한 긴급회의/광주시장의 20대 공약에 교육문제 특히 급식문제 언급되지 않은 이유와 이후 활동 방향 논의

○ 2010년 광주시교육청 친환경무상급식추진위원회 구성(위원장:김석순) 주1회 채식급식, 선택급식, 친환경쌀 공동구매, 식생활시민강사단 양성, 시민강사단 학교 수업, 교육청 광역학교급식지원센터 설립 연구용역 추진

○ 2010년 10월 광주교육청 국감기간 김춘진 의원 면담/민주당 당론 이행 촉구

○ 2010.10.26 〈친환경무상급식 실현을 위한 정책토론회〉 (주최:민주당광주시당, 주관:광주시,광주시교육청,광주교육희망네트워크,안전한학교급식을위한광주운동본부)

○ 2010년 10월 27일 민주당 광주시당과 광주시의 급식 후퇴(안)에 대한 성명서 발표

○ 2010년 11월 1일 반쪽 무상급식 반대! 전면 친환경무상급식 실현을 위한 기자회견 진행. 시의회 의장 면담(시장 외유중)

○ 2010년 11월 1일~5일 점심시간에 시청 앞에서 1인 시위 진행

○ 2010년 11월 : 시장 면담 : 무상급식예산 확대, 학교급식지원센터 설치, 민관거버넌스 구성과 관련한 내용

○ 2010년 12월 식생활교육광주네트워크 창립

○ 2012년 5월~6월 학교급식지원센터의 필요성과 방향에 대해 급식관련자들을 대상으로 4회 교육 진행

○ 2012년 7월 6일 급식운동본부 전국순회 워크샵 진행 (오전 남구청/ 오후 광산구청), 남구청장과 담당자, 구의원 참여, 배옥병 전국상임대표, 이경희 집행위원장, 광주운동본부(최은순,김석순,이영선,김도영), 급식에 대한 중앙정부의 책임을 지자체와 함께

요구하고, 급식지원센터 설립 등에 대한 의견을 나눔

○ 2012년 광주시교육청 직영 학교급식지원센터 설립 추진 무산, 광주남구/광산구 학교급식지원센터 설립 추진위 구성

○ 2013년 2월 광주남구학교급식지원센터 설립, 11월 광산구센터설립(이후 2019년 서구, 2020년 동구, 2022년 북구 설립/ 서구, 동구, 북구 설립연도 재확인 필요)

○ 활동가들 광주지역 학교급식지원센터 심의위원회 및 운영위원회 위원으로 참여

○ 2013년 9월 3일 광주방사능안전급식을 위한 대책모임(유미영, 이미원, 오하라, 박경희, 전영, 박고형준, 기유정, 강은미)

○ 2013년 9월 광주광역시 방사능으로부터 안전한 학교급식을 위한 모범조례(안) 운동 활동 시작(광주시교육청에 방사능 안심급식 대책마련 공개질의, 방사능검사 요청, 조례 제정 제안/학벌없는사회...박고형준)(방사능표기와 기준치 하향 요구 서명운동/YWCA) (방사능식품 관련 강연회/녹색연합)(연대단체 19곳 : 광주YMCA, 광주YWCA, 광주전남녹색연합, 광주환경운동연합, 광주에코바이크, 광주한살림, 광주전남불교환경연대, 시민생활환경회의, 참교육학부모회 광주시지부, 학벌없는사회광주시민모임, 근로정신대할머니와함께하는시민모임, 아이쿱무진/빛고을/빛고을자연/빛고을시민생협, 광주여성민우회, 광주전남불교환경연대, 광주전남청년연대, 민중행동)

○ 2013년 광주시 정희곤 의원 관련조례 상정/ 시민단체 수정 조례안 요청으로 교육위 보류결정/ 방사능안심급식 대책마련 및 조례제정 기자회견, 정책토론회 진행

○ 2013년 10월 방사능으로부터 안전한 학교급식을 위한 정책토론회 실시 등 활동

○ 2014년 방사능안심급식 조례의(이은방 의원외 5명 발의) 문제점 개정을 위한 활동

○ 2014년 채식 선택급식 확대, 아시아채식문화도시, 주1일 채식급식 확대 활동

○ 2018년 민선7기 지방선거에 공약 제안/광주동구,서구,북구 학교급식지원센터 설립/ 친환경무상급식 확대/ 광주시 (가)먹거리통합지원센터 설립/방사능, non-GMO급식/광역·기초 (가)지역먹거리위원회 구성 등

○ 2018년 지역 먹거리운동 조직 재정비 〈상생먹거리광주시민연대〉로 명칭 변경

〈참고자료〉

〈학교급식조례제정광주운동본부〉
창 립 선 언 문

자라는 아이들에게 학교급식은 큰 영향을 미친다. 평생 입맛을 좌우하는 민감한 시기이고, 그 기간 또한 10년 정도로 길다. 또한 학교급식은 계층 및 소득의 차이 없이 모두에게 적용되는 것으로 사회적 책임이 절실한 부분이다.

광주시내의 학교급식은 초등학교는 1997년까지, 고등학교는 2000년까지 100%로 확대하였고, 중학교도 현재 70%가 완료하였으며 2003년까지 100%로 확장할 계획이다. 그런데 학교급식은 충분한 재정마련과 세밀한 정책이 뒷받침되지 못하는 가운데 대선 공약 사업으로 급속하게 확대되어 왔기에 여러 가지 문제점을 안고 있다.

공교육기관인 학교의 급식은 전액 국고지원으로 설치가 이루어지고 비영리운영이 되어야 함에도 불구하고 예산부족을 이유로 학교급식시설과 설비비를 학교급식후원회를 통하여 학부모에게 부담시키는가 하면, 시설비를 대고 들어와서 위탁운영을 하는 업체를 허용함으로써 질 저하의 위험성을 안고 있으며, 2001년의 식중독 환자의 70%가 학교급식에서 발생한 것을 보듯이 위생 면에서도 늘 불안하다.

그런데 학교급식은 단순히 생활이 복잡해진 학부모의 도시락 싸는 일손 덜기 차원으로 그쳐서는 안 된다. 균형 잡힌 식사를 통한 학생들의 건강증진과 올바른 식습관 형성, 계층 간 위화감 방지 및 공동생활의 협동 질서의식 함양을 급식운영 목표에 포함시켜야 한다. 동시에 국내 농축산물의 수급조절기능과 전통 식문화의 계승도 함께 하여야 할 것이다. 우리가 학교급식의 전면적인 시행에 급급해 온 반면 미국, 일본에서는 자국산 농축산물 보호와 국민의 안전하고 전통적인 식생활을 유지하는 방향으로까지 학교급식을 시행하고 있는 것에서도 알 수 있다.

우리나라는 현재, 농축산물수입의 전면 개방화를 앞두고 먹을거리가 국제적인 장사의 수단이 됨에 따라 농약과 식품첨가물, GMO식품의 문제로 식품안전성문제가 대두되고 있고, 값싼 수입농산물이 대책 없이 들어온다면 우리의 주식인 쌀 생산까지 위협을 받아 국가의 식량안보에도 문제가 있게 된다. 따라서 우리 농촌을 지키고 자라나는 후세들의 건강을 위하여 학교급식에서부터 사회비용을 투자하여서라도 국내농산물과 친환경농산물을 이용해야 할 필요성이 절실하다. 또한 학교급식의 교육적 기능도 강화하여 식품영양교육, 우리농업의 중요성과 환경교육, 공동체교육도 정기적으로 해야 할 것이다.

이에 교육단체, 시민단체, 환경단체, 농민단체, 생활협동조합과 관심 있는 시민들이 모여 급식법 개정운동과 학교급식 조례제정을 위한 광주운동본부를 결성한다. 광주학교급식조례에는 국내농산물과 친환경농산물을 학교급식에 우선 사용하여야 하며, 지방자치단체는 학교당국의 재정지원과 역할을 강화하고, 학생과 학부모의 의견이 급식운영에 구체적으로 반영되도록 최선을 다할 것이다. 나아가 광주시민이 학교급식조례 제정의 의의를 공유하도록 공청회와 서명, 홍보운동 등을 전개하여 올바른 학교급식을 실현하기 위한 조례제정이 되도록 최선을 다할 것이다.

2002년 12월 12일
학교급식조례제정광주운동본부 참가자 일동

부산

안전한 학교급식의 길을 찾아

김정숙 전 안전한 학교급식을 위한 부산시민운동본부 상임대표

1. 학교급식의 씨앗을 뿌리고 지역의 힘을 얻다(2002 ~2006년)

년	월	일	사업내용	주관단체
02	2		안전한 학교급식을 위한 5개시민단체 연대 학습모임	참교육학부모회, 부산 환경운동연합, 부산YWCA, 부산여성회, 교육문화센터
	6		부산일보와 매주 기획시리즈 내 보냄(5회)	
	6		안전한 학교급식을 위한 부산시민연대로 단체이름 명명하기로 함	
	7		교육청 담당자와 영양사와의 간담회–식품의 안전성, 1달에 한 번 전통음식 먹는 날 제정	
	8		GMO, 식품첨가물, 우유 등 8가지 유해성에 대해 식단표에 첨부하여 가정통신문 발송–600개 학교 8회 내 보냄 (영양사회와 연대)	
	10	11	안전한 학교급식을 위한 부산시민연대 발족식–부산 YWCA	
	11		영양사 280명 대상 올바른 먹을거리 교육	
	11	28	학교급식법 개정안 검토	
	12	11	미국, 일본 등 외국 급식 교육	
03	3	7	학교급식법 부산개정안 토의 및 검토 (학교급식지원센터 공식적인 논의 시작)	부산시민연대
	4	24	안전한 학교급식을 위한 부산시민연대 시민단체와의 간담회 – 14개 단체 50여명 참석(급식법 개정안 설명)	

년	월	일	사업내용	주관단체
03	5		학교급식 전국연대 참석(대전)—부산에서 국민운동본부 결성 제안을 함	부산시민연대
	6	30	급식법개정을 위한 시민공청회 개최-부산시청 대회의실(학교급식지원센터 공론 시작)—전국회의에 부산안 제출	
	9	18	부산시 급식조례안 논의	
	11	11	전국급식운동본부 발대식 참석-11명	
	11	22	급식비미납자 급식중단 사건 발생 대처-전국 뉴스 타면서 무상급식 논의 급물살타기 시작	
04	3	4	부산학교급식지원조례안 확정 (학교급식지원센터 항목 삽입)	
	3	4	각 당사 방문(총선에서 급식공약 확답)	
	6	11	학교급식조례 제정을 위한 공청회- YWCA	
	6	28	안전한 학교급식을 위한 부산시민운동본부 출범과 부산광역시 지원조례 주민발의 시작	
	8	26	학교급식뇌물수수사건 발생-학교장, 행정과장 해임 (투명성에 대한 논의 활발)	
	12	10	조례제정 주민청구서 시 전달-61,657명	부산시민운동본부
05	2	1	합천에서 몇 개 지역 생산자 모여 생산자주비위원회 준비	친환경농산물 학교급식물류센터 주비위원회
	2	4	학교급식위탁업체에서 주민발의로 제출한 학교급식 조례안의 부당성에 대한 기자회견	급식운동본부
	4		합천지역에서 친환경 학교급식물류센터 설립을 위한 주비위원회 결성(합천지역, 함안지역, 경남가톨릭농민회, 거창지역, 부산농민회, 부산귀농운동본부, 부산생태유아공동체, 손동호, 김경준)	친환경농산물 학교급식물류센터 주비위원회
	6	7	거창군농민회 설명회	
	6	7	구 조례제정운동본부 결성을 위한 민주노동당과의 간담회	급식운동본부
	6	28	학교급식지원센터 심포지움 (부산시민운동본부, 교육청, 내일신문 주최)	부산시민운동본부 급식운동본부
	7	11	11-15일까지 위탁업체가 제출한 급식조례의 부당성 알리는 1인 시위	
	7	19	올바른 급식조례제정을 위한 기자회견	
	7	26	KBS쟁점토론 생방송 출연-우리농산물사용의 중요성 (김정숙, 손동호)	

년	월	일	사업내용	주관단체
05	8	29	제11차 회의로 친환경농산물 학교급식물류센터 주비위원회 발전적 해산	친환경농산물 학교급식물류센터 주비위원회
	9	2	친환경농산물 학교급식물류센터 생산자 준비위원회 결성 - 창원	
	9	8	부산시민운동본부 학교급식물류센터 논의 (생산자 준비위원회에서 공식제안 토론)	부산시민운동본부
	9	22	시민과 생산자가 만드는 학교급식물류센터 설립을 위하여 부산운동본부와 생산자 준비위원회 실무진 꾸리기로 합의 (생산자 참여, 손동호, 진영택, 윤신옥, 박상봉, 전교조1인으로 구성)	
	9	27	전북급식조례 대법원 판례에 대한 규탄 기자회견-부산지방법원 앞	
	10	19	부산시에서 부산광역시 학교급식지원조례를 공포함	
	10	31	제2차 시민/생산자실무회담에서 가칭 '시민/생산자 친환경 우리 농산물 학교급식물류센터 준비위원회를 구성하기로 함 발기인대회까지 일정을 기획	시민/생산자 실무회의
	11	11	시민이 직접 제작하는 프로그램 MBC라디오시민세상에 급식조례 프로그램 제작 방영	부산시민운동본부
06	1	11	안전한 학교급식을 위한 시민·생산자 물류센터 설립을 위한 공청회 개최	부산시민운동본부
	1	23	제5차 시민·생산자 실무회담 개최, 발기인대회 확정	시민생산자 실무회의
	2	2	부산시민운동본부 총회에서 발기인대회 준비위원회를 꾸리기로 함	부산시민운동본부
	2	8	생산자운영위원회 개최 (발기인대회 준비시작)	생산자 준비위원회
	2	20	환경운동연합 사무실내 발기인대회 준비 사무실 설치하고 준비업무 시작함	안전한 학교급식을 위한 시민생산자 물류센터(준)
	3	10	안전한 학교급식을 위한 시민생산자 물류센터(준) 발기인 대회 실시 : 시민과 생산자 등 150여명 참석(YWCA 강당)	
	5	1	직거래 시범학교급식 자재 공급을 위해 "안전한 학교급식을 위한 부산경남생산자영농조합 법인"	
	6	1	부산북구 5개 초등학교 직거래 시범사업 시작(명진초, 화명초, 화잠초, 금명초, 학사초)	
	6	21	급식지원예산 반영촉구를 위한 기자회견	급식운동본부

년	월	일	사업내용	주관단체
06	6	22	제1차 직거래 시범학교 운영에 따른 "학교–생산자단체" 간담회 실시	교육청관계자, 5개교 영양사와 행정과장, 안전한 학교급식을위한 시민·생산자 물류센터(준) 생산자 운영위, 시민 운영위
	7	6	KBS 부산방송국 "현장기록 21" – 안전한 먹을거리, 건강한 학교급식 방영 : 전국적인 안전한 학교급식과 관련한 시민과 생산자 운동의 모범사례	KBS 부산방송국
	7	23	KBS 방송국 "취재파일 4321" – 급식도 교육이다! : 안전한 학교급식을 위한 부산지역의 운동과 직거래 시범학교, 생산자 운동 등을 소개	KBS 방송국
	8	8	제2차 직거래 시범학교 운영에 따른 "학교–생산자단체" 간담회 실시	교육청관계자, 5개교 영양사와 행정과장, 안전한 학교급식을 위한 시민생산자 물류센터(준) 생산자 운영위, 시민 운영위
	9	30	부산시 강저구 대저1동 460-14번지에 안전한 학교급식을 위한 시민·생산자협동조합 물류센터 개소	안전한 학교급식을 위한 시민생산자 물류센터(준)
	11	1	부산광역시 학교급식지원 3개 학교 직거래 공급	
07	1	24	안전한 학교급식을 위한 토론회 개최 "식재료 공급의 올바른 방향 모색"	
	2	9	부산북구 5개 초등학교 직거래 시범사업 공동구매단 생산지 방문 : 명진초, 화명초, 화잠초, 금명초, 학사초 영양사, 행정과장, 학부모, 교육청 관계자 등 26명 참석하여 산청군 딸기 생산지와 합천군 사과 생산지 방문	안전한 학교급식을 위한 시민생산자 물류센터(준), 직거래 시범학교 5개교, 북부교육청, 부산시교육청
	3	12	광우병 소고기 학교유입 반대 기자회견 및 감시단 선언–부산시청 앞	급식운동본부
	5	30	학교매점 실태조사 설문조사 설문지완성–각 학교 단체에 나눔–2000매	
	6	7	급식법개정 1주년보고와 급식심의위원회 구성 촉구 기자회견 –부산시청 앞	
	8	6	부산시급식조례 심의위원 추천 완료	

2. 학교급식법과 조례를 넘어 지역활동으로 나아가다 (2007 ~ 2015)

1) 급식점검단 활동
· 5개 지역청과 시 교육청에 운동본부에서 급식 점검단으로 들어가 활동을 함으로써 다른 단체에서 나온 사람들에게 각성의 계기가 되고 있고 각 지역 교육청에서 운동본부에 대해 깊은 인상을 가지게 되었다.

2) 교육청 학교급식위원회 및 부산시 학교급식지원심의위원회 활동
· 급식법이 개정 되면서 교육감 산하에 급식위원회를 둘 수 있게 되었다. 부산에서는 2005년부터 급식위원회를 구성하여 급식 전반에 걸쳐 논의를 해 오고 있다.
· 교육청: 2005년-김정숙, 2006년- 손동호, 2007년- 윤신옥, 2008년- 이승준, 2009년-성인심, 2010년/11년 -심미숙, 2012년/13년 - 이혜숙, 2014년/15년 - 김경준
· 부산시: 2005년- 김정숙, 손동호, 2007년- 심미숙, 윤신옥, 2009년- 채승영,이승준, 2011년- 곽선희, 주강원, 2013년- 이혜숙, 김경준, 2014년/15년- 김영숙

3) 학교급식지원센터 설립관련 운동
· 부산에서는 일찍부터 급식법 개정운동을 하면서 급식 물류공급에 많은 관심을 가져왔고, 시민과 생산자가 함께하는 물류센터를 설립하게 되었다. (물류센터 설립을 위한 토론회 개최, 학교급식지원센터 설립을 위한 토론회 개최하여 그 안을 내 놓음)
· 2007년 하반기부터 금곡지구 3개 학교 현물지원 시범사업 실시
· 급식지원센터 설치를 위한 활동으로 이일권 교육의원과 연대하여 1차토론회, 울산북구청 친환경급식지원센터 방문, 부산 기장군 친환경농산물 급식지원센터 설치 및 운영 방향에 대한 간담회 등 미흡하나마 시담당부서와, 교육청담당부서, 이일권교육의원등을 방문하여 급식지원센터 설치를 위한 노력을 기울였다.
· 2008년 1년간 지원학교 중 23개교 현물지원
· 기장군 19개교 현물지원을 통해 지원센터의 역할을 할 것을 요구
  - 기장군, 강서구 학교급식 지원센터 사업자 선정과 운영을 목표로 진행
  - 기장군 동부산 농협, 강서구 녹산농협.
  - 학교급식 지원센터 설립을 요구해온 급식 운동단체가 운영에서 소외되고, 농협 자체 사업으로 운영하려 함.
  - 학교급식 지원센터 실무협의회를 운영위원회로 전환할 것을 요구
  - 부산광역시 학교급식 지원조례 제10조(학교급식지원센터의 설치 지원) 시장은 법 제5조

제4항에 따라 우수한 식재료 공급을 위하여 구청장·군수가 학교급식지원센터를 설치하는 경우 예산의 범위에서 사업비의 일부를 지원할 수 있다.

- 현재 설립되고 있는 학교급식 지원센터가 친환경무상급식을 통해 이루고자 하는 지역 친환경농업 활성화, 로컬푸드 실현, 지역경제 활성화 등을 이룰 수 있는 것인가를 검토할 필요가 있다.

4) 학교매점 개선활동

설문조사를 통한 언론 홍보, 학교매점에서 컵라면과 탄산음료 취급 못하게 되었다.
(부산시내 200여개학교 설문조사 참여. 일간지, TV등 많은 보도)

5) 총선 및 대선 대응 운동

각 당에 급식운동의 방향을 전달하고 공약 채택운동 벌이다. 학교급식 운동을 알리는 커다란 활동 중의 하나였다. 특히 시장 후보에게 채택하라고 한 공약에 학교급식지원센터 3개 설치가 들어 있었고 이후 센터 설립에 큰 힘을 받을 수 있었다.

6) GMO 반대 운동

· GMO옥수수 수입반대 기자회견 및 식약청장 간담회, 교육청 담당과장 간담회
· 시민선전전 및 서명작업 (각 단체 행사 때마다 서명 활동) : 서울 GMO반대 국민연대에서 취합하여 정부에 전달, 부산에서 2000명 정도 서명 받음
· 각 학교 공문 보내기
  '우리학교는 GMO우려가 되는 두부, 콩나물, 식용유, 물엿, 간장, 된장 등을 친환경으로 바꾸고 있습니다' 라는 것을 학부모에게 알리라는 공문 발송
· 영양(교)사 교육 주제로 연수 개최- 600여 학교에서 430여명 참석
· 식약청에서 입법예고한 '유전자 재조합 표시기준안'에 대한 의견서 제출, 비의도적 허용치 기준 강화를 주된 안으로 제출

7) 광우병 대책위원회 연대활동

50여 개 단체로 구성된 광우병대책회의에 연대단체로 참여하고, 국민운동본부와 부산에서 각기 제작한 전단지 배부 및 선전전에는 연대 이름보다는 개인 단체별로 결합하여 함께 했다.(각학교 공문 발송과 참학에서 주최한 운영위원 교육실시)

8) 학교운영위원회 소위원회 및 영양(교)사 교육 실시

부산시교육청과 연계하여 지역교육청별로(5개)로 학교운영위원회 소위원회 교육과 학교급식 점검단 매뉴얼 개발에 참여하여 교육을 실시 했다.(학교영양교사회와의 적극적인 연대가 큰 힘을 받음)

9) 학교급식지원조례 개정 대응

부산광역시 학교급식 지원 조례가 전부 개정되었다. 급식운동본부의 조례안의 내용의 대부분이 반영되지 못하고, 학교급식 지원센터 설치에 따른 지원 조항과 개정된 학교급식법에 따른 용어와 정의 등을 개정하는 것에 그쳤다.

10) 초등학교 무상급식 전면실시와 부산시 급식지원예산 확대 활동

교육청 초등학교 전면 무상급식 실시 발표 이후, 교육희망네트워크와 공동행동 구성, 학부모 1000인 선언 조직, 기자회견 등 대언론 활동, 15800명 서명운동, 부산광역시의회 1인 시위활동

부산시 교육 상임위 4학년 무상급식 예산안 상정 → 부산시의회 예결위 초등 5학년까지 무상급식 예산안으로 조정 → 2013년 초등학교 1학년 무상급식 예산안 확정

11) 친환경급식 예산 마련 활동

임기 내에 전 초등학교 친환경급식 공약한 부산시장이 급식조례에 의거 2005년 2억을 시작으로 2013년 77억(교육청 26억 추가 지원) 예산 수립

3. 학교급식 운동의 약세 −식생활교육 운동으로 나감 (2016년~현재)

· 2009년 식생활교육지원법 제정, 식생활교육국민네트워크 창립 이후 각 지역 네트워크 창립운동 펼쳐짐
· 2012년 식생활교육부산네트워크 창립 (상임대표 −김정숙/ 집행위원장−김경준)으로 학교 현장뿐만 아니라 범시민 먹거리교육에 주력함
· 중학교까지 차별없는 친환경 의무급식 실현을 위한 부산시민운동본부 결성 및 의무급식 실현 활동
  − 2016년 중학교 의무급식 전면실시 촉구 기자회견
  − 2018년 친환경무상급식 토론회 개최
  − 2018년 고교무상급식 전면실시 촉구 기자회견
  − 2019년 고교무상급식 실시에 따른 재정소요 감당을 위한 부산진구의회의 교육경비 조례 개정 부결에 대한 기자회견
  − 2020년 학교급식 중단에 따른 예산처리 및 급식 대책 마련을 위한 부산시와 교육청과의 간담회 요청 및 간담회 진행
  − 2020년 부산시의 미사용 무상급식비 전용 및 소통 없는 부산시교육청 규탄 기자회견

- GMO 완전표시제와 학교급식에서 GMO식품 배제 및 우리 사회의 건강한 대안 찾기를 위한 GMO반대부산시민행동 발족 및 관련 활동
  - 2016년 GMO반대 부산시민행동 발족식
  - 2016년 GMO반대 100만인 서명전
  - 2017년 GMO유채 재배 관련 농업기술센터 방문
  - 2017년 GMO유채 재배 관련 부산시 수습대책 및 학교급식에서 GMO퇴출 요구 기자회견
  - 2017년 GM유채종자 폐기, 의심지역 민관합동조사반 참여
  - 2017년 LMO유채종자확산 차단 및 재발방지 촉구 부울경단체 합동기자회견
  - 2017년 교육감 간담회를 통해 GMO없는 학교급식 요구
  - 2018년 부산지역 GMO유채 민관합동조사 참여
  - 2019년 부산시민운동본부와 GMO반대부산시민행동은 두 연대 단체의 조직은 유지한 채 통합운영 결정
- 부산 푸드플랜 수립에 대응하기 위한 먹거리연대 설립 추진 및 관련 활동
  - 부산급식운동본부와 GMO반대 부산행동의 구성 단체가 주축이 되어 설립추진
  - 2019년 부산먹거리연대 창립준비위 발족식(부산시의회)
  - 타시도 먹거리조례, 공공급식 조례, 푸드플랜 관련 학습회 다수 진행
  - 2020년 부산시 푸드플랜 수립을 위한 실무위원회 참여
  - 2021년 부산시장 후보자에게 먹거리 기본권 보장을 위한 정책 제안
  - 2022년 부산시장 후보자 및 각 정당에 먹거리 관련 정책요구서 전달
  - 2022년 부산시장 후보자에게 받은 답변서 내용 토대로 보도자료 배포
  - 2022년 후쿠시마 방사성 오염수 해양방출 저지를 위한 기자회견
  - 2022년 부산시 먹거리위원회 참여
- 교육청 학교급식위원회와 부산시 학교급식지원심의위원회에서 위원으로 활동
  - 교육청: 2016년/17년 –김경준, 2018년/19년/20년/21년 – 이효정, 2022년/23년 –김소영
  - 부산시: 2016년/17년/18년/19년 – 김경준
- 강서구 친환경농산물급식지원센터 운영위원회 위원으로 활동
  2019년/20년/21년/22년/23년 – 이효정
- 고등학교. 유치원 무상급식 확대
- 안전한 학교급식을 위한 non-GMO 학교급식 식재료 사용 요구
  - 2019년부터 학교급식비(식품비)에 non-GMO 식재료 구입비를 포함하여 지원 시행
  - 2022년 장류, 유지류, 두부류 등 20개 품목에 대해 1식당 130원 지원

4. 푸드플랜 운동

· 2018년 푸드플랜 전국 확산 운동에 발맞추어 부산에서 시청 담당자와 함께 식생활교육네트워크, 학교급식 운동본부에서 김정숙, 김경준, 이경애, 장유성 등이 AT센터에서 하는 연수 참여(6주간 1박2일씩)를 시작으로 푸드플랜에 대한 관심 가짐
· 식생활교육부산네트워크 2018년 성과보고회에 서울시 사례(배옥병 서울시 보좌관)를 듣고 부산지역 교육프로그램 제안함
· 2019년 3월 농식품부 지역푸드플랜 수립 구축지원 공모사업 선정
· 2019년 11월 푸드플랜 수립 용역 추진
· 실무위원회, 분과 구성, 시민아카데미 4회 개최 (시민 400여 명 참여)
· 2020년 12월 부산 먹거리 비전 선포식 개최(부산시청)
· 2021년 1월 부산시 먹거리 기본조례 제정
· 기본조례에 따른 먹거리위원회 구성 (공동 위원장 이경애 식생활교육부산네트워크 전 대표)
· 2022년 12월 16일 먹거리위원회 개최– 주요계획인 공공급식, 통합먹거리지원센터 등은 논의 되지 않음

울산

울산시 급식운동 활동 기록

이성아 친환경무상급식풀뿌리울산연대 상임공동대표

1. 학교급식 조례제정운동

· 2003년 7월 2일 학교급식법개정과 조례제정울산연대 발족
· 2003년 12월 18일 울산시 학교급식지원조례 청구인 명부 접수 기자회견
· 2004년 11월 16일 올바른 학교급식조례제정을 촉구하는 기자회견
· 2004년 12월 7일 학교급식조례 개악 시도 시의회 규탄 울산시민대회
· 2005년 3월 30일 올바른 학교급식조례 제정 촉구 집회
· 2005년 8월 11일 울산광역시 학교급식 지원에 관한 조례 제정
· 2006년 12월 4일 친환경학교급식을 위한 예산지원 거부하는 김두겸남구청장 각성을 촉구하는 1인시위
· 2006년 12월 4일 친환경학교급식을 위한 예산지원 거부하는 김두겸남구청장 각성하라! 1인시위
· 2007년 4월 24일 남구 친환경 학교급식 촉구 선전전
· 2007년 10월 17일 학교급식에 미국산 쇠고기 사용을 원천봉쇄를 촉구하는 기자회견
· 2008년 5월 1일 학교급식에 수입된 GMO 옥수수 사용이 원천봉쇄될 수 있는 대책 마련을 촉구 기자회견
· 2008년 9월 11일 학생건강 외면 위탁급식 부활 학교급식법 개악 한나라당 규탄 기자회견
· 2009년 4월 7일 안전한 학교급식을 위한 학교급식지원센터의 설립과 조례개정을 위한 시민 토론회
· 2010년 7월 29일 고교 위탁급식 직영전환 촉구와 제일고 조리원 부당해고 철회 기자회견
· 2013년 12월 11일 울산 북구친환경급식지원센터 개소

· 2019년 울산시 친환경 학교급식 확대 TF팀 구성
· 2020년 울산광역시 친환경학교급식 예산확대 촉구 기자회견
· 2021년 울산시 2022년 친환경급식 예산확대 촉구 기자회견

2. 무상급식운동

· 2010년 10월 13일 친환경무상급식 풀뿌리 울산연대로 명칭 변경 기자회견
· 2010년 11월 1일 친환경무상급식 예산편성촉구 시정앞 1인시위 시작
· 2010년 12월 13일 〈울산시와 교육청은 친환경무상급식의 전면실시를 목표로 순차적 확대계획을 제시해야 한다〉 기자회견
· 2011년 9월 1일 김복만교육감의 친환경무상급식 공약이행 촉구운동 선포 기자회견
· 2011년 9월 27일 김복만교육감 무상급식 공약이해 촉구 선언자대회
· 2011년 9월 28일 동구 친환경무상급식 추진위원회 발족식
· 2011년 10월 24일 친환경무상급식 학부모 인식조사 및 위탁급식 학생 만족도 조사 결과발표 기자회견
· 2011년 11.15 2012년 울산시 예산안 입장 발표 및 공약이행 촉구 2012명 선언 기자회견
· 2012년 4월 9일 4.11 총선후보 친환경무상급식 정책협약 기자회견
· 2013년 6월 18일 학교급식 국가지원 50%와 친환경농산물 사용을 위한 학교급식법 개정 촉구 기자회견
· 2014년 9월 11일 동구청장의 친환경무상급식 공약 실행 계획관련 질의서 발송
· 2015년 6월 30일 울산시 무상급식 촉구 기자회견
· 2015년 7월 21일 울산의 완전 무상급식 실현을 위한 300인 선언 기자회견
· 2016년 5월 30일 전 품목 친환경급식 폐기위기 학교관련 친환경급식후퇴 교육청규탄 기자회견
· 2016월 11월 16일 〈무상급식 전국 꼴찌! 김기현 울산시장과 울산시의회가 나서서 해결하라!〉 기자회견
· 2017년 9월 27일 울산 중학교 전면 무상급식 실시를 환영 기자회견
· 2018년 9월 고등학교 무상급식 시작

친환경 우리농산물 사용, 무상급식으로!!
교육청은 학교급식에 미국산 쇠고기 사용을 원천봉쇄하라!

   지난 10월 미국산 쇠고기 수입재개 이후 학교급식에 대한 광우병 위험 쇠고기의 유입을 원천적으로 차단해야 한다는 시민단체의 목소리가 높아가고 있는 가운데 실제 학교급식에서도 미국산 쇠고기가 사용되고 있는 것으로 나타났다

   홍문표 국회의원이 제출받은 국정감사 자료에 따르면 올해 1월부터 8월말까지 서울 등 광역권 8개 지역에 소재한 초·중고 4,576개 학교 중 7개 학교에서 미국산 쇠고기를 학교급식용으로 사용한 것으로 밝혀졌다.

   울산의 경우 울주군에 소재한 S초등학교에서 10kg의 미국산 쇠고기를 사용한 것으로 나타났다. 또 지역별 수입산 쇠고기 사용비율은 부산지역이 59%로 가장 많았으며, 울산은 12%로 다섯 번째인 것으로 나타났다.

   S초등학교에 미국산 쇠고기를 납품한 F업체가 육류를 납품한 학교는 11개 학교로 모두 울주군에 소재한 소규모 학교이다.

   최근 영국에서는 인간광우병으로부터 쇠고기가 안전하다고 강변해온 존 검머 전 농림부 장관 친구의 딸이 인간광우병으로 사망해 큰 충격을 주고 있다.

   미국산 쇠고기 수입이 재개된 지난해 10월부터 올 10월 5일까지 척추뼈 2건 발견 등 검역위반 불합격 사례는 총 검역건수의 60%에 달하는 것으로 나타났으며, 미국산 쇠고기의 안전성이 과학적으로 입증

되지도 않았다.

그럼에도 불구하고 학교급식에 버젓이 미국산 쇠고기를 사용하는 것은 자라나는 우리 아이들의 건강을 위협하는 매우 중요한 사건이 아닐 수 없다.

학교급식 관련법에는 학교급식이 교육의 일환으로서 학생들의 건강한 심신 발달을 위하여 실시한다는 목적을 분명히 하고 있음에도 이러한 사태를 불러온 것에 대해서는 1차적으로 교육청과 학교의 관리 소홀을 묻지 않을 수 없다.

지금이라도 울산시교육청은 S초등학교에 미국산 쇠고기 사용 경위를 철저히 조사하여 S초등학교 학생, 학부모에게 공개하고 울산 시민 모두에게 알려야 한다. 조사 결과에 따라 이와 같은 사태를 일으킨 관련자를 엄중히 문책하고 해당 납품업체에 대해서도 적절한 조치를 해야 한다.

또한, F업체가 S초등학교외에 육류를 납품한 11개 학교에 미국산 쇠고기가 사용되었는지도 철저히 조사하고 엄중한 조치가 따라야 한다.

'학교급식울산연대'에서는 이러한 사태의 재발을 방지하기 위하여 다음과 같은 활동을 펼쳐나갈 것이다.

첫째, 울산시교육청이 수입산 쇠고기가 학교급식에 들어가지 못하도록 일선학교에 공문을 발송하게 하는 한편, 학교운영위원들을 대상으로 한 대대적인 연수와 홍보 활동, 그리고 지속적인 감시 활동 등을 통하여 미국산 수입 쇠고기의 식재료 사용을 원천 봉쇄하도록 할 것이다.

둘째, 울산시교육청에 대해 미국산 쇠고기를 학교급식에 사용하게 한 학교책임자에 대해서는 책임을 묻도록 할 것이며, 미국산 쇠고기를 학교급식에 납품한 납품업체에 대하여 더 이상 학교 현장에 발을 붙이지 못하도록 모든 수단을 강구할 것이다.

셋째, '학교급식울산연대'에서는 친환경 학교급식 식재료 사용을 더욱 확대하여 실질적인 학교급식 식재료의 안전성 확보를 위하여 최선을 다할 것이다.

이에 대해 울산광역시는 예산 부족을 핑계로 친환경 학교급식 확대 실시를 더 이상 미루지 말아야 한다. 2년째 친환경 학교급식 시범 실시를 거부하고 있는 남구청장도 이번 사태를 계기로 발상의 전환을 해야 할 것이다.

하루 세 끼 중 학교에서 한 끼 이상을 해결해야 하는 우리 청소년, 학교급식은 청소년의 건강을 좌우하며 우리 사회의 미래가 걸린 중요한 문제이다.

이제 청소년의 건강과 우리 사회의 미래를 위하여 울산시, 기초자치단체, 울산광역시교육청은 학교급식에서 미국산 쇠고기를 원천봉쇄시키고 친환경 학교급식을 확대 실시하는 일에 적극 나서야 할 것이다.

2007년 10월 17일
학교급식법개정과조례제정울산연대

경남

경남 친환경무상급식 운동 진행과 의의

진헌극 학교급식경남연대 상임대표

1. 학교급식법 개정과 조례제정을 위한 경남연대 출범 경과

○ 2003년 3월 18일: 우리밀경남사업단과 한살림경남이 모여 학교급식의 심각성을 공유하고 이를 해결하기 위해 뜻을 같이하는 사회단체와 연대모임을 제안할 것을 결의함. 이후 2003년 4월 18일에는 경남여성회, 우리밀사업단, 천주교마산교구우리농촌살리기운동본부, 한살림경남, 참교육학부모회마창진지부, 마창환경운동연합, 웅남초등학교영양사가 참석한 1차 연대모임을 가져 학교급식조례제정경남운동본부(가칭) 준비위를 꾸림. 이후 조례제정을 위해서 모법인 학교급식법 개정운동도 함께 병행해야 한다는 의지를 모아 '학교급식법 개정과 조례제정을 위한 경남연대'로 공식명칭을 수정함.

○ 2003년 6월 27: 37개 단체가 함께 하는 '학교급식법 개정과 조례제정을 위한 경남연대' 출범식을 가짐. 이후 조례제정을 위한 구체적인 활동으로 7월 4일 경상남도 교육위원들과의 간담회 개최, 더불어 도의회 교육사회위원회, 농수산위원회와의 간담회 조직 및 개최함.

◇ 참여단체

가톨릭농민회경남연합회, 경남민언련, 경남여성회, 경남여성단체연합, 내서지역학교운영위협의회, 마산YMCA, 마창환경운동연합, 민주노동당경남도지부, 민주노총경남본부, 우리밀경남사업단, 일여성예술, 전교조경남지부, 전국공무원노조경남지부, 전국농민회총연맹경남도연맹, 전국여성농민총연합경남연합, 참교육학부모경남지부, 창원여성의전화, 창원YMCA, 창원YWCA, 천주교마산교구우리농촌살리기운동본부, 학교급식질향상과조례제정을위한진주시민모임, 한국농업경영인경남연합회, 한살림경남, 한국유기농협회경남지부, 한국여성농업경영인연합경남연합회(25개 단체)

2. 학교급식경남연대의 주요 활동

○ 조례 제정과 안전한 급식을 위한 급식비 지원 제도화

- WTO협정 위배된다는 경상남도의회의 주장에 대해 지방자치단체가 조례로 결정해 지원할 경우 전혀 문제가 되지 않으며 중앙정부가 지원하더라도 건강·보건·환경·생명·어린이 교육 이유일 경우 WTO협정 어디에도 저촉되거나 안 된다는 규정이 없다는 점을 각종 공청회, 토론회, 서명운동 등을 전개함. 더불어 '급식조례 제정 지역공대위'를 구성하고 10일간 진주를 시작으로 남해, 김해, 거창, 고성, 양산, 창녕·밀양, 거제·통영, 창원·마산 등 하루 25㎞씩 도보 순례 대장정을 진행함.

- 2003년 8월 21일: 경남도학교급식비지원조례제정 청원서 제출함. 이후 경남도 교육위원회 청원서 심사를 위한 청원심사소위원회를 구성함. 허나 경남도학교급식비 지원 조례 제정 청원서 처리 여부를 다음달에 열릴 다음 회기로 유보하는 등 소극적인 태도로

일관함. 학교급식경남연대는 이에 조례제정 촉구집회를 개최하고 철야농성에 돌입함.

- 2003년 11월 4일: 경남도교육위원회가 학교급식비지원조례안을 발의키로 함. 이후 2003년 12월 18일 경남도의회 교육사회위원회는 상임위를 열고 도교육청이 제출한 경남도학교급식조례안을 수정 가결, 오는 29일 열리는 본회의에 상정함. 그러나 통과된 조례안을 보면 학교급식경남연대가 요구했던 '교육감이 지원하는 것'을 '도지사가 지원하는 것'으로 수정되지 않아 조례안이 본회의에서 의결된다 하더라도 예산확보가 어렵기 때문에 부칙에서 밝힌 2004년부터 당초 취지대로 시행되기는 어려움이 많음.

○ 경남학교급식조례 상임위 통과되기까지 진행과정

- 학교급식경남연대는 지난 8월 도교육위원회에 경남학교급식조례(안) 제정을 위한 청원서를 제출함. 그러나 도교육위원회는 이를 처리하지 않고 2개월간 끌어오다 157회 정례회에서 유보 결정을 내리는 등 소극적인 태도로 일관함. 이에 학교급식경남연대는 '조례제정 촉구를 위한 결의대회' 개최 및 각종 토론회 개최, 경남 600리 도보 대장정 전개 등 강력 투쟁을 전개함.

- 이후 도교육위원회는 11월 11일 제158회 임시회에서 청원심사소위원회 위원 8명이 발의한 경남학교급식조례안을 심의하고 교육위원 만장일치로 의결해 도의회로 이임, 18일 도의회 상임위를 통과함.

○ 경남학교급식조례 주요 내용

- 조례안 주요 내용은 학교급식 범위를 초·중·고교와 그 외 교육감이 지정하는 교육기관에 급식을 하도록 하며 학교급식에 필요한 식재료 일부를 현물로 지원하거나 식재료 구입비의 일부를 관례

법령에 의해 예산범위 안에서 교육감이 지원하며, 안전하고 질 높은 학교급식을 위해 우리 농축수산물을 우선적으로 사용토록 하며, 더불어 지원·공급방법·규모 등 제방사항을 심의, 결정하기 위해 학교급식 지원심의위원회를 설치하고 위탁급식을 직영급식으로 전환하기 위해 노력하는 한편 연차계획을 수립해 교육위원회에 보고토록 함. 이에 따라 도내 초중고교에서 시행하는 학교급식에 우수 농축수산물을 사용토록 하고 학교급식의 직영화 노력과 학교급식지원심의위원회를 두어 지원방법, 지원규모, 식재료 공급방법 등 제반사항을 심의결정하는 기반을 마련하였음.

○ 본회의 통과 이후의 과제
- 이후 조례가 다시 개정될 때에는 △도지사가 지원할 수 있게 하고 △지원대상에서 초중고교 외에 '그 외 교육감이 지정하는 교육기관에서 시행하는 급식'으로 확대 등의 과제 있음.

○ 2004년 1월 19일: 경남도교육청은 지난달 말 도의회를 통과한 경남학교급식조례(안) 가운데 제1조(목적)부터 8조(지원대상자의 의무)까지 내용에서 '우리 농·축·수산물'을 공급하도록 한 규정은 WTO 협정에 위배되는 만큼 수정 가결해 달라고 도의회에 요구함. 더불어 제4조(종합계획수립 및 예산지원)와 제5조(지원방법)에서 예산이나 현물 등으로 지원하는 주체를 교육감으로 명시한 부분도 도지사로 수정해 달라고 요청함. 이후 대법원에 조례 재의결 무효확인 소송을 진행하고, 새로운 조례를 제정하려고 나섬.

○ 2007년 11월 19일: 도의회에 상정된 '경남도 학교급식 지원 조례안'에 학교급식지원센터를 비롯한 중요 사항이 빠지는 등의 주요 현안에 대해 학교급식경남연대는 강력 투쟁 전개함. 허나 12월 21일 도의회 기획행정위원회는 지난 21일 제255회 임시회 상임위원회를 열

어 경남도가 제출한 '경상남도 학교급식 지원조례안'을 수정해 통과시킴. 경남도가 제출한 애초 조례안에는 없었던 △시·군 학교급식센터 지원에 관한 사항 △(학교급식에 대한) 도지사 등의 책무 등이 신설되었지만, 학교급식센터 지원규정을 포함할 것과 심의위원회에 영양사, 조리사단체 추천자를 포함할 것, 지원대상에 영유아보육법상의 보육시설까지 포함할 것 등을 요청한 것은 제외됨.

○ 이후 지속적으로 경남도 학교급식지원조례 개정과 20개 시군 학교급식지원조례 제정을 위한 투쟁을 전개하고, 학교급식 직영 전환, 학교급식비 인상, 학교급식지원센터 설립 및 운영을 통한 공공급식조달체계 요구 등의 투쟁을 전개함. 더불어 무상급식 확대를 촉구함(거창군 2007년 무상급식 시행)

3. 경남 친환경무상급식의 중단과 투쟁, 의의

○ 2014년 11월 21일: 홍준표 지사의 무상급식 식품비 지원비율(기존 도&시군 자치단체 62.5%, 교육청 37.5% 지원비율을 50%:50%로 요구하는 등) 무상급식 지원 축소 등과 관련한 대응을 위해 학교급식 경남연대를 중심으로 〈친환경무상급식 지키기 경남운동본부〉 공식 발족함(공동대표 5인)

  - 2014년 10월 17일: 경남도 학교 무상급식 지원금 특정감사 계획에 대해 도교육청이 보고 받음. 경남의 초중고 90개 학교를 대상으로 식재료 계약의 적정성, 우수 식재료(친환경, 우수 인증 등) 위법사용 여부, 특정업체 몰아 주기 식 특혜 행위, 식재료 납품 관련 금품수수 등 비리 행위, 급식비 목적 외 사용 여부 등을 두고 전반적으로 감사를 벌인다는 것이 주요 내용임.

- 2014년 10월 27일: 박종훈 경남도교육감은 경남도 무상급식 감사를 거부하면서 감사원에 직접 감사 청구의 입장을 발표함. 이후 30일 감사원에 감사요구서를 제출하고, 경남도에는 감사 철회 요청서를, 일선 학교에는 감사 거부 방침을 담은 특정감사 수감 대응 방침을 발송함. 이후 헌법재판소에 11월 10일 헌법·법률에 보장된 교육감 학교급식 감사권한 침해 심판 청구함.

- 2014년 11월 3일: 경남도 홍준표 지사는 내년부터 학교 무상급식 예산을 지원하지 않는 대신, 그 예산만큼 도내 서민·소외계층 자녀를 직접 지원하겠다는 입장을 밝힘. 이후 경남도내 18개 시군은 무상급식 예산편성과 관련하여 큰 혼란을 겪음. 이에 대해 학교급식경남연대를 비롯하여 교총, 경남학교운영위원회협의회 등 다양한 단체에서 무상급식 중단은 안된다며, 무상급식 예산 중단 철회와 지원을 홍지사에게 촉구함.

- 2014년 11월 11일: 홍준표 도지사 주재로 2014년 제2차 시장·군수 정책회의가 열림. 경남도 발표에 따르면 회의에 참석한 시장·군수는 △무상급식 감사는 해야 한다 △내년 무상급식 예산은 편성하지 않고 예비비로 편성한다 △예비비의 용도는 차후 논의한다 등의 3가지 내용에 합의함. 사실상 감사를 계속 거부한다면 무상급식을 중단하겠다는 것임. 이에 도교육청은 12일 학교급식 지원을 중단한 것은 매우 유감스러운 일이라는 입장을 밝히고, 계속하여 시군을 설득하겠다는 입장임.

- 2014년 12월 8일: 경남도의회, 무상급식 예산 삭감 확정하고, 9일에는 서민자녀 교육지원 사업계획을 발표함. 이후 2015년 3월 12일 서민자녀교육지원조례(새누리당 40명 도의원 발의)가 상임위에서 통과되어 2015년부터 사업을 추진함.

- 친환경무상급식 지키기 경남운동본부(18개 시군본부 및 400여개

단체 참가)는 이후 1인 시위와 기자회견, 성명서 발표, 1만여명 참여 대규모집회 개최, 단식 농성 등의 투쟁을 지속적으로 전개함. 더불어 무상급식 중단에 대한 주민투표를 요구하였으나 거부당함.

- 2015년 4월 1일: 경남 무상급식 중단됨. 4월 13일 국회 교육문화위원 설훈 의원을 비롯해 김태년·안민석·유기홍·윤관석·정진후 의원과 학교급식법 개정과 차별없는 친환경의무·무상급식지키기 범국민연대(이하 범국민연대), 국회혁신교육포럼, 교육에서 희망을 찾는 국회의원 모임이 주최한 의무교육 기간 급식 국가가 책임지는 등의 학교급식법 개정 내용이 담긴 토론회 개최함.

  경남운동본부는 지속적으로 무상급식 중단 원상회복을 위한 시민 설명회, 토론회, 서명운동, 기자회견 및 집회 개최, 학부모 중심의 학교 운동장 솥단지 급식 추진, 경남도의회 의장단과 상임위, 의원단 면담과 18개 시군 단체장 및 의원 면담 추진 및 경남도와 시군에 무상급식 원상 추진 요구 등의 다양한 투쟁을 전개함. 또한 급식비 납부 거부 및 학교 등교 거부 운동 등 전개.

- 2015년 6월 2일: 경남도의회 새누리당 의원단이 지난 4월 21일 제안한 △초등학교 소득 하위 70% 이하 △중학교 50% △고교 읍·면 지역 50%, 동 지역 저소득층 등 '소득별 선별적 무상급식' 중재안을 △교육청이 도의 학교급식 감사 수용 △중재안 재정분담 비율(자치단체 7 대 교육청 3) 재조정 등 단서를 단 조건부 수용하기로 함. 경남운동본부에서는 내용의 부당성을 반박하는 기자회견을 개최함. 이후 경남도가 1회 추가경정예산안에 학교급식 지원금을 편성하지 않은 것을 규탄하며, 지난해 수준의 학교 무상급식 회복 방안을 제시하라고 강력하게 요구함. 특히 경남도에 △2014년 기준 친환경무상급식 원상회복 구체적 방안 제시 △추경

학교급식 예산 편성 △도교육청, 도의회, 학부모 대표 등 4자 협의체 구성 등을 요구함. 허나 홍지사와 새누리당은 이러한 요구를 거부하며, 오히려 '경남도의 급식 감사'를 명문화한 학교급식지원 조례 개정안을 통과시키면 도가 내년 예산에 학교급식 지원금을 영남권 시·도 평균(전국 꼴찌 수준, 40% 지원)으로 편성하겠다는 입장을 고수함.

- 2015년 6월 12일: 경남도교육청은 도청-도의회-도교육청 2차 중재회의에서 초등생 무상, 중학생 선별, 고교생 저소득층 무상급식을 제시함. 허나 18일 중재회의는 중단되고 도의회 학교급식 관련 도교육청 행정사무조사를 통해 학교급식 감사를 결정함.

- 2015년 6월 25일: 민홍철(김해 갑) 의원을 비롯한 새정치민주연합 의원단 15명과 정진후 원내대표 등 정의당 의원 5명이 공동 주최로 국회서 무상급식 사진전시회 개최함. 친환경무상급식풀뿌리국민연대와 경남운동본부 참여.

- 2015년 8월 11일: 창원지법은 친환경무상급식 지키기 경남운동본부가 경남도에 제기한 무상급식 주민투표 대표자 불승인 취소소송에 대해 기각 판결을 함.

- 2015년 9월 8일: 경남도교육청 박종훈 교육감은 급식을 위해서라면 경남도 감사를 받겠다고 입장을 발표함. 허나 홍준표 도지사와 경남도는 감사 권한을 명문화한 급식 조례개정안이 통과되고, 급식 비리 재발 방지에 대한 도교육청의 조치가 취해진 후에 급식비 분담비율을 협의하겠다고 밝혔다. '급식비리 재발방지 조치'라는 또 다른 조건을 덧붙인 것임. 경남도는 도는 교육감의 감사 수용 회견에 대해 △급식감사 명문화한 학교급식 조례 개정안 도의회 통과, 교육청이 급식 비리 재발 방지에 대한 조치를 한 후에 급식비 분담 비율 협의 △도와 시·군은 올해 영남권 부산·울산·대

구·경북 평균 자치단체 분담비율 31.3%(식품비 중 국가 지원 저
소득층 급식비 제외) 내에서 지원하겠다고 입장을 밝힘. 즉 기존
643억원에서 305억원 지원으로 무상급식 지원이 대폭 후퇴함.

- 2015년 10월 5일: 경남도교육청 박종훈 교육감은 도와 시·군의
올해 식품비 지원 중단으로 4월부터 유상급식으로 전환됐지만,
앞으로도 자치단체 지원을 기대하지 않고 자체적으로 해결책을
강구하겠다는 입장을 밝힘.

- 2015년 11월 18일: 홍준표 경남도지사와 박종훈 경남도교육감
단독 회동함. 회동 결과는 급식비 지원에 관한 문제는 내일부터
실무진에서 본격적으로 협의하기로 한다는 것이며, 11월 19일 1
차 실무협의, 11월 30일 2차 실무협의, 12월 11일 3차 실무협의,
2016년 1월 15일 4차 실무협의, 1월 29일 5차 실무협의, 2월 2
일 6차 실무협의가 진행되었다. 허나 급식 지원 기준과 범위·분담
비율을 놓고 양측 견해차를 좁히지 못함. 2월 22일 경남도교육청
박종훈 교육감은 기자회견에서 경남도의 453억 원 급식비 지원안
을 수용한다고 밝힘. 경남운동본부는 2014년 수준과 동일하게 무
상급식을 하겠다는 데 의미를 두고 이 문제가 완전히 해결된 게 아
니므로 무상급식이 더 확대·발전할 수 있도록 계속 지켜보면서 제
도적으로 정착할 수 있도록 다양한 방법을 고민하고 추진하겠다
는 입장을 표명함.

- 2017년 7월 4일: 친환경무상급식 지키기 경남운동본부가 그동안
무상급식에 반대해 온 경남도의회의 책임 있는 사과와 함께 무상
급식 문제 완전 해결을 위한 4자 협의체 구성을 촉구함. 4자 협의
에서 다뤄야 할 구체적인 내용과 관련해 올해 전국 12개 광역자치
단체가 하는 모든 중학교 무상급식을 경남에서도 시행하려면 재
원 약 270억 원이 추가 투입돼야 한다"면서 "현재 도교육청

62.2%, 도청 7.5%, 시·군 30.3%로 돼 있는 지원 예산 분담률을 더는 도교육청에만 부담시키지 않는 방향으로 합리적인 조정안을 마련할 필요가 있다고 밝힘. 이후 경남도-경남도교육청-경남도의회 3자 T/F 구성 및 가동 함. 허나 이후에도 계속하여 답보 상태가 지속됨.

- 2017년 9월 25일: 이에 경남운동본부를 중심으로 △경남도와 도교육청은 무상급식 원상회복 △2018년부터 모든 중학교 무상급식 실현 △친환경 지역 농산물 학교 직거래 공동구매 등을 위한 경남학교급식지원센터 설립 △한국당 소속 도의원들은 무상급식 중단 사태 관련 공식 사과 △도의회는 경남 학교급식이 더욱 발전하도록 낡은 경남무상급식조례를 조속히 개정할 것 등을 촉구함.

2017년 10월 27일: 경남도와 경남도교육청은 중학교까지 무상급식을 전면 실시하며, 식품비 분담 비율을 경남도와 경남도교육청, 시군에서 각각 20%:40%:40%로 합의함. 허나 자유한국당 중심의 경남도의회에서는 10%:50%:40%를 유지하되 2018년도 예산은 0%:60%:40%로 이원화한 예산안을 통과시킴.

4. 홍준표 경남도지사 주민소환 운동의 전개와 마무리

○ 2015년 7월 28일: 학교 무상급식 지원 중단과 진주의료원을 강제 폐업한 홍준표 경남도지사 대상 주민소환 서명운동이 전개됨. 경남도선관위는 223명에게 '주민소환 청구인 대표자 서명요청권 위임신고증'을 발급함. 홍준표 경남도지사 주민소환운동본부는 서명을 받는 수임인 2만 명을 8월 말까지 확보하고, 그때까지 매주 두 차례(화·목요일) 수임인 신청서를 도선관위에 낼 방침이다. 수임인 2만

명을 바탕으로 오는 11월 말까지 청구인 40만 명을 모을 계획을 발표함. 이후 18개 시군 주민소환운동본부를 중심으로 주민소환 서명 운동을 대대적으로 전개함.

- 2015년 11월 2016년 2월 2회에 걸쳐 소환청구인 서명부 335만 7801명분을 경남도선관위에 제출함. 경남도선관위 심사 결과 청구인 35만 7801명 중 유효 서명수가 24만 1373명으로 주민소환 투표청구요건 27만 1032명에 2만 9659명 미달한다는 결과가 나옴. 이에 무효 처리된 8만 1028건 중 주민소환 요건을 충족하는 데 필요한 서명부수 2만 7277건에 대한 보정 작업도 8월 25일 마무리해 제출함. 전체 보정 서명부수는 3만 5249건이었으나 전체 유효 서명자 수가 26만 2637명에 불과해(주민소환 투표청구요건 27만 1032명) 주민소환투표가 이루어지지 못함.

- 이후 각 지역별 운동본부 보고회와 보고서 작성 등을 끝으로 주민소환 운동은 마무리 됨.

5. 현재 경남 친환경무상급식 운동의 과제와 현안

○ 학교급식지원조례 개정: 친환경무상급식이 고등학교까지 확대되어 진행되고 있는 상황과 조건에 맞는 조례의 개정이 요구됨. 사전계약 재배와 공공조달체계를 중심으로 친환경학교급식지원센터(먹거리통합지원센터 포함)의 설립과 운영, 친환경무상급식의 기본원칙과 내용을 포함한 학교급식 운영 지침 확립 및 실행, 학교급식비 인상 및 식품비 지원비율 합리적 조정 등을 포함한 조례 개정이 필요함. 허나 국민의힘 중심의 경남도의회와 경남도에서는 소극적인 입장임.

○ 친환경학교급식지원센터(먹거리통합지원센터 포함)의 설립과 운영:

경남은 현재 먹거리통합지원센터 설립 및 운영이 2022년 기준 6개 센터가 있으며, 2023년~2024년 6개의 센터가 예정되어 있음. 허나 경남도 먹거리통합지원센터의 부재로 현재 가동중인 센터마다 기본 원칙과 내용이 다 다름. 특히 경남의 친환경생산물과 우수생산물이 급식 식자재 사용에 있어 체계적으로 공급되지 못하는 문제점을 보이고 있으며, 공공조달체계 구축에도 아주 미흡한 실정임. 이에 민관이 함께 협의하여 경남도 먹거리통합지원센터를 설립·운영하자고 촉구하고 있으나 경남도는 아주 소극적인 입장임.

○ 경남 친환경농산물 급식 식재료 사용비율 제고: 아직도 타 지자체에 비하면 경남의 친환경농산물 급식 식재료 사용비율은 크게 낮은 상황임. 이에 경남도에 친환경농산물 차액지원사업을 요청하고 논의 중에 있음. 더불어 임산부 친환경꾸러미 지원사업 등의 확대를 요구하고 있음.

경북

경북 학교급식 운동 개요

이용기 전 경북급식연대 공동대표

1. 경상북도

○ 2012년 경북 친환경학교급식 운동본부를 발족하여 경상북도 학교 급식 지원조례 제정 운동 시작

○ 2017년 경북지역 교육개혁을 위한 [경북교육희망만들기]를 시작함.

○ 교육감 선거와 전국적 무상급식추진본부 흐름에 함께하는 차원으로 경북친환경무상급식추진본부를 결성하여 경상북도교육감선거 후보 들에게 질의서 발송과 기자회견 등 다양한 활동을 하여 교육감 후보 들이 고등학교까지 무상급식을 실시하겠다는 공약을 이끌어냄

2. 포항시

1) 친환경무상급식 실현과 조례 제정을 위한 포항운동본부(이하 포항급식운 동본부)

○ 〈희망포항연대1)〉에서 친환경무상급식 운동을 핵심 실천 사업으로

---

1) 포항희망연대 : 2010년 지방선거 대응을 위한 포항시 제시민사회단체 공동기구를 구성하여 핵 심 정책으로 학교 무상급식 추진을 내걸었음

결정(2011.08.23)

○ 친환경무상급식 현실을 위한 토론회(2011.09.06)를 개최한 후, 친환경무상급식 실현과 조례제정을 위한 포항운동본부 결성(2011.09.28)하여 본격적인 활동 진행

- 주민발의 조례제정 청구인대표 등록신청서 제출 기자회견(2011.09.28)

- 친환경무상급식 주민발의를 위한 주민설명회 및 수임인 교육 실시(2011.10.19.)하고, 포항시 전역에서 주민조례 발의를 위한 청원 서명운동 진행

- 포항시 여성가족부에서 학교급식조례안 자치입법 예고(2011.10.28)하여 행정발의 조례(안)에 대한 문제점 및 운동본부 요구안 반영 촉구 기자회견을 진행(2011.11.03)

- 포항시 집행부에서 무상급식 예산 32억을 편성하고, 행정발의 조례안을 시의회에 제출(2011.11.29)하였으나 운동본부는 주민발의 서명부 6,622명을 제출하고 기자회견(2011.12.02)을 진행함

- 포항시의원을 대상으로 한 설문조사(2011.12.07)를 시작하여 행정발의 조례안을 보류시키고, 운동본부 발의안 서명부 5,013명(유효서명)으로 주민발의가 충족되었음.

○ 포항급식운동본부는 주민발의 후에 학교급식지원센터가 운영 중인 울산시 북구와 거창군을 직접 방문(2012.01.03)하여 학교급식지원센터의 효율적 운영(안)을 마련함.

○ 포항급식운동본부는 포항시의회 보사산업위와 간담회(2012.01.12)와 운동본부 정책팀과의 실무회의(2012.02.09.), 상임대표단 간의 간담회(2012.03.09)를 거쳐 [포항시 친환경 학교급식 지원조례]를 제정(2012.03.09)하였음.

○ 이후 포항학교급식 운동본부는 해산(2012.04.19)하고 포항급식연

대로 새롭게 개편하여 활동(2012.06.05.)하기로 함.

2) 친환경 먹거리로 행복한 밥을 포항급식연대(이하 포항급식연대)

○ 포항급식연대는 상임대표(최광열)와 사무실을 마련하여 포항시 학교급식에 관련한 제반 활동을 전개함

- 동지중/동지고등학교 위탁급식 철회운동 : 동지중/고등학교의 재단측에서 학교직영으로 운영하던 학교급식을 위탁급식으로 전환하겠다고 밝혀 이와 관련한 규탄 집회(2012.08.08)와 간담회(2012.08.20), 시민사회단체 기자회견(2012.08.23) 등 다양한 규탄활동을 진행하였으며, 결국 위탁급식을 철회시키고 승리보고회(2012.09.01)를 진행함.

- 학교무상급식 만족도 설문조사 : 포항시 관내의 초등학교(학생, 교사 및 종사자, 학부모 등)를 대상으로 학교무상급식 만족도조사 설문 진행(2012.10.24~26)하여 학교무상급식 만족도조사 결과발표 및 예산반영 촉구 기자회견(2012.11.06)을 진행하며, 단계적 무상급식 확대를 위한 예산 확보 운동을 진행함.

○ 동지역 초등학생 무상급식 예산 삭감 철회운동 : 포항시의회에서 동지역 초등학교 무상급식 예산 전액을 삭감함에 따라 기자회견(2012.12.11)과 항의 항문 및 피켓시위, 규탄대회(2012.12.15), 무상급식 예산 원상회복 촉구대회(2012.12.21) 등을 진행하였으나 결국 삭감되었음.

- 포항시의회의 학교무상급식 예산 강행에 따라 포항시의회 의정활동 촉구 감사원 감사청구(2013.02.18)를 시작으로 기자회견(2013.02.21), 성명서 발표(2013.02.22) 등 추가경정예산에 반영

할 것을 촉구함.

○ 지속적인 친환경무상급식 예산 확보와 여론환기를 위한 활동 진행
  - 포항시 친환경학교급식지원조례 시행규칙 관련 협의(2013.04. 09) 등 제도보완작업 진행
  - 친환경학교급식 확대를 위한 사업으로 [포항시 학교급식 및 식생활교육 우수사례 시상]을 시작(2013.10.15.)하여 8년을 진행하였음.
  - 무상급식 예산집행 의견서를 포항시장에게 전달(2014.01.08)하였으나 집행부와 시의회에서 의지를 갖고 있지 않아 친환경 학교무상급식 전면 실시에 대한 속도가 더뎌짐을 확인, 시민들의 직접 행동으로 실현할 것을 확인.
  - 동지역 초등학교 전체 무상급식 촉구 기자회견(2014.11.06)과 서명운동(2014.11.11) 등 지속적인 예산확보를 위한 대시민활동 진행

○ 포항시와 포항시의회의 일방적 예산 삭감에 따른 시민사회진영의 역량강화를 위해 [시민자치 포항만들기 6.4시민운동본부2)] 발족 (2014.03.06)하고 포항급식연대 상임대표의 출마(2014.03.13)와 시민후보 공약(2014.05.13)발표 등을 진행함.

○ 다양한 친환경학교급식 주체 마련을 위한 활동 진행
  - 급식모니터링단 〈엄마손〉 양성교육(2014.10.14~15)을 실시, 친환경 학교무상급식의 확대를 위한 학부모 주체 마련을 시작함

---

2) 시민자치 포항만들기 6.4시민운동본부 : 지방선거 후보중 시민후보 선출과 포항시민 핵심정책 발표 등 포항지역 지방선거 공동대응기구

- 포항 영양사모임, 급식모니터링단 양성교육, 아침밥먹기 캠페인 등 다양한 시민참여 활동을 진행하여 친환경 학교무상급식의 저변을 확대하여 왔음.
- 친환경 건강매점 설치를 위한 추진위를 구성(2014.09.07)하고, 서울지역 현장실사를 통해 지역 설명회(2014.11.22)를 개최하여 학교 내에서의 친환경급식에 이은 친환경매점 설치운동의 여론을 조성함.
- 경북지역 교육개혁을 위한 [경북교육희망만들기](2017.07.22.)와 포항모임 결성(11.22)으로 진보교육감 선거에 참여함
- 포항시 학교급식 발전방향 토론회(2017.09.20.)와 식생활교육포항네트워크에서 식생활교육지원조례 설명회(2017.12.06.) 등 포항시 학교급식과 식생활교육의 확대를 위한 제도 및 인식개선을 위한 활동을 진행

※포항시 학교무상급식 실행연도

연도	내용
2011	포항시 면지역 초등학교와 중학교
2012	포항시 읍면지역 초등학교와 중학교
2013	동지역 초등학교 예산 삭감
2014	포항시 읍면지역 초등학교와 중학교, 동지역 초등학교(1~2학년)
2016	포항시 읍면지역 초중학교와 동지역 초등학교(1~3학년)
2017	포항시 읍면지역 초중학교, 동지역 초등학교(!~4학년), 국공립유치원 전체
2018	포항시 초등학교 전체, 중학교 일부
2019	포항시 초등학교, 중학교, 사립유치원 전체
2020	포항시 유치원, 초등학교, 중학교, 고등학교 일부(3학년)
2021	포항시 유치원, 초등학교, 중학교, 고등학교 전체

3) 식생활교육포항네트워크

○ 식생활교육포항네트워크 창립총회(2012.11.15.), 식생활교육경북 네트워크 창립총회(2015.11.23.)와 사단법인 식생활교육경북네트 워크 창립대회(2015.12.22.)를 거쳐 식생활교육의 광역 및 기초단 위 조직이 마련되어 다양한 활동을 진행하였음.

- 식생활교육경북네트워크 전문가 양성, 급식모니터링단 양성교육, 식생활교육 전문가 강사단 양성교육 등 식생활교육 주체마련을 위 한 활동 진행

- 아침밥먹기 캠페인, 찾아가는 식생활교육, 텃밭생태교육, 친환경 농산물과 지역농산물 사용 확대, 음식물쓰레기 줄이기 캠페인 등 다양한 시민참여프로그램을 통해 학교와 지역사회, 소비자 인식개 선에 적극적인 활동 진행하고 있음.

○ 포항시 학교무상급식 운동은 초등학교와 중학교 전체 무상급식이 실시됨으로써 2018년부터 포항급식연대의 조직해산에 대한 고민을 시작하였으며, 2020년 포항급식연대는 해산하고, 식생활교육포항 네트워크와 함께 진행하던 다양한 기획사업 및 캠페인은 식생활교 육포항네트워크로 전부 이관하였음.

3. 상주시

○ 2004년 : 전국적인 우리 농산물 학교급식지원 조례 제정 운동에 발 맞추어, 11월에 여성농민회, 가톨릭농민회, 전교조 등 상주지역 11 개 단체가 '학교급식법 개정 상주시 운동본부'(집행위원장 김정열) 를 구성해 시민 3,650명으로부터 서명운동을 벌인 결과, 시의회가

〈상주시 학교급식 식품비 지원에 관한 조례〉를 통과시킴으로써 2005년부터 우리농산물 급식 제공에 따른 예산을 지자체에서 지원할 수 있게 되었다.

○ 2012년 : 친환경무상급식(경북운동본부) 상주시운동본부 : 100명 미만 소규모 초·중·고, 읍·면 지역 초·중학교, 저소득층을 대상으로만 선별적 무상급식을 하고 있던 중, 경북 친환경무상급식 조례 주민 발의를 위한 청원운동을 벌임.

○ 2015년 : 상주시 학교급식 지원 조례 제정[시행 2015. 1. 1.]

○ 2017년 : '경북친환경무상급식추진운동본부'(대표 이찬교) 발족 후 참학 상주지회(대표 김상인)를 중심으로 전교조, 농민회, 여성농민회, 노무현재단, 한살림, 백원장 등 여러 단체와 연대하여 〈초.중 무상급식실시 촉구 10만 서명운동〉에 참여함.

○ 2018년 : 상주시 초·중 전면 무상급식 실시. 중·고 무상급식 실시 촉구 현수막 게재 및 상주시청 총무과장 면담

○ 2020년 : 상주시 고교 단계적 무상급식 시작

4. 안동시

○ 2003년 11월 28일, 학교급식법개정과 급식비지원조례제정 운동으로 시작(안동시 최초 주민발의로 학교급식 조례제정)

○ 2009년 10월 24일, 2010년 경상북도 학교급식지원센터설치 사업
자 선정(경북 내 두 번째)

○ 2014년 1월 1일, 경상북도 친환경농산물 현물 공급센터 지정을 통
해 울릉도를 제외한 경북 22개 시군에서 본격적으로 현물공급 및
단계적 무상급식 및 친환경농산물 현물 차액지원 시작

○ 2021년~22년 경상북도 및 안동시 푸드플랜 계획 내 공공먹거리 조
달체계 계획수립
- 친환경 농축산물 외 수산물 및 가공식품(양념, 장류, 두부) 등 포함
확대로 급식 조리 필요
- 지역 어린이집까지 확대공급 필요

제주

아이들을 건강하게! 농촌을 부강하게!
제주를 청정하게!

김남훈 친환경우리농산물학교급식 제주연대 사무처장

1. 활동 연혁

1) 학교급식 조례제정운동

○ 2003년 3월 26일 아라중학교운영위원회 '친환경유기농급식준비위원회' 구성
○ 2003년 7월 3일 친환경우리농산물학교급식 제주연대 준비위원회 출범
○ 2003년 9월 2일 제주시 친환경우리농산물학교급식 추진 실무협의회 구성
○ 2003년 9월 21일 아라중학교 친환경급식 텃밭 '초록빛 농장' 개장
○ 2003년 10월 9일 친환경생태도시를 위한 제주시 친환경학교급식 추진계획 확정
○ 2003년 10월 11일 친환경우리농산물학교급식제주연대 출범(55개 정당·단체) 조례
　　　　　제정 청구운동 발대식 개최
○ 2003년 11월 24일 친환경급식 조례제정 청구 대도민 서명운동 선포 기자회견
○ 2004년 1월 14일 주민발의 서명완료 기자회견 및 서명명부 제주도에 제출
○ 2004년 2월 11일 2004년 제주시 친환경시범학교 확정(한라초, 아라중)
○ 2004년 5월 25일 '친환경학교급식 지원조례' 도의회 본회의 의결
○ 2004년 6월 16일 행정자치부의 재의지시에 따라 제주도, 도의회에 재의요구
○ 2004년 7월 16일 제주도의회 '친환경학교급식 지원조례' 만장일치 재의결
○ 2004년 7월 21일 조례 공포 [제주도 조례 제 2443호]
○ 2004년 8월 24일 제주도, 친환경학교급식 시범실시 후 2007년 전면실시 선포
○ 2004년 10월 11일 창립 1주년 기념 '조례 제정 대도민 보고대회' 개최
○ 2004년 11월 8일 친환경우리농산물학교급식 지원계획 발표(제주도)
○ 2004년 11월 25일 시민사회단체연대회의 풀꽃상 수상

○ 2004년 12월 22일 제주도교육청 친환경급식실무추진위원회 구성
○ 2005년 3월 2일 친환경학교급식 시범운영 개시(29개교, 11, 212명 대상)
○ 2005년 4월 21일 교보생명환경문화상 환경운동부문 우수상 수상
○ 2005년 5월 13일 친환경우리농산물 학교급식 시범도 추진 토론회
○ 2006년 3월 2일 친환경학교급식 2단계 시범실시(97개교, 32,142명)
○ 2006년 7월 30일 KBS일요스페셜 '제주의 실험-학교급식 혁명' 방영
○ 2007년 2월 15일 2007년 친환경우리농산물학교급식 설명회 개최(70%지원확정)
○ 2007년 4월 26일 친환경우리농산물 학교급식물류시스템 기획단 회의 운영
○ 2007년 6월 7일 광우병위험 미국산쇠고기 제주지역 국민감시단 발족
○ 2007년 7월 5~6일 친환경학교급식 유관기관 합동점검 실시
○ 2007년 10월 11일 창립4주년 -친환경학교급식 학생, 학부모 대상 설문결과발표
○ 2008년 4월 14~15일 제1회 전국친환경농산물학교급식대회 개최
○ 2008년 4월 23일 광우병위험 미국산 쇠고기 수입 반대 기자회견
○ 2008년 5월 9일 광우병위험 미국산쇠고기 전면 수입 반대하는 도민대책회의 출범
○ 2008년 7월 18일 친환경먹거리강사단 및 도교육청 친환경학교급식지원팀 워크샵
○ 2008년 10월 11일 창립5주년 기념, 제1회 친환경학교급식 한마당 개최
○ 2009년 5월 22일 친환경먹거리 교육 강사단 합도 워크샵(도교육청 공동주최)
○ 2009년 9월 29일 친환경무상급식 실현을 위한 정책토론회 개최
○ 2009년 10월 10일 창립 6주년 기념, 제2회 친환경학교급식 한마당 개최
○ 2010년 3월 2일 제주지역 유, 초, 중, 고 전체 학생 대상 친환경급식 지원 실시
○ 2010년 11월 6~7일 제2회 전국친환경농산물학교급식대회 개최
○ 2011년 12월 29일 친환경제주로컬푸드 한마당 개최
○ 2012년 2월 13일 [제주특별자치도 친환경우리농산물. 무상급식 지원에 관한 조례]
　　　제정을 위한 정책간담회 개최
○ 2012년 3월 1일 어린이집 친환경농산물 급식비(차액지원) 지원 전면실시
○ 2012년 3월 21일 제주특별자치도 친환경우리농산물·무상급식 지원에 관한 조례]
　　　공포
○ 2012년 7월 4일 친환경우리농산물 어린이집 지원방안 모색 간담회 개최
○ 2012년 12월 13일 학교급식지원센터를 통한 제주로컬푸드 활성화방안 토론회 개최
○ 2013년 8월 23일 제주특별자치도 친환경급식지원센터 제주도청내 설치
○ 2013년 12월 28일 창립10주년 기념, 제주친환경학교급식 운동 10년사 발간식 개최
○ 2014년 11월 8일 친환경급식·로컬푸드 한마당 및 친환경 공공급식운동 방향 수립을
　　　위한 정책토론회 개최
○ 2015년 6월 18일 친환경농산물 공급개선 방안 마련을 위한 생산자 간담회 개최
○ 2016년 2월 12일 친환경급식 권역별 납품체계 운영 시작
○ 2016년 9월 9일 제주친환경급식 발전을 위한 민-관 합동 워크샵 개최

ㅇ 2016년 10월 29일 제주친환경급식 한마당 및 정책토론회 개최
ㅇ 2017년 3월 16일 친환경급식유통센터 설립 TF팀 구성 및 활동
ㅇ 2021년 9월 비인가대안학교 친환경농산물·무상급식비 지원 실시
ㅇ 2022년 3월 지역아동센터 친환경농산물 급식비 지원 실시
ㅇ 2023년 10월 13 ~14일 '2023 전국 친환경우리농산물 급식대회' 개최 예정

2. 주요 활동 내용

1) 친환경우리농산물학교급식제주연대 출범식 및 조례 제정 청구운동 발대식

- 2003년 10월 11일, 제주시교육청 대강당에서 제주지역 시민사회
  단체, 정당 55개 단체가 참여하여 출범식을 갖고 주민발의 조례제
  정 청구운동을 시작하기로 결정함.

2) 친환경급식 조례제정 청구 대도민 서명운동

- 2003년 11월 24일 기자회견을 통해 주민발의 조례제정 운동 시
  작을 알렸으며,
- 2004년 1월 14일 주민발의 청구 서명명부를 도의회로 제출함.

3) 친환경우리농산물학교급식조례 제정 도민보고대회

- 2004년 10월 11일 창립 1주년을 맞아 주민발의 조례제정 도민보
  고대회 개최

4) 2003년 학교급식법 개정 및 조례제정을 위한 국민운동본부 '감사장' 수상

- 2004년 시민사회단체연대회의 '시민과 함께하는 풀뿌리시민운동
  풀꽃상' 수상,
- 2005년 교보생명환경문화상 환경운동부문 우수상 수상,

- 2011년 지방자치 20년, 변화혁신사례 특별상 수상
- 2015년 전국교직원노동조합 '제24회 참교육상' 수상

5) 광우병위험 미국산 쇠고기 제주지역 국민감시단 발족 기자회견
- 2007년 6월 7일 한미FTA저지제주도민운동본부와 친환경우리농산물학교급식제주연대 공동주최에 발족하여 본격적인 광우병 위험 미국산 쇠고기 감시활동을 전개함.

6) 2008년 제1회 전국친환경농산물학교급식대회와 2010년 제2회 전국친환경농산물학교급식대회
- '안전한 학교급식을 위한 국민운동본부'와 '친환경우리농산물학교급식제주연대'가 공동주최 행사로 개최함.

7) 2008년부터 현재까지 친환경학교급식한마당, 친환경제주로컬푸드한마당, 제주친환경급식토크콘서트 등 제주급식연대 창립기념행사로 제주도민들과 함께하는 행사를 꾸준하게 진행하고 있음.

8) 창립10주년 기념식 및 제주 친환경학교급식 운동 10년사 발간식 개최

9) 2023 전국 친환경우리농산물 급식대회 개최(예정)
- 2023년 10월 13일 ~ 14일, 제주시민복지타운 광장 일대에서 '친환경무상급식풀뿌리 국민연대'와 '친환경우리농산물학교급식 제주연대' 공동주최 행사를 개최하기로 함.

친환경우리농산물 학교급식 제주연대 창립선언문

[아이들을 건강하게! 농촌을 부강하게!]

존경하는 도민 여러분!

아이들은 우리들의 희망이며 지역사회와 민족의 미래입니다. 그러므로 아이들에게는 가장 안전하고 가장 우수한 학교급식이 제공 되어야 합니다. 또한 학교급식은 공교육과정의 일부분으로서 최대한 무상 공급되어야 합니다.

그러나 현실은 아이들에게 값싼 정부미를 먹이고 철저히 검증되지 않은 식 재료를 쓸 수밖에 없는 아주 부끄러운 일들이 벌어지고 있습니다. 뿐만 아니라 급식비의 대부분을 학부모에게 부담케 하는 불합리가 지속되고 있습니다.

이러한 현실은 국가를 경영하는 사람들의 교육철학에 근본적인 책임이 있지만 그동안 학교급식 현실에 무관심 했던 우리들에게도 책임이 없지 않습니다.

존경하는 도민 여러분!

우리는 오늘 아이들을 사랑하고 나라의 미래를 걱정하는 학부모와 교사, 민족농업을 지키는 사람들과 제주를 사랑하는 시민단체와 인사들이 모두 하나가 되어 [친환경우리농산물 학교급식 제주연대]를 출범합니다.

[친환경우리농산물 학교급식 제주연대]는 아이들의 건강과 제주의 밝은 미래를 염원하는 사람이라면 성별, 나이, 직업, 종교, 지역은 물론

어떠한 정치적 입장을 불문하고 하나가 되어 친환경우리농산물 학교급식에 뜻과 실천을 함께 하기로 했습니다.

[친환경우리농산물 학교급식 제주연대]는 안전한 학교급식을 실현하기 위해서 반드시 우리농산물만이 학교급식 재료로 사용되어야 하며 나아가 시급히 친환경, 고품질, 신토불이 재료의 사용을 제도적으로 담보하기 위하여 급식법 개정과 조례제정 그리고 생산농가의 소득 보장에 노력 할 것입니다. 그리고 우수한 학교급식을 실현하기 위해서 학교급식 종사자의 처우를 개선하기 위해서 노력을 아끼지 않을 것을 것입니다.

존경하는 제주도민 여러분!

사랑하는 우리 아이들에게 최고의 식품을 먹여야 하는 것은 우리 자신을 위한 것이고, 이 사회의 미래를 위한 것이며, 소중한 우리 아이들의 삶에 질을 향상시키는 일입니다.

오늘날 우리아이들은 어른들의 무관심과 무책임 속에 비료와 농약, 성장촉진제 사료를 먹고 자란 축산물과 유전자 조작 식품, 각종 식품첨가제에 노출되어 있으며 즉석식품의 포장용기에 들어있는 환경호르몬이 체내에 중금속으로 쌓이면서 아토피성 피부병, 성인병의 범람 등 수많은 질병을 일으키고 있을 뿐 아니라 각종 질병에 대한 저항력을 잃어가고 있습니다. 이런 중금속과 각종 식품첨가물, 농약에 일부 성분은 뇌 세포를 자극 충동적 일탈 행동들이 많아지며, 집중력 감퇴로 학습에도 상당한 지장을 초래하고 있습니다. 또한 음식물 과다섭취와 활동부족으로 우리 아이들이 비만 천국이라는 미국 아이들보다도 더 비만한 상황입니다. 이제 아이들 식생활 개선은 더 이상 미룰 수 없는 절박한 일이 되고 말았습니다.

존경하는 도민 여러분!

친환경우리농산물 학교급식 추진은 아이들의 건강을 지키는 것은 물론 제주지역 1차 산업의 활로를 개척하는 매우 유의미한 일일 뿐만 아니라 청정제주를 실현하는 뜻 깊은 사업입니다.

제주지역 1차 산업은 개방농정과 감귤파동과 등 안팎의 어려움에 휩쓸려 벼랑 끝에 서 있습니다. 제주의 농업은 단순히 산업적 측면에서만 바라볼 수 없는 제주의 역사와 문화와 정체성 확보의 근거지입니다. 따라서 제주 농촌의 붕괴는 곧 제주 공동체의 붕괴로 이어질 수밖에 없습니다. 그러므로 전도민이 협력하여 우리 농업을 지켜야 하며 친환경우리농산물 학교급식 켐페인은 제주농업의 활로를 찾는데 결정적인 역할을 할 수 있다고 확신합니다. 또한 제주의 농촌이 부강하고 풍요로운 삶의 터전이 되지 않고서는 일자리를 찾지 못하는 청년실업과 앞으로 닥쳐올 고령화 사회에 대비 할 방안을 만들어 낼 수가 없습니다.

존경하는 제주도민 여러분!

아이들을 사랑하고 농촌을 지키고 청정 제주를 가꾸는 일은 멀리 있는 것이 아닙니다. 생활과 학교현장에서 참여와 연대 적극적 관심과 작은 실천이 제주의 희망을 가꾸어 가는 것입니다. 당국에 목소리를 높여 무얼 요구만 하기보다는 우선 우리 스스로 작은 텃밭이라도 가꾸며 자연의 경이로움과 농민의 땀방울을 소중하게 여길 줄 알아야 합니다. 우리 아이들이 가정과 사회에서 풀 한 포기 물 한 컵의 소중히 여길 수 있도록 어른들이 모범을 보여야 합니다. 이 모든 일이 우리가 생각을 바꾸고 뜻을 모우고 작은 실천으로 가능 합니다. 학생, 학부모, 교사, 농민, 소비자, 시민단체, 언론, 교육당국과 자치단체 모두가 하나 됩시다.

아이들을 사랑하고 제주농촌을 지키고 청정제주를 가꾸는 데 모두 함께 합시다!!

2003년 10월 11일
친환경우리농산물 학교급식 제주연대 일동

참고자료

우리 아이들에게 '희망과 미래의 밥'
친환경·무상급식을 선물해 주고 싶습니다!

오늘 우리는 기쁘고 즐거운 마음으로 이 자리에 섰습니다. '사람 사는 세상'에서 밥먹는 문제가 얼마나 중요합니까! 행복하고 평안한 밥, 평등의 밥, 교육과 인권을 보장하는 밥, 친환경농업을 살리고 지역경제를 활성화하는 밥, 바로 친환경무상급식의 '점심 한 끼' 의미를 온 국민과 함께 나눌 수 있는 새로운 희망을 선포하는 자리이기 때문입니다.

시혜적·선택적 지원이 아닌 보편적 교육복지의 일환으로 무상급식을 실시해야한다는 여론은 올 지방선거를 앞두고 전국에 빠르게 확산되고 있습니다. 헌법이 보장한 의무교육 기간의 무상급식은 물론 고등학교와 보육시설의 무상급식이 요구되고 있으며, 국민의 약 90% 이상이 이를 찬성하고 있습니다. 현재 시행중인 저소득층 무료급식 지원이 학생들에게 가난으로 인한 '낙인효과'와 차별을 내면화시켜 성장과정에 심각한 비교육적 문제를 발생시키기 때문입니다. 이를 반대하는 정부여당은 제발 학교현장의 현실을 직시하시기 바랍니다. '눈칫밥'으로 인한 인권과 교육권 침해문제는 이미 어제오늘의 일이 아닙니다. 꼭 학생들에게 그런 상처와 차별감을 주어야겠습니까!

그러나 이명박 대통령과 한나라당은 부자급식 운운하며 무상급식은 사회주의적 발상이며 포퓰리즘적 정책이라고 '색깔공세'를 펼치고 있

습니다. 여야를 떠나 전북과 경남 등 대다수의 광역시도의 일부 학교에
선 무상급식을 이미 시행하고 있고 교육과 농업, 지역경제적 측면에서
다양한 '긍정적' 효과를 내고 있는 마당에 정부여당의 이 같은 논리는
참으로 궁색한 궤변이 아닐 수 없습니다. 또한 부자아이들에게 '공짜
밥' 주는 대신 더 어려운 서민들을 위해 지원해야한다는 논리 역시 부
자감세 90조에, 결식아동예산 541억을 전액 삭감했던 '강부자' 정권
이명박·한나라당 정권이 할 소리가 아닐 것입니다. 이명박·한나라당 정
권의 그 궤변대로라면 어떤 식으로든 우리 학생들과 아이들에게 상처
와 차별감을 준다는 것을, 실제 그러한 현실을 전혀 모르는 것이라 비
판하지 않을 수 없습니다.

친환경무상급식은 차별과 상처 없는 행복한 교육을 위한 오랜 숙원
이며, 복지사회로 가는 길목에 중요한 시금석이 되는 교육복지 정책의
최우선과제입니다. 이번 지방선거에서 무상급식 공약이 '생활정치 1번
공약'으로 부각된 이유가 바로 여기 있습니다. 여기에 더 이상의 '궤변'
과 '색깔론'은 설 자리가 없습니다. 성적으로 1등부터 꼴등까지 줄을
세워야 직성이 풀리는 현 정권의 교육정책, 기어이 밥값으로 줄 세우고
낙인찍으며 상처를 줘야 한다는 이명박·한나라당 정권의 폭력적인 논
리에 상처받고 우는 건 우리 아이들과 저소득층 부모들입니다.

이제 무상급식 정책은 '하느냐 마느냐'의 논쟁을 뛰어 넘어야 합니
다. 단순히 무상급식이 아닌 '친환경 직거래 무상급식'이어야 하며, 급
식의 질을 높이는 것은 물론 지역별 급식지원센터 설치로 생산·가공·유
통·소비에 이르는 지역순환경제 활성화와 친환경농업기반확대, 일자리
창출, 지역경제 활성화라는 다각적 의미를 아우르는 정책으로 발전해
야 합니다. 안전한학교급식 운동본부를 비롯해 학부모, 학생, 교육, 생

산자, 민중, 환경단체 등 각계각층의 2천여 개가 넘는 시민사회가 한목소리로 친환경무상급식 전면 실시를 요구하는 것도 바로 여기에 있습니다. 친환경무상급식은 교육이자 복지이며 지역경제 활성화의 중요한 수단으로 작용하는 복합적 의미를 담고 있습니다.

친환경무상급식이 전면 실시되기 위해서는 자치단체장과 교육감의 의지는 물론 지방정부의 예산과 함께 중앙정부 예산지원과 입법이 필수적입니다. 따라서 우리는 중앙차원의 무상급식법 개정은 물론 상반기 안에 추경예산 확보를 요구할 것이며 이를 위한 다양한 사업을 펼칠 것입니다. 또한 전국 곳곳에서 추진되고 있는 친환경무상급식 운동의 흐름을 연결하여 하나의 거대한 여론을 형성하고, 이번 지방선거 후보들에게 공약화를 제안하며 정책선거를 견인할 계획입니다. 이를 반대하는 이명박·한나라당 여권후보에 대해선 준엄한 심판도 준비하고 있습니다.

전국의 초중고 친환경무상급식에 들어가는 예산은 3조원가량으로 추산되고 있습니다. 세계 10위권의 경제대국, 1년 예산만 300조에 달하는 우리나라에서 친환경무상급식은 결코 예산의 문제가 아닙니다. 그것은 오로지 '철학'과 정책과 의지의 문제일 뿐입니다. 또 하나만 이야기 해볼까요. 100조조에 달하는 부자감세 중단하고, 30조에 달하는 멀쩡한 '4대강 죽이기' 강바닥 파헤치는 일을 중단한다면 의무교육기간은 물론 보육시설과 방과 후 결식아동 지원까지 친환경무상급식 지원이 가능합니다. 이명박 대통령과 한나라당은 국민의 바람을 제대로 읽고 '서민 운운'해야 합니다. 만일 지금 기조대로 포퓰리즘이니, 사회주의니 하는 정치공세로 무상급식 요청 여론을 무시하고 외면하고 왜곡한다면, 그 부메랑은 지방선거에서 엄청난 역풍을 불러일으킬 것입니다.

더 이상 가난하다는 이유로 교육현장에서 차별받고 낙인 받는 아이들은 없어야 합니다. 우리 사회의 미래이자 희망인 학생들이 제발 안전하고, 건강하고, 평안한 밥 먹기를 할 수 있어야 합니다. 우리 학생들과 아이들에 대한 친환경무상급식의 전면 실시는 국가의 당연한 책무이며 우리사회의 보편적 교육복지정책의 최우선 과제로 실현되어야 합니다. 우리 아이들에게 '희망과 미래의 밥', 친환경무상급식을 하루빨리 선물해 주고 싶습니다. '홍익인간'과 '인내천'의 아름다운 전통이 면면히 흐르고 있는 '살기 좋은 대한민국' '함께 사는 대한민국'을 어서 만들어야 하지 않겠습니까!

2010년 3월 16일
친환경무상급식풀뿌리국민연대

친환경무상급식 운동 역대 임원 및 집행부

◆ 학교급식법개정과 조례제정을 위한 시민사회단체연대회의
　　: 2002년 11월 4일 출범
○ 상임공동대표 : 박경양 참교육학부모회장
○ 공동대표단 : 참교육학부모회 박경양회장
　　　　　　　　학교급식전국네트워크 배옥병상임대표
　　　　　　　　한국여성단체연합 이오경숙상임공동대표
　　　　　　　　전국교직원노동조합 원영만위원장
　　　　　　　　한국생협연합회 이은정이사
　　　　　　　　서울환경운동연합 구희숙 공동의장
－ 108개 시민사회 단체 참여

◆ 학교급식법 개정과 조례제정을 위한 국민운동본부
　　: 2003년 11월 11일 출범
○ 공동상임대표
부문별대표 문경식 전국농민회총연맹 의장
　　　　　　박경양 참교육을위한전국학부모회 회장
　　　　　　배옥병 학교급식전국네트워크 상임대표
　　　　　　조희주 전 전국교직원노동조합 수석부위원장
지 역 대 표 고병수(제주) 천주교우리농촌살리기제주교구본부장
　　　　　　김정숙(영남권) 참교육을위한전국학부모회 부산지부장
　　　　　　성방환(중부권) 전 전국교직원노동조합 충북지부장
　　　　　　이복흠(호남권) 전 전남한국농업경영인연합회장

○ 감사 : 김혜경 민주노동당 대표
○ 공동집행위원장
부문별 이병주(전교조) 박범이(참학) 이빈파(급식네트)
지역별 유병연(중부) 정원각(영남) 정연국(호남)

◆ 안전한 학교급식을 위한 국민운동본부 : 2008년 출범
○ 상임대표 : 배옥병
○ 공동대표 : 구희현, 임봉재, 김정숙, 배삼태
○ 집행위원장 : 이보희, 이원영

◆ 친환경무상급식풀뿌리국민연대 출범당시 조직 구성 및 운영
   : 2010. 3. 16 출범
○ 상임운영위원장: 안전한학교급식 운동본부 배옥병 상임대표
○ 공동운영위원장 단체
   아이쿠프생협 이정주 회장
   한살림(사) 김민경 회장
   전농 위두환 사무총장
   전여농 김경순 회장
   환경농업인연합회 최동근 사무총장
   예수살기 총무 최헌국 목사
   민교협 진영종 사무처장
   참교육학부모회 김석순 부회장
   전국교직원노동조합 정진후 위원장
   전국지역아동센터협의회 박경양 이사장
   여연 이구경숙 사무처장

환경운동연합 김종남 사무총장

참여연대 박원석 협동 사무처장

한국진보연대 장대현 집행위원장

교대협(전국교대생대표자협의회) 신웅식 의장

한국YMCA전국연맹 이학영 사무총장

○ 공동 자문위원장 단체

전국공무원노조(급식 행정) 양성윤 위원장

전국교수노조(복지, 인권, 교육의 관점) 강남훈 부위원장

민변(법률 자문) 한택근 사무총장(변호사)

민언련(언론보도 분석) 김유진 사무처장

보건의료단체연합 김정범 공동 대표(의사)

○ 공동운영위원 단체 : 참여를 원하는 단체 누구나

○ 사무처장

김선희 공동 사무처장(학교급식네트워크 사무처장, 정책·기획 등)

강도수 공동 사무처장(한국진보연대 민생위원장, 조직·캠페인 등)

시민·환경단체 1인(국회 담당·홍보 등)

○ 사무국 : 사무국을 두어, 정책, 조직, 기획, 홍보 등의 역할 분담.

정책팀장 : 안진걸, 조직팀장 : 김동규, 홍보 : 전교조,

기획 : 학교급식네트워크, 총무-회계 : 생협,

서명운동·유인물·홍보물 등 실무 총괄 : 생협,

인터넷 담당 : 시민주권, 김태형 등

◆ 전·현직 친환경무상급식풀뿌리국민연대 대표 및 집행위원회

○ 상임대표

　1기 (2010. 3. 16 ~ 2015. 2. 11) : 배옥병

　2기 (2015. 2. 11 ~ 2019. 5) : 박인숙, 진헌극

　3기 (2019. 5 ~ 현재) : 진헌극

○ 공동대표

　1기 : 김정택, 김형근, 오미예, 장석웅

　2기 : 최은순, 김영호, 김정애, 박인자, 조창익, 변성호

　3기 : 구희현, 박인숙, 이빈파, 김홍배

○ 고문 : 김정택, 배옥병

○ 집행위원장

　1기 : 박종서, 이경희, 이원영, 김선희

　2기 : 박종서, 최낙성, 이경희

　3기 : 이원영, 박인숙

○ 집행위원/ 정책위원

　배경희, 김영규, 이은정, 정설경, 문지영, 박지희, 심현덕, 최재관,
　김현곤, 문재형, 신현숙, 김오열, 김남훈, 문명우, 오세영, 이원영

친환경무상급식풀뿌리국민연대 주요활동 연혁

1기 : 2010. 3. 16 ~ 2015. 2. 11

2010년

3.16 친환경무상급식풀뿌리국민연대 발족, 광화문 세종문화회관 계단

2기 : 2015. 2. 11 ~ 2019. 5. 30

2015년

2.11 급식연대 총회, 박인숙 · 진헌극 상임대표로 선임

2.26 급식연대 집행위

3.17 홍준표 도지사 친환경무상급식 중단 규탄 기자회의견, 참여연대 아름드리홀

4.1   가난 인증 차별급식 새누리당, 경남 홍준표 지사 규탄 기자회견, 새누리당 당사 앞

4.7   경남 무상급식 원상회복과 학교급식법 개정 촉구 기자회견, 국회 앞
      *학교급식법개정과 차별없는 친환경의무·무상급식 지키기 범국민연대
      (이하 의무급식 범국민연대) 발족

4.15 학교급식법 개정과 경남 차별급식 중단 촉구 기자회견, 국회 정론관
      *의무급식 범국민연대 주최 *급식비 재정 50% 중앙정부 지원 학교급식법 개정 서명운동 돌입, 카드뉴스 홍보

4.22 급식은 교육이다. 학교급식법 개정을 위한 국회 긴급 토론회, 국회 제3세미나실 *의무급식 범국민연대 주최

5.11 급식연대 회의

5.13 의무급식 범국민연대회의

5.19 홍준표 구속· 경남 무상급식 원상회복 촉구 기자회견, 새누리당사 앞
      *의무급식 범국민연대 주최

5.19 학교급식법 개정 촉구 서명운동, 서울역, 전국동시다발 서명운동 돌입

5.28   급식연대 대표자 회의

5.29   의무급식 범국민연대회의

6.9   급식연대 총회

6.25~26 학교급식법 개정 촉구를 위한 국회 전시회, 국회2층로비 *학교급식
        법개정과 차별없는 친환경의무·무상급식지키기 범국민연대(의무급식
        범국민연대) 주최

8.13   의무급식 범국민연대 회의

8.19   경남 급식 투쟁 방문

9.1   학교급식법 개정 촉구 서명 전달 및 국회의원 질의서 결과 발표 기자회
        견, 국회 앞 *의무급식 범국민연대 주최, 급식연대 대표자회의

9.11   의무급식 범국민연대 대표자회의

10.1   급식연대 집행위 회의

10.7   급식연대 집행위

10.12

10.13 학교급식법 개정을 위한 착한 국회의원 위촉식, 국회 정론관, 의무급식
        범국민연대 주최

2016년

1.19   급식연대 총회, 전교조

1.20   홍준표 경남 도지사 즉각 사퇴하고, 법원은 엄중 처벌하라 촉구 성명

3.30   총선 각 정당 정책공약 답변 결과 보도자료 발표

3.29   친환경무상급식 시민단체 낙선대상 1호 오세훈 후보 사퇴 촉구 보도자
        료 발표

4.12   총선대응 관련 공직선거법 위반 혐의로 선관위 고발됨 : 박인숙 상임대
        표. 총선넷 관련자 21명과 재판 진행 중.

4.14   친환경무상급식 시민단체 낙선대상 1호 오세훈 낙선과 총선 결과에 대
        한 입장 보도자료 발표

5.30   제20대 국회 민생 최우선 법안으로 학교급식법 개정을 촉구하는 입장
        발표

6.9   GMO 표시 기준 완화하는 식약처 고시 개정안 철회! GMO없는 학교급

식·재정 50% 국가책임 학교급식법 개정 촉구 기자회견 개최학교급식법 개정과 GMO 반대 등 안전한 학교급식 기자회견, 국회정론관

* 학교급식법 개정 국회 TF 모임 추진 : 3차례 진행
* 국회 김현권, 김경수, 노회찬 의원실 관련 보좌관 참여

7.8~9 급식연대 정책 워크숍, 대전 찬샘마을

8.16 학교급식법 개정 10년, 앞으로 10년을 위한 준비 "GMO 없는 안전급식. 국가책임 친환경무상급식 실현 국회토론회" 개최, 국회의원회관 제2 소회의실

8.25 eaT 학교급식전자조달시스템 문제많다! 급식비리 근본대책과 공공조달시스템 학교급식지원센터 활성화 촉구 기자회견, 광화문 정부청사 정문 앞

9.2 GMO반대국민행동 창립총회, 국회 대회의실

9.8 "학교급식비리, 식중독사고에 무능한 정부의 각성과 근본대책을 촉구한다" 논평

10.13 완전표시제, GMO없는 학교급식, GM작물 상용화중단을 위한 GMO반대 전국행동 행동 발족

11. 1 GMO 완전표시제 및 학교급식 배제, GM벼 상용화 반대를 위한 국민토론회 개최

11.23 무상급식 확대 논평 발표 : "2017년 울산, 인천, 대전, 부산 초·중 무상급식 확대 예정, 중앙 정부와 국회는 600만 학생들에 대한 평등한 급식 보장하라".

12.5 울산 북구청 급식지원센터 관련 기자회견 개최 : "울산 북구청장은 전국 급식지원센터의 모범, 울산북구 친환경급식지원센터를 민관협치의 정신에 맞게 정상 운영하라!",울산북구청

12.6 박근혜 정권퇴진 국민행동 운영위원회 참석

2017년

1.4-5 급식연대 정책워크숍

1.11 GMO 국회 토론회

1.11 박근혜 퇴진행동 전국대표자회의 참석

1.17   급식연대 집행위원회, 전교조 사무실

2.10   급식연대 총회 및 대표자회의, 전교조

2.25   급식 캠페인, 광화문 세종대왕상 앞

2.28   박근혜 퇴진행동 전국회의 참석

3.10   박근혜 퇴진행동 대표자회의 참석

3.24   박근혜 퇴진행동 대표자회의 참석

4.11   GMO 기자회견

4.14   퇴진행동 대표자회의 참석

4.15   GMO 서명운동, 세종대왕상 앞

4.19   급식연대 집행위원회

4.20   퇴진행동 기자회견 참석

5.10   급식연대 집행위, 전교조

5.12   퇴진행동 대표자회의

5.20   GMO 반대 몬산토 행진의 날, 동화면세점 앞

6.14   급식연대 집행위원회

7.20 ~ 21 급식연대 워크숍

8.17   급식연대 집행위원회

9.11   급식연대 집행위원회

9.22   희망먹거리네트워크 후원회, 카톨릭청년회관

10.10 민주당 우원식 원내대표, 신동근 의원 면담

10.31 급식연대 집행위원회, 산림비전

2018년

1.15   학교급식 관련 긴급 현황 논의를 위한 워크숍, 국회 3간담회실

1.24   비아깜파시아 토론회 (국회)

1.23   국무조정실 식품안전개선종합대책 규탄 기자회견, 광화문 정부청사 앞
        학교급식법 개정 관련 간담회: 국회 신동근 의원실

2.1   식약처 공공급식지원센터 관련 국무총리실 회답

2.2   식약처 공공급식지원센터 관련 발의 기동민의원 면담

3.12   GMO 완전표시제 촉구 기자회견, 청와대 분수대 앞

3.21   aT센터 토론회, 소비자 발언

4.1   GMO 국회 토론회

4.4   급식연대 대표자, 집행위 연석회의, 전교조

4.9   GMO 완전표시제 실현 국민청원 20만명 서명 돌파

4.11   GMO 완전표시제 실현 국민청원 완료 (22만명)

4.12   GMO 완전표시제 기자회견, 청와대 앞

4.17   지방선거 관련 5대 공약 각 정당 제안서 제출

4.24   GMO관련 청와대 사회정책비서관 등 간담회

5.3   22만명 국민청원에 응답하라! 안전한 먹거리 지방선거 정책 제안과
GMO없는 급식 청와대 답변 촉구 기자회견, 광화문 이순신 동상 앞

5.7~9   대만 급식연대 국제워크숍 참석 (박인숙 상임대표)

5.8   GMO완전표시제 국민청원 관련 청와대 입장 발표

5.19   GMO반대 몬산토 걷기대회

6.29   급식연대 집행위원회

7.13   지역재단 리더대회 공공급식 토론 참여, 동국대학교

8.7   aT센터 우리농산물 공공급식 확대를 위한 협의회, aT센터 회의실
전자조달시스템 관련 문제 제기

8.8   급식연대 집행위원회

9.7   급식연대 대표자(집행위) 연석회의, 전교조

9.20   국민행복농정연대 기자회견, 청와대 분수대 앞

9.21   급식연대 집행위원회

9.27   농정대개혁 촉구 단식농성단 촛불문화제, 청와대 앞 농성장

10.8   농정대개혁 농성단 촛불문화제, 청와대 앞
농정대개혁 농성장 릴레이 단식농성 시작

10.11   농정대개혁 농성장 릴레이 단식농성 담당: 박인숙 상임대표
급식연대 집행위원회

10.18   GMO 감자 승인 규탄 기자회견
정책토론회 [학교급식을 넘어 공공급식으로!], 전교조

10.23   학교급식 대상에 유치원 추가 학교급식법 개정안 발의(박용진 의원)

11.14   희망먹거리네트 희망토론회 참여, 혁신파크 상상의 숲

11.17 비리유치원 비호세력 자유한국당 규탄 긴급 기자회견 참여, 참여연대 아름드리홀

12,13 GMO 표시제 관련 사회적 협의체 1차 회의 (이경배 위원 결합)

12.14 농민 생존권 말살, 국민 먹거리 안전 위협 식약처 규탄 범 국민대회 참석, 오송 식약처 앞

12.18 급식연대 집행위원회

12.21 유치원 비리 문제 해결과 유아교육 공공성 강화 시민대토론회 공동주최, 국회

12.27 농업, 먹거리 관련 문재인 대통령 간담회, 청와대 : 박인숙, 진헌극, 김정택 참석

2019년

1,22 교육청 식재료 공동구매 TF 회의 참석 : 2학기부터 20개 품목 시작

1.28 친환경농업 관계자 좌담회: 생산자·소비자·정부가 합심해 과정 중심 친환경농업 구축임

2.11 농특위법 시행 농어업.농어촌 특별위원회의 위원으로 시민사회단체가 빠져 있는 점을 비판하고 생협과 먹거리운동 진영이 참여하도록 대정부 촉구 성명서 발표
   – 정부부처 장관 참석 의무화도 함께 촉구함

2.21 경북 학교급식 현황과 과제 집중토론회 참석, 경북 교육청

2.25 학교급식 개선과 친환경 로컬푸드 공공급식 확대를 위한 토론회, 국회

2.25 한유총도 에듀파인 참여하라! 기자회견 개최: 한국유치원총연합회(한유총) 규탄 기자회견이며, 주 내용은 개인 자산으로만 개인 유치원이 운영되는 게 아니라 학부모와 공적자금을 통해 운영되고 있다. 그동안 각종 비리로 아이에게 지급된 급식·간식이 얼마나 형편없이 지급됐는지 분노하지 않을 수 없다. 투명한 회계를 위해 에듀파인은 최소한의 조치이다. 여러 감사와 법적 제재를 통해 투명하게 운영되어야 한다는 것임.

4.5 대통령직속 농어업 · 농어촌특별위원회(이하 농특위) 구성 관련 우려 입장 발표

4.19 급식연대 집행위원회, 전교조

7.19~20 먹거리운동진영의 올바른 푸드플랜 구축의 대응방향(대전 효문화원)

3기 : 2019. 5. 30. ~ 현재

5.30 국민연대 임시 총회 개최: 5월 30일, 주요내용: 국민연대와 희망먹거리 네트워크, GMO반대전국행동 등의 제 단체와 공동대응 체계(공동 사무처 구성 및 집행단위 일원화 등) 구성하고 3단체의 통합 등의 방법에 대해서는 2019 워크숍에서 구체적으로 논의하여 결정하기로 함. 워크숍은 7/12~7/13 대전 또는 충청권에서 개최하기로 함.
* 진헌극 상임대표 선임
- 푸드플랜, 로컬푸드, GMO표시제 등에 대한 정부의 모순되는 정책 추진 등에 대해 먹거리운동 진영 전체의 공동 대응이 필요하다고 공동 인식하고, 그 방법에 대해서는 실무 단위 논의와 대표자 회의 등에서 논의하여 방침을 확정하기로 함

6.14 정부의 친환경 쌀 군대급식 공급을 환영한다! 성명서 발표

6.21 북한 동포에 대한 인도적 쌀 지원을 환영한다!! 성명서 발표: 6월 21일
- 정부가 세계식량계획(WFP)와 협의하여 식량난을 겪고 있는 북한에 국내산 쌀 5만 톤을 공급키로 한 것에 대해 친환경생산자와 소비자를 비롯한 먹거리진영 모두는 적극 환영한다는 입장 발표

7.19~20 먹거리운동진영의 올바른 푸드플랜 구축의 대응방향(대전 효문화원)

7.19 김현수 농림부 전 차관, 장관 임명 반대 기자회견

9.6 일본먹거리운동가 학교급식 탐방(서대문 가재울중) 및 서울급식관계자 간담회(서울시친환경급식과)

9.17 GMO사회적협의체 중단 시민보고 대회

9.24 푸드플랜 활성화를 위한 워크샵 참가

10.8 GMO완전표시제 청와대 촉구 기자회견

10.29 대만 대향식품협회 급식현장(수락초) 탐방 및 간담회

11.1 서울시친환경급식광연산지협의회 주최 지속가능한 서울 친환경급식을 위한 심포지움 참가

11.5 정의당 국민먹거리안전특별위원회와 정책간담회 개최

11.20 농민기본소득추진운동본부 준비회의 참석
11.20 전국먹거리연대 출범 및 참가
　　　 – 국가와 지방정부의 먹거리종합전략이 올바로 수립.추진되도록 먹거리의 생산, 가공, 유통, 소비 단계를 아우르는 통합적인 먹거리 체계 구축과 특히 지속가능한 농업농촌 실현을 위해 건강한 먹거리 정책을 수립하기 위해 전국먹거리연대가 출범함
12.3   소비자의정원 주최 GMO표시제토론회 참가
12.13~14 새로운 먹거리운동 모색 2019 하반기 워크샵 개최

2020년

1.3~4 농민기본소득추진운동본부 워크샵 참가
1.9   민주평화당 정동영대표-식생활교육연대 간담회(신규급식나이스시스템 문제 관련) 참가1.20 전국먹거리연대-더불어민주당먹거리특위 모두를 살리는 먹거리 선언 및 심포지엄 참가1.23 여영국의원실 주관 교육부-급식단체 간담회(신규급식시스템 관련) 및 기자회견 참가1.30 교육부 신규급식시스템 철회 기자회견
1.30   식약처 주관 GMO표시제강화 협의체 1차 회의 참가
2.1   일본 먹거리 활동가 간담회
2.10   신규급식시스템강행규탄 청와대 기자회견
2.11   식약처 주관 GMO표시제강화 협의체 2차 회의
2.18   농민기본소득추진운동본부 창립총회 및 창립식 참가
2.19   국가 및 지자체 먹거리정책 추진현황과 향후과제 토론회 참가
2.20   2020년 국민연대 총회 개최
3.19   학교 개학 연기에 따른 급식농가 피해대책 요구 성명서 발표
3.30~4.2 21대 총선 정책 공약 요구 및 협약식: 정의당, 녹색당(3월30일), 민중당(4월2일)
　　　 – 정책협약 주요내용
　　　 ▶ 국가 및 지역단위 푸드플랜 정착을 위한 먹거리기본법 제정
　　　 ▶ 유초중고 친환경무상급식 중앙정부 책임 학교급식법 개정
　　　 ▶ GMO완전표시제 시행을 위한 식품위생법 개정

3월	대구 코로나위기 극복을 지원하는 먹거리단체 후원금 모금 및 전달
4.6	친환경농업피해 대책협의회 개최 및 기자회견
4.21	학교급식 중단에 따른 서울시-서울시교육청 대책촉구 기자회견
5.19	2020 몬산토반대시민행진 '정부와 21대 국회에 요구한다' 기자회견 개최
6.3	농특위 국가먹거리종합전략 수립 연구 착수보고회 참가
6.9	신임 농특위 위원장 임명 관련 먹거리단체 성명서 발표:
	– 농정 개혁과 국민 먹거리 기본권 구축은 중단 없이 추진되어야 한다!
6.23	농민기본소득법제화 100만인 서명 선포식 및 기자회견
6.25	코로나급식 대응 관련 간담회 개최
	– 각 지역 학교급식지센터와 공급업체 등의 발표와 의견 제시 등 전반적인 의견 수렴과 대안을 논의함
7.13	전국먹거리연대 여름 정책 워크샵 참가
7.21	신임 정현찬 농특위장-먹거리단체 간담회 참가
7.29	농업과 먹거리 없는 한국형 그린뉴딜 정책 전면보완촉구 기자회견 개최
9.11	포스트코로나 시대, 전환과 공공급식 체계 구축 워크샵 개최
	– 주요내용은 코로나19 등 재난상황시 학교급식 문제가 발생하였으며 이에 대한 대안 마련을 위한 대응 매뉴얼 구축 등이 요구됨. 허나 2020년 하반기 코로나 상황이 더욱 심각해지고 이로 인하여 학교급식이 중단되는 등 어려움에 봉착하였으나 교육부, 농식품부, 지자체 등과 이를 대응하기 위한 협의체 및 제도개선을 추진하지 못한 한계를 보임
10.23	농민기본소득운동의 현황과 입법화를 위한 심포지엄 참가
10.28	농민수당과 농민기본소득 관계정립을 위한 정책토론회 참가
11.3	위기의 농업을 살리는 길, 농민기본소득토론회 참가
11.6	2021년 농업예산 확대 촉구 먹거리 단체 공동 성명서 발표
11.12	기후위기 먹거리위기 농정대전환 촉구 친환경농업-먹거리단체 기자회견 개최
11.18	정의당 대표-전국먹거리연대 간담회 참석

12.18 2021년 하반기 정책워크샵 개최: 온라인으로 진행
12.28 aT 이병호 사장 간담회 개최: 온라인으로 진행

2021년

2.2 일방적인 식약처의 비유전변형식품(Non-GMO) 표시기준 개정 반대 성명서 발표.

3.2 서울먹거리연대 창립 총회 참석 및 서울시장 보궐선거 정책요구안 발표 기자회견 개최

3.4 급식연대 먹거리 소식지 1호 발간(1-2월 활동 내용)

3.12 친환경무상급식풀뿌리국민연대 정기 총회(온라인) 개최:
- 주요 내용은 조직안정화와 연대활동 강화, 특히 학교급식법 개정을 통해 △친환경 무상급식 중앙정부 50% 책임 명문화(단계적으로 확대 방안 제시) △광역·기초지자체 급식센터 설치 강화(강제 조항화) △GMO·방사능 없는 안전 급식 규정 강화 △코로나19 등 재난상황 시 대책 매뉴얼 및 집행 규정 마련 등을 위해 사업을 진행하기로 함

3.31 친환경무상급식풀뿌리국민연대 및 나쁜투표거부운동본부 서울시장선거 입장발표 기자회견 개최: 서울시장 보궐선거 오세훈 후보 규탄 및 후보 사퇴 요구

4.6 국민의힘 김예지의원의 친환경무상급식 재검토 주장 철회와 반성 촉구 입장 성명서 발표

4.14 일본의 후쿠시마 오염수 방류 규탄 및 일본산 수산물 학교급식 사용 중단 성명서 발표

4.15 지역푸드플랜 구축, 현안과 대안 모색 토론회 참석: 온라인 진행

5.4 정의당 여영국 대표와 먹거리단체 간담회 개최(한살림사무실)

5.10 급식연대 먹거리 소식지 2호 발간(3-4월 활동 소식)

5.17 서울시교육청 희망급식 바우처 편의점도시락 구입 관련 비판 성명서 발표

5.20 2021 몬산토-GMO 반대 시민행진 및 기자회견 개최(GMO반대전국행동 주최)

5.27 희망급식 후원 펀드 모금 진행

6.9　서울시교육청 희망급식 바우처 관련 담당 부서장 면담 진행

6.21　희망급식 펀드 모금 마감. 877만원 모금 완료

6.21　군급식 공급체계 전면 개선 촉구 기자회견 개최

6.23　농민기본소득법안 발의 기자회견 참가

6.29　산자부 주최 유전자변형생물체의 국가간 이동등에 관한 법률 개정 공청회 항의 참석 기자회견 및 시위 진행

7.2　정부(산자부) 규탄 성명서 발표
　　　– 정부(산자부)는 GMO규제 완화시도 중단하고 GMO완전표시제 시행하라. 국민의 안전과 생명이 달린 문제를 졸속적으로 추진하는 이유에 대한 강력 비판

7.5　국민들이 원하지 않는 GMO 승인-연구개발 반대 기자회견 개최

7.14　급식연대 먹거리 소식지 3호(5-6월 활동) 발간

7.26　성명서 발표: 영양교사에게 학교급식 산재사고 업무 책임 전가 반대 성명서 발표

8.11　농민기본법 개정 등 공공농업실현 운동본부 준비모임 참석

8.25　2022 교육대전환을 위한 시민연석회의 참석

9.8　2022 교육대전환을 위한 시민연석회의 2차회의 참석

10.6　던킨도너츠 비위생적인 식품 생산 개선 촉구 성명서 발표

12.8　학교급식을 통한 우유 판매, 교육부의 발상전환 촉구 성명서 발표

12.15　학교급식 지역농산물 사용을 차별이라는 공정위 규탄 공동입장 발표:

2022년

4.21　국민연대 2022년도 정기총회 개최: 6월 지방선거와 관련해, 국민연대는 표준 정책협약안을 마련해 각 지역운동본부 차원에서 지자체장 및 교육감 후보들에게 정책제안을 진행하기로 했다. 정책제안 과정에서 △지자체 친환경 무상급식조례 제·개정을 통한 친환경학교급식지원센터 설립 의무화 △학교급식에서의 3무(3無, GMO·방사능·화학첨가물 없는 급식) 실현 △식재료의 공적조달체계 구축 통한 생산자·소비자 상생도모 등을 각 후보와 정책협약을 체결함

6.13　산자부·농림부 정부 주최 CPTPP 토론회 참가:

- 정부 입장 강력 규탄 및 비판, CPTPP 가입 반대 및 저지 입장 밝힘
6.25   국민물음 농민은 누구인가? 토론회(화성먹거리시민네트워크 등) 참가
10.12   식량주권 사수·CPTPP 가입저지 범국민운동본부 대표자 기자회견 참석
10.20   CJ는 햇반 수입쌀 사용 비판 성명서 발표
10.28   경쟁만능주의자 이주호 교육부장관 임명 반대 기자회견 참석
11.2   농민기본소득 실현을 위한 정책토론회 참가
11.4~5 2022 지역활동가 워크샵 개최:
        - 학교급식&공공급식&먹거리통합지원센터 현황과 과제, 그리고 대안 모색
        - 학교급식법 개정안 논의

학교급식지원센터 운영현황

이두열 먹거리정책연구소 소장

2000년대 이후 학교와 유치원, 보육시설, 기업체, 관공서, 병원 등에서 단체급식이 크게 늘어남에 따라 안전하고 우수한 식재료 공급시스템의 필요성이 대두되었고, 2006년 7월 19일 개정된 『학교급식법』 제5조 제④항에서 '특별자치도지사·시장·군수·자치구의 구청장은 우수한 식자재 공급 등 학교급식을 지원하기 위하여 그 소속하에 학교급식지원센터를 설치·운영할 수 있다.'라고 규정함으로서, 행정기관이 교육기관인 학교 등을 대상으로 학교급식지원센터를 설치·운영할 근거를 마련하였다.

2014년 9월 교육부의 지원으로 서울시교육청이 주관하고 충청남도교육청과 경상남도교육청이 협조하여 관련 전문가 협의체를 통해 발간한 「학교급식지원센터 가이드라인」에서는, '지역에서 생산되는 우수하고 안전한 농축산물을 수집-세척-절단-포장하여, 식재료 소비처인 학교와 더불어 기타 보육시설, 병원, 기업체, 관공서 등에 공급하기 위한 유통센터 기능의 시설뿐만 아니라, 안전하고 우수한 농산물 사용을 실질적으로 보장하기 위한 공공성을 지닌 장치이자 기구로써, 적정한 가격에 안정적으로 공급될 수 있도록 학교급식지원센터는 투명하고 합리적인 운영체계를 수립하여야 한다'라고 규정하였다.

아울러, '학교급식 등에 안전하고 질 높은 식재료의 공급과 더불어 농민의 소득 증대와 농촌 경제 활성화는 물론 성장기 학생들을 포함한 지역 주민의 건강 증진 및 수입 농산물 증가에 대응할 수 있는 지역농산물 공급체계 구축에 학교급식지원센터가 기여할 수 있다'고 하였다.

학교급식지원센터가 수행해야 할 기능에 대하여 『학교급식 지원조례 표준안』에서는, 첫째, 학교급식지원센터 운영계획 수립, 둘째, 학교급식 식재료 품목별 사용량 조사, 셋째, 생산자 조직과 식재료 품목, 생산량 등 계약재배에 관한 사, 넷째, 식재료 유통·공급 및 위생관리, 다섯째, 시·군·구 소속의 학교급식지원심의위원회와 교육청 간의 급식 업무 협의, 여섯째, 지정정보처리장치와 전산연계 및 정보공유체계 구축, 그리고 마지막으로 기타 학교급식 지원에 관한 사항이라 열거하였다.

이러한 순기능에도 불구하고 조례가 제정된 후, 20여 년이 되어 가는 현시점에도 『학교급식법』은 지방자치단체가 학교급식지원센터를 설치할 수 있다는 임의조항으로 규정되어 있고, 각 지방자치단체의 평가지표에도 어린이급식관리지원센터 설치는 평가항목에 있음에도 불구하고, 학교급식지원센터 설치는 평가항목으로 추가되지 않아, 지역 내부적으로는 아직도 학교급식지원센터 설치에 소극적일 수밖에 없는 것이 앞으로 해결해야 할 숙제로 남아 있다.

전국 245개 광역 및 기초 지방자치단체 가운데 2023년 기준 약106개소가 학교급식지원센터 등이 파악되는데, 관련법규의 근거로는 『학교급식법』에 의거한 학교급식지원센터, 『농업·농촌 및 식품산업 기본법』에 의거한 먹거리통합지원센터, 『공공급식 지원 조례』에 의거한 공공급식지원센터의 명칭으로 센터가 설치 및 운영 중이다.

전국 17개 광역 지방자치단체 중에는 7개소(서울, 대전, 세종, 경기, 충남, 경북, 제주)가 설치·운영 중이고, 기초 지방자치단체 중에는 99개소가 설치·운영 중인데, 광역 지방자치단체별로는 서울 6개소(노원, 동대문, 서대문, 성동, 성북, 은평), 부산 3개소(강서, 금정, 기장), 광주 5개소(광산, 남, 동, 북, 서), 대전 2개소(대덕, 유성), 울산 5개소(남, 동, 북, 울주, 중), 경기 15개소(고양, 과천, 광명, 군포, 김포, 부천, 성남, 수원, 시흥, 안산, 안양, 용인, 의왕, 하남, 화성), 강원 6개소(고성, 원주, 정선, 춘천, 홍천, 횡성), 충북 1개소(음성), 충남 13개소(공주, 논산, 당진, 보령, 부여, 서산, 서천, 아산, 예산, 천안, 청양, 태안, 홍성), 전북 14개소(고창, 군산, 김제, 남원, 무주, 부안, 순창, 완주, 익산, 임실, 장수, 전주, 정읍, 진안), 전남 5개소(나주, 목포, 순천, 여수, 영광), 경북 22개소(경산, 경주, 고령, 구미, 군위, 김천, 문경, 봉화, 상주, 성주, 안동, 영덕, 영양, 영주, 영천, 예천, 울진, 의성, 청도, 청송, 칠곡, 포항), 경남 2개소(거창, 김해)가 다양한 운영형태로 설치되었다.

전국 106개 센터의 명칭으로는 학교로 지원범위를 제한한 급식센터가 73개소(학교급식, 친환경학교급식, 친환경농산물 학교급식, 친환경농산물 학교급식공급, 로컬푸드 학교급식), 공공급식 등으로는 24개소(급식, 친환경급식, 친환경농산물급식, 공공급식, 공동급식, 광역급식, 학교·공공급식), 푸드먹거리센터로는 9개소(푸드지원, 푸드종합지원, 푸드통합지원, 먹거리통합지원, 지역먹거리통합지원, 친환경유통)가 지자체만의 특성이 담긴 명칭을 부여하였다

센터를 운영하는 주체는 지방자치단체가 직접 또는 재단법인 등을 통한 직영 형태와, 농협과 민간단체를 통한 위탁 형태로 나눌 수 있는데, 세부적인 유형별로는, 첫째, 행정조직 내에 담당부서(전담팀)를 설치하여 운영하는 행정관리형, 둘째, 지방자치단체가 학교급식지원센터를 운영하며 식재료를 학교급식에 직접 공급하는 물류·유통 통합 직영형, 셋째, 물류·유통을 통합 위탁하거나, 배송만을 분리하여 물류 및 관리기능을 지방자치단체에서 직접 수행하는 물류·유통 위탁형으로 구분할 수 있다.

센터의 다양한 기능 중 81개 지방자치단체는 직영 또는 위탁을 통해 물류기능을 포함하고 있는데, 30여 개소는 지자체나 재단이 직접 운영하고, 30여 개소는 농협이, 20여 개소는 민간단체가 물류를 위탁하여

운영 중인데, 최근에는 학교급식 식재료 공급의 공공성 확보를 높이기 위하여 당초 민간위탁이었으나, 경기도, 전북 익산, 충남 당진, 청양, 태안, 경남 거창 등은 수많은 진통을 겪으면서도 센터 운영주체를 지방자치단체 또는 재단법인이 직접 운영하는 것으로 전환함으로써 학교급식지원센터의 공적 조달 기능을 높이기 위한 노력을 강화하고 있다.

행복한 밥! 평등의 밥! 희망의 밥!
'2011년 친환경무상급식 원년의 해'를 기념하며

　오늘 3월 2일은 우리역사에 오래도록 기억될 기념비적인 날이다. 지난 6.2지방선거 때 국민들의 큰 성원을 받았던, 보편적 복지의 대표정책인 '친환경무상급식'이 전국 곳곳에서 실시되기 때문이다. 무상급식이 실시되는 학교에서는 더 이상 가난한 아이들만 골라서 상처주거나 낙인찍는 일은 더 이상 찾아볼 수 없을 것이다. 모두가 평등하고 행복한 점심시간, 그것이 오늘부터 달라질 우리 아이들의 학교 풍경이다.

　초등학교 친환경무상급식은 오늘부터 전국 시군구의 80%에 육박하는 181곳에서 실시될 예정이다. 광주, 충북, 충남, 전북 등 4개 시도에 속한 90개 시군구는 전체가 초등 1~6학년을 대상으로 전면 무상급식을 시행하며 서울, 부산, 인천, 경기, 전남, 경북, 경남, 제주 등 8개 시도의 91개 시군구는 일부 학년을 대상으로 부분 무상급식을 할 계획이다. 초등학교 외에 유치원 및 중·고교로까지 무상급식을 확대하는 지역도 있다. 전면 무상급식만 따졌을 때 인천 옹진군과 강원 정선군은 유·초·중·고 전체, 전 학년을 대상으로 무상급식을 시행한다. 충북 청원·보은·옥천·영동군 등 9곳은 고등학교를 제외한 유·초·중학교에서 전면 무상급식을, 전북 완주·진안·무주군 등 8개 지역과 경남 의령·함안·창녕군 등 10개 지역은 초·중·고 전 학년에서 무상급식을 할 예정이며, 충북 청주·충주·제천시, 경북 고령군은 초·중학교 전 학년에서 무상급식을 실시할 예정이다.

이제 친환경무상급식 정책은 불필요한 예산논쟁을 뒤로하고 '의무교육은 무상으로 한다'는 헌법정신의 실현과 보편적 복지사회로의 전환, 우리 아이들의 건강과 농업농촌의 회생 등 교육적, 사회문화적, 경제적 가치를 발현하며 제도적으로 빠르게 안착할 것이다. '무상급식으로 나라가 망한다'는 오세훈 서울시장의 희극적 발언도, 수없이 많은 논의 끝에 이미 진행되고 있는 정책을 어떻게든 거부하고 자신의 야심에 악용하려는 시도도, 이러한 역사적 흐름을 되돌릴 수는 없을 것이다.

아울러 서울시 교육청을 비롯해 인천시, 충남도 등 전국의 광역과 기초자치단체 곳곳에서 시민들과 함께 친환경무상급식 정책을 제대로 실현하기·위한 노력들이 진행 중이다. 행정과 시민이 만나 정책을 함께 이행하기 위한 민관거버넌스 기구가 가동 중인데, 이는 단순히 예산만 지원하는 정책이 아닌 새로운 민주적 주민자치의 모델을 선보이고 있는 것으로 평가할 수 있다. 이렇듯 친환경무상급식이 지닌 의미는 보편적 교육복지의 실현은 물론 농업농촌 회생, 풀뿌리 주민자치라는 우리 사회의 발전 과제와도 맞닿아 있다. 또한 학교급식을 매개로 친환경 식재료를 공급하기 위한 새로운 수급시스템에 대한 고민은 무한경쟁의 세계자본주의에 내몰려 단절된 '식(食)'과 '농(農)'의 거리를 안전하고 친근하게 좁혀주며, 지역 사회와 학교와 우리 농업·농촌이 새롭게 상생과 공존의 관계를 맺을 수 있도록 그 역할을 키워나가고 있다.

오늘 이후부터는 누가 어떤 명분과 정치적 목적을 갖고 친환경무상급식을 반대한다 하더라도 국민들이 이를 용납하지 않을 것이다. 고물가, 고실업 등 불안한 경제상황에 시달리고, 교육·의료·주거·노후·일자리 문제로 고통받아온 국민들은 이제 보편적 복지정책으로 안정적인 삶의 질을 보장 받을 때가 온 것이다. 그 시작은 무상급식이 될 것이며 뒤를 이어 진정한 무상보육, 무상의료, 의무교육 확대 등 한 사회의 구성원으로서 최소한의 권리를 보장받을 수 있는 사회로 우리는 조금씩 나아가야 한다. 보편적 복지사회로 가는 길목에 친환경무상급식이 제대로 안착되어야 하는 이유가 여기 있으며 우리가 오늘을 기념하는 역사적 이유 역시 바로 여기에 있다.

'2011년 3월, 친환경무상급식 원년의 해'를 모든 국민들의 마음 모아 환영하며 축하한다.

2011년 3월 2일
친환경무상급식풀뿌리국민연대/안전한학교급식국민운동본부/서울친환경무상급식추진운동본부

아동, 여성, 학부모, 시민사회단체 기자회견문

8월 1일 오세훈 서울시장과 서울시는 무상급식 주민투표 발의를 했다. 2주 뒤인 8월 24일에는 주민투표가 강행될 것이다. 오늘 우리는 아동, 여성, 학부모 단체들은 힘을 모아 우리의 뜻을 서울 시민들에게 알리고 주민투표 운동 기간 동안 아이들 밥 한 끼로 부자 아이, 가난한 아이를 나누고 혈세를 낭비하려는 나쁜 주민투표를 거부함으로써 평등한 교육의 시작인 친환경무상급식을 지켜 내기 위해 이 자리에 모였다.

이번 주민투표 청구와 발의는 그 내용과 절차에 있어서 오세훈 시장 개인의 대권욕심에 따른 정치놀음에 혈안이 된 관제 투표일 뿐 아니라 서명과정에서 허위, 대필 등 불법이 드러난 불법투표이다. 주민투표 문안 역시 청구인 서명지에 기재된 내용과는 다른 취지일 뿐 아니라 서울시교육청의 무상급식계획과도 전혀 다른 내용으로 제시된 것으로 꼼수이자 시민을 속이는 사기극에 다름없다. 더구나 학교급식이 교육감의 사무이자 권한에 속하는 일임에도 서울시장이 발의한 것은 명백한 위법으로 교육자치의 법과 정신을 심각하게 훼손하고 있는 것이다.

친환경무상급식을 둘러싼 핵심쟁점은 학교급식을 소득수준에 따른 차별없이 모든 아이들을 대상으로 하는 '보편적 실시'를 할 것인지, 소득에 따라 '선별적 실시'할 것인지이다. 오세훈 시장의 소득하위수준 50%에만 무상급식을 하는 '차별적 실시' 주장은 아이들의 학교급식비는 저소득층에게만 해당하는 복지비가 아니고 모든 아이들에게 적용해야할 교육비로 헌법에 명시된 모든 아이들이 누려야 할 정당한 권리를 박탈하는 것으로, 실시 시기만을 내세우는 '단계적 실시'냐 '전면적 실시'냐로 본질을 왜곡해 시민들을 현혹하는 것이다.

시민의 의사를 대변해야 할 시장이 시민과 아이들의 정당한 권리를 보호하고 더 나은 삶의 질을 확보할 수 있도록 노력해야 함에도, 개인의 대권욕심에 따른 정략적 투표에 혈안이 되어 헌법도 무시하면서 시

재정의 0.4%에 불과한 695억원을 우리 아이들의 밥값으로 내놓을 수 없다고, 182억원의 혈세를 들여 부자 아이 가난한 아이로 밥그릇까지 구분하면서 부모와 아이들의 가슴에 못을 박고 있는 실정에 개탄한다.

세상 어느 부모가 제 자식 밥그릇 빼앗는 것을 두고 보겠는가? 누구를 위하여 투표하는가? 오세훈 시장의 허황된 정치놀음에 맞장구칠 시민이 과연 얼마나 있겠는가. 조작된 민의에 허위, 불법으로 점철된 오세훈의 정치행각에 막대한 시민혈세를 들여 주민투표를 강행하려는 편가르기를 더 이상 두고 볼 수 없다.

우리는 오세훈 시장의 차별적 급식이 부자 아이 가난한 아이 편가르고, 가난한 아이를 기죽이고 왕따시키는 반교육적인 행위임을 명백히 밝힌다. 또, 친환경무상급식이 소득수준에 상관없이 모든 아이들이 누려야 할 의무급식이자, 아이들이 밥 먹는 급식 문제로 한 반에서 잘사는 아이 가난한 아이로 낙인찍는 일이 있어서도 안 될 것임을 분명히 밝히는 바이다.

우리는 이번 주민투표 발의를 불법적 행위이자 교육적으로 차별을 조장하는 나쁜 투표로 규정하며 서울시민과 학부모, 여성, 아동, 시민사회단체의 힘을 모아 오세훈 시장의 불법적인 나쁜 투표 거부 운동을 전개하고 친환경무상급식을 지켜 낼 것이다.

2011년 8월 10일
부자 아이, 가난한 아이 편가르는 나쁜 투표 거부!
아동, 여성, 학부모, 시민사회단체 일동

학교급식법 개정과 경남 차별급식 중단 촉구 기자회견

온갖 구설수, 비리 의혹 경남도지사는 무상급식 원상회복하라!
10% 가난 증명에서 70%가 가난 증명을 하란 말인가?
의무급식에 맞는 학교급식법 개정은 국회의 책임이다.

하루하루 어처구니없는 일이 너무도 많이 벌어지고 있습니다. 성완종 전 경남기업 회장의 죽음이 불러온 사태도 걷잡을 수 없는 상황입니다. 만약 사실이라면 정권의 중심에 있는 사람들이 어떻게 그럴 수가 있는지 국민들을 이해하기 어렵습니다.

오늘 우리는 무상의무급식 시계가 멈춘 경남의 급식문제에 대해 거듭 원상회복을 촉구합니다. 이는 예산의 문제도, 이념의 문제도 아닙니다. 철학과 의지의 문제입니다.

수십조 국민들의 혈세를 자원외교로 탕진한 전직 대통령(이명박)에게는 너무도 너그러운 분들이 무상급식 할 돈이 부족하다고 예산타령을 하는 것도 볼썽사나운 일입니다. 아이들의 행복한 밥상을 아까워하는 정부와 정치인은 그 자격이 없습니다.

밥은 하늘이고 민심이 천심이라 했거늘 경남도지사의 못된 결정이 미치는 파급효과가 너무도 큽니다. 홍준표 지사는 골프접대부터 최근에는 부적절한 정치후원금 1억 원을 받은 것으로 폭로되고 있는 상황까지 맞물려서 도무지 갈피를 잡을 수 없습니다. 현대판 탐관오리 같은 홍준표 경남도지사와 경남도의회 의원들에게 주민들의 원성의 목소리가 높아지고 있습니다.

무상급식 중단 이후 경남 전 지역에서 학부모들과 주민들의 반발이 나날이 거세지자 최근에 경남도의회에서는 70% 선별 무상급식을 중재안으로 제시하고 나섰습니다. 이에 대해 경남의 학부모와 시민들은 일

언지하에 거부했습니다. 무상급식을 중단하기에 앞서 학부모들과 주민들의 의견을 조금이라도 물었다면 이런 말도 안 되는 일은 절대로 발생하지 않았을 것입니다.

오늘 우리는 경남도의회의 꼼수는 절대로 용납할 수 없음을 밝힙니다. 학생들 70%는 어떻게 걸러낼 것인가요? 그 방법은 바로 재산과 소득을 증명하는 것 밖에 없습니다. 그렇다면 70% 학생들에게 가난을 증명하라는 말과 다르지 않습니다. 이러한 기만적인 행위는 즉각 중단되어야 합니다.

이러한 말도 안 되는 일이 벌어진 데는 경남지역 출신 현역 국회의원들이 여론 악화를 의식하여 뭔가 해결책을 강구하다가 자가당착으로 제안한 것으로 판단됩니다. 주민들 앞에서는 무상급식 반대 목소리를 제대로 내지도 못하면서 스스로 해결에 직접 나서지 않고 도의원들에게 중재안을 내라고 한 것도 매우 비겁해 보입니다. 새누리당 지도부는 현재 문제를 책임있게 해결하지 않고 보궐선거를 치룬 5월에나 입장을 내겠다는 것은 공당으로서 무책임한 행동입니다.

다시 말씀드리지만 학교급식은 교육이고, 헌법 정신처럼 의무교육은 무상이어야 합니다. 친환경 의무·무상급식은 절대로 뒤로 후퇴되어서는 안 됩니다. 그러하기에 국회에서 하루빨리 이 문제의 해결에 나설 것을 촉구합니다.

하나! 중앙정부가 학교급식 재원의 50%를 책임지는 학교급식법의 개정을 촉구합니다. 언제까지 학교급식에 대한 정부의 책임을 미룰 수 있겠습니까?

하나! 경남 무상급식 중단 문제에 대해 국회의원들은 적극적으로 해결에 나서길 촉구합니다. 학교급식법 개정을 포함하여 홍준표 지사의 판단이 잘못되었다는 것을 명확하게 지적하고 해결 노력을 보여 주어야 합니다.

하나! 새누리당과 새정치민주연합, 정의당 등 정당들도 이번 임시국
회에서 적극 학교급식법 개정과 무상급식중단 사태에 대해 당
차원의 적극적 해결 노력을 촉구합니다.

지금 경남에서는 학부모들과 아이들, 주민들이 매일 학교 앞 1인시
위, 거리 집회, 도시락 싸기 등 시·군 곳곳에서 행동을 진행하고 있습니
다. 왜 우리 아이들이 학교에서 행복하게 밥 먹는 문제를 가지고 이렇
게 분노하고 매일 매일을 고생해야 합니까?

끝으로 단언컨대 우리는 친환경 의무·무상급식을 지키기 위해서 끝
까지 싸워 나갈 것임을 밝힙니다. 이제는 국회가 나서 주십시오.

2015년 4월 15일

학교급식법개정과 차별없는 친환경의무·무상급식지키기 범국민연대
(친환경무상급식풀뿌리국민연대,친환경무상급식지키기경남운동본부,
친환경무상급식과안전한먹거리서울연대,식량주권과먹거리안전을위
한범국민운동본부,교육운동연대,먹거리희망네트워크,시민사회단체연
대회의,한국진보연대)

학교급식법 개정으로 '우리 아이들에게 행복한 밥을 찾아 주는
착한 국회의원'이 되어 주십시오.

이제 시간이 얼마 남지 않았습니다.

오늘 '학교급식법 개정으로 행복한 밥 찾아 주는 착한 국회의원 위
촉' 기자회견에 함께 해 주신 의원님들께 먼저 감사를 드립니다. 지난
번 학교급식법 개정에 찬성의견을 표함으로써 저희와 같은 뜻을 가진
국회의원님들이 많이 있고 더 많아질 것이라고 기대합니다.

19대 국회가 얼마 남지 않았습니다. 3년째 국회에서 잠자고 있는 학
교급식법이 이번 정기국회에서는 반드시 개정되어야 합니다.

친환경무상급식의 확대 시행으로 학교급식은 10년 전에 비해 비약
적으로 성장했습니다. 잦은 식중독 사고를 유발했던 형편없었던 학교
급식 식재료는 친환경유기농 농산물로 바뀌었습니다. 그리고 전국의
자치단체장과 지방의회의 노력으로 무상·의무급식이 놀랍게 확장되었
습니다. 하지만 안타깝게도 학교급식의 가치를 외면하는 홍준표 경남
도지사와 같은 이들이 '학교가 밥 먹으러 가는 곳이냐'며 시대의 흐름
을 거스르고 민의를 짓밟는 일이 발생하고 있습니다. 또한, 학교급식에
대한 중앙정부의 책임을 수년간 강조해 왔음에도 아직도 정부와 국회
는 이를 제도화하지 못하고 있습니다.

아이들에게 물어보십시오. 학교급식은 행복한 밥입니다. 아이들의
행복한 밥을 잘 짓는 것은 어른들의 책임입니다.

학부모들에게 물어보십시오. 학교급식은 행복한 교육입니다. 자녀들
이 학교에서 즐겁게 배우고 생활하는 데 학교급식은 매우 중요합니다.

오늘 국회에서 다시 한 번 촉구합니다. 친환경무상급식이 제대로 시
행될 수 있도록 학교급식법을 개정해 주십시오. 그동안 많은 국회의원

들이 학교급식법 개정을 위해 노력하겠다고 약속했습니다. 시간이 얼마 남지 않았습니다. 이제 그 약속을 지켜 주십시오.

전국에서 10년 넘게 '우리 아이들에게는 행복한 급식을, 우리 농민에게는 희망을' 만들기 위해 노력해 온 저희들은 이번 정기국회에서 학교급식법이 개정될 수 있도록 착한 국회의원들과 함께 온 힘을 쏟을 계획입니다. 우리 아이들의 행복한 밥을 계속 외면한다면 국회는 국민들의 준엄한 질책을 피하지 못할 것입니다. 고맙습니다.

2015년 10월 13일
학교급식법개정과 차별없는 친환경의무·무상급식지키기 범국민연대
(친환경무상급식풀뿌리국민연대, 친환경무상급식지키기경남운동본부,
친환경무상급식과안전한먹거리서울연대, 식량주권과먹거리안전을위
한범국민운동본부, 교육운동연대, 희망먹거리네트워크, 시민사회단체연
대회의, 한국진보연대)

GMO 표시 기준 완화하는 식약처 고시 개정안 철회!
GMO없는 학교급식·재정 50% 국가책임 학교급식법 개정 촉구

대만은 학교 위생법 개정을 통해 2016년 학교 메뉴에서 GMO(유전자변형) 식품을 금지했다. 모든 학교 메뉴에서 유전자 변형 재료들과 GMO가 포함된 가공 음식을 뿌리 뽑는 것을 목표로 하고 있다고 한다. 콩, 옥수수, 연어, 두부, 두유를 포함한 과거 점심에서 허용되던 GMO 식품들이 금지되며 이는 모든 초등, 중등, 고등학교에 적용된다.

학교급식의 중요성은 자라나는 미래세대인 아이들에 대한 가장 중요한 교육이라는 것이 한 축이고, 친환경무상급식이 우리 농업과 환경, 생물다양성을 지지하는 든든한 버팀목이라는 인식이 한 축이다. 지난 4월 총선에서 학교급식법 개정에 동의했던 정당과 국회의원들은 학교급식의 중요성에 공감하고 친환경무상급식의 확대를 위해 급식법 개정을 최우선 과제로 추진할 것을 약속한 바 있다.

영유아까지 포함한 친환경무상급식은 단순한 선언에 그치지 않고 온전히 실행되어야 하며, 그러기 위해서는 학교급식 예산의 중앙정부 재정 50% 확보, GMO·방사능으로부터 안전한 급식을 위한 기반이 확충되어야 한다.

가까운 나라 대만이 아이들 급식에서 GMO를 배제하고, 유럽과 미국의 여러 기업들이 GMO를 사용하지 않거나 취급하지 않겠다는 발표가 이어지고 있는 것은 국민의 안전과 직결되는 먹거리의 문제 특히, 미래세대의 건강과 안전에 대한 확고한 의지가 있기 때문이다. 그러나 참담하게도 우리 정부는 GMO를 확대하는 정책으로 일관하고 있다. 지난 4월 21일 식약처는 시민의 알권리를 침해하는 불완전한 GMO식품표시에 대한 식약처 고시 개정안을 행정예고했다. 뿐만 아니라 대규모 시험재배포 확장 등 국민들의 GMO에 대한 우려에는 아랑곳하지 않고 GMO벼 등 작물 개발에만 몰두하고 있다. 옥시가 안방의 세월호라면 GMO는 밥상 위의 세월호다. 한국은 전 세계에서 GMO작물을 가장 많이 수입하는 나라다. 1인당 평균 43kg을 소비한다. 우리 쌀 소비량 63kg과 비교해 보면 엄청난 양이다. 그 속에는 얼마나 많은 글리포세이트(제초제 성분)가 함유되어 있는지 우리 정부는 아직 조사조차 하지 않았다.

GMO로부터 안전한 급식이 가능하려면 GMO 표시기준이 개정되어야 한다. 현재의 기준, 그리고 식약처가 행정예고한 기준으로는 GMO 원재료를 사용했는지 안 했는지 여부를 알 수가 없다. 또 무유전자변형식품(GMOfree)이나 비유전자변형식품(Non-GMO)의 표시 기준에 있어 비의도적 혼입치를 0%로 규정하므로써 실질적으로는 비유전자변형식품(Non-GMO) 표시를 금지하고 있다. 이는 전 세계적인 표시 기준의 흐름에 역행하고 있으며 국민의 알권리를 침해하는 기준이다.

또 GMO작물 재배는 종자에 대한 다국적기업에 대한 의존 확대로 인한 식량 자급의 위기, 농업의 위기, 단작으로 인한 생물다양성 파괴 등의 심각한 폐해가 예상된다. 특히 대부분의 GMO가 제초제 저항성이고 이로 인한 제초제(글리포세이트) 남용으로 인한 환경파괴와 국민 건강 위협 등 많은 문제를 가지고 있다. 성장하는 아이들 급식에서의 GMO 원재료 사용은 우리나라의 미래를 위협하는 문제라 할 수 있다. GMO 식품을 학교에서부터 중단하자. 아이들은 학교급식에서 GMO 식품에 대해 위해성을 인지하더라도 스스로 선택할 권한을 가지고 있지 못하다. 따라서 학교급식에서는 GMO 농수산물을 배제해야 한다.

무엇보다도 학교급식은 아이들 건강에 최우선을 두어야 하며 이를 국가가 책임져야 한다. 학교급식에 대한 지방자치단체와 교육청의 지원으로 의무·무상급식이 전국적으로 확대된 상황에도 중앙정부는 아직도 남의 일처럼 뒷짐을 지고 있다. 지방자치단체장의 의지에 따라 지역별로 급식지원 편차가 심각하여 일부 지역 학생들은 차별을 받고 있는 안타까운 일이 벌어지고 있다. 특히, 경남 사례에서 확인되었듯이 자치단체장의 전횡으로 무상급식이 중단되는 일도 크게 우려된다. 따라서 20대 국회에서는 중앙정부의 책임을 명시한 학교급식법 개정이 절실하다.

미래의 희망인 우리 아이들의 밥상과 우리의 미래가 될 농업을 지키기 위해 친환경무상급식풀뿌리국민연대와 GMO 완전표시제를 바라는 20대 국회의원들은 뜻을 모아 GMO로부터 안전한 학교급식과 친환경무상급식 중앙정부 재정 50% 지원을 위한 학교급식법 개정을 적극 추진해 나갈 것이다.

2016년 6월 9일
친환경무상급식풀뿌리국민연대(상임대표: 박인숙, 진헌극)

농업, 농촌, 먹거리 공약이 사라진 100대 국정과제를 개탄한다!

'사람이 돌아오는 농산어촌'이란 농업 공약을 보고 순간 1993년 김영삼 정부의 농업 공약을 떠올리며 깊은 좌절감을 느낀다. '떠나는 농촌에서 돌아오는 농촌을 만들겠다'며 김영삼 정부는 신농정이라는 것을 들고 왔다. 그 신농정은 전혀 새로울 것 없는 말뿐인 신농정이었다.

최근 정부가 발표한 100대 국정과제에 나온 농업, 농촌, 먹거리 공약은 이전 정부들과 조금도 달라진 것이 없다. 국정과제에서 희망을 보는 것이 아니라 과거 정부의 깊은 그림자를 보고 있다. 정부의 〈사람이 돌아오는 농산어촌〉 정책을 보며 농민들은 내가 먼저 돌아가시겠다고 절망의 탄성을 지르고 있다. 100대 국정 과제 중 81번째부터 언급된 딱 세 가지의 농업·농촌 공약에 깊은 실망감을 갖지 않을 수 없다.

첫째, '누구나 살고 싶은 복지 농촌'이 백 원 택시로 표현되며 그 무게감을 잃고 있다.

둘째, '소득안전망의 촘촘한 확충'은 직불제 중심의 근본적인 농업예산 체제 전환 없이 기존 직불제 체계를 보완하는 것으로 타협하고 있다.

셋째, '지속가능한 농식품 산업기반 조성'은 우리나라 먹거리의 근본문제인 식량자급의 의지는 찾아볼 수 없고, 수입농산물과 GMO문제를 외면하고 있으며 조류독감 구제역의 원인이 되는 공장식 축산에 대한 역사적인 전환의 문제의식을 찾아볼 수 없다.

24년 전 김영삼 대통령의 〈떠나는 농촌에서 돌아오는 농촌으로〉 정책과 지금의 〈사람이 돌아오는 농산어촌〉 정책이 과연 달라진 것이 무엇인가. 답답함이 몰려오고 있다. 지금 농민들에게 필요한 것은 미봉책이 아니라 농업의 근본적인 변화다. 사업 중심에서 직불제 중심으로 농업예산의 근본적 변화를 요구한다. 수입의존에서 식량자급으로 바꾸는 식량정책의 근본적 전환을 요구한다. GMO 수입산을 척결하고 안전하고 건강한 먹거리를 생산하는 농업으로 바꾸는 것을 요구한다. 계약재배를 통한 계획생산의 확대를 요구한다. 대선 시기 약속한 농업과 먹거리 공약마저 실종된 100대 국정과제는 더 이상 우리 농민과 건강한 먹거리를 원하는 국민들의 과제가 되지 못한다.

촛불혁명으로 탄생한 문재인 정부가 농정에 거는 국민적 기대를 정녕 외면하려는 것인가. 지난 대선 과정에서 보여 준 학교급식, 공공급식과 GMO 표시제 등 먹거리 안전에 대한 대통령의 공약은 어디로 실종된 것인가. 문재인 대통령은 공약했다. 첫째, 고등학교까지 친환경급식, 둘째, 어린이집, 유치원 친환경급식, 셋째, 학교 과일 간식제, 넷째, 우리농산물 군대급식, 다섯째, 어르신, 취약계층 공공급식, 여섯째, 저소득층 영양공급 프로그램, 일곱째, 원료기반 GMO 표시제 강화, 여덟째, 학교급식에서 GMO 퇴출 등 국민들에게 희망을 준 그 공약들은 어디로 사라졌는가. 도대체 이 공약들은 어디로 사라진 것이며 누가 없앤 것인가?

적폐청산, 검찰개혁, 재벌개혁의 과제가 나올 때마다 개혁정부에 기대하지만 농업, 농촌, 먹거리 분야의 개혁은 그 어디에서도 찾아볼 수 없다. 농업은 오래된 미래라고 한다. 농촌은 국민의 먹거리 안전을 지키는 생태·환경의 근거지가 될 것이다. 원자력과 화석연료를 대체할 청정재생 에너지의 생산 기지가 될 것이다. 농업, 농촌, 먹거리 분야는 일자리의 산실이 될 것이다. 과거 정책을 답습하는 정부의 농업·농촌·먹거리 정책을 규탄한다. 농업과 농촌의 가치가 살아 있고 국민 먹거리 안전을 최우선으로 하는 근본적인 변화를 담고 있는 촛불혁명정부의 농업, 농촌, 먹거리 정책 재정립을 촉구한다.

2017년 7월 25일
친환경무상급식 풀뿌리국민연대

국무조정실의 〈식품안전개선종합대책〉을 규탄한다!

지난해 8월 살충제 계란 파동으로 각종 식품 안전 대책이 쏟아지는 가운데 12월 27일 국무조정실이 발표한 "안전한 먹거리환경 구축을 위한 〈식품안전개선 종합대책〉"은 졸속 대책일 뿐만 아니라 지난 정부의 먹거리 정책을 답습하는 구태를 보여 주고 있다. 빈발하는 구제역과 조류독감, 각종 식중독 사고가 날 때마다 식약처가 내 놓은 수많은 대책을 살펴보면 천편일률적으로 안전과 위생기준 강화, 부정유통 방지를 소리 높이지만 왜 먹거리 사고는 되풀이 되고 먹거리 현실은 달라지지 않는지 되돌아 봐야 한다.

"위생과 안전 기준강화는 부분이지 전체가 아니다"

먹거리 안전은 위생과 안전이라는 사고의 틀로 달성되는 목표가 아니라 건강한 농업을 만드는 종합적인 시스템으로 달성된다. 농업의 현실이 달라지지 않고 먹거리 안전만 강조하는 것은 문제의 근본 원인은 그대로 둔 채 변죽만 울리는 격이다.

농약은 OECD 평균의 14배를 사용면서 농약판매 장부를 잘 정리하는 것으로 농약문제를 해결할 수 있는가? 오리와 닭은 95%가 대기업의 계열화된 하청농장에서 생산되고 농민은 대기업의 소작농으로 전락하여 10만 마리를 키워도 먹고 살기 힘든 조건에서, 밀식사육의 개선으로 사육면적을 조금 넓힌다고 해서 집단사육으로 인한 가축질병의 위험 속에서 사용하는 항생제와 백신 사용을 줄일 수 있는가? 산란계에게 모래 목욕할 흙을 주지 않고 진드기 살충제를 줄일 수 있는가? 축산 분뇨가 넘쳐나는 공장식 축산을 해결하지 않고 구제역을 줄일 수 있는가? 제초제 발암물질 글리포세이트가 포함된 GMO 사료와 농약으로 키워진 볏짚으로 키운 소와 돼지의 가축질병을 줄일 대책은 있는가? 축산 계열화로 돈은 기업이 벌고 가축질병은 국민의 세금으로 책임지는 지금의 방식은 정당한 것인가?

"총리실의 식품안전 개선대책은 과거 정부의 먹거리 적폐를 양산한 대농장과 대기업 중심의 구태 먹거리 대책이다."

친환경 인증을 강화할수록 친환경 농민 수는 줄어 왔다. 축산 인증을 강화할수록 축산농장은 기업형으로 공장형 축산으로 규모화되었다. 규모화된 농업으로 경쟁력을 추구하는 방식으로는 건강한 먹거리를 생산할 수 없다. 안전과 위생이라는 잣대로 만든 각종 규제와 기준 강화는 대기업을 키우는 지렛대 역할을 했다.

그것은 먹거리 현실을 해결하는 것이 아니라 더욱 왜곡하게 되었다. 식약처를 통한 안전기준을 높이고 규제를 강화하는 방식은 작은 도둑을 잡는다며 오히려 큰 도둑을 키우는 방식이었다.

"식약처는 식품회사의 안전을 지키기에 급급한 먹거리 적폐였다."

우리는 식량의 자급률이 23% 남짓이고 대부분의 곡물을 수입에 의존하고 있다. 그중 옥수수는 쌀 생산의 2.5배에 달하는 천만 톤을 매년 수입하고 있으며 대부분은 GMO다. 먹거리 안전을 이야기하는 식약처는 국민이 매일 먹고 있는 GMO의 위험성에 대해서는 알려주지 않는다.

심지어 국민의 90%가 요구하는 GMO 표시에 대해서조차 반대한다. 식약처는 지난 2015년 GMO를 수입하는 기업을 알려 달라는 시민단체의 요청을 식품기업의 영업 비밀이라며 거부하였다. 우리는 정보 공개를 요구한 시민단체와 3년에 걸친 소송까지 하며 식품기업을 보호하는 식약처를 보았다. 그리고 마침내 시민단체에게 패소하는 식약처를 보았다. 식약처는 대통령의 공약임에도 불구하고 여전히 GMO 완전표시제를 거부하고 있다. 식약처는 GMO에 관한한 청산해야 할 먹거리 적폐.

"식약처는 공공급식으로 뻗은 먹거리 적폐의 더러운 손을 떼라"

식약처는 어린이급식지원센터를 확대하여 공공급식관리지원센터를 만들어 관리하겠다고 한다. 공공급식관리지원센터는 식품영양학과 교수들의 일자리 창출 사업이 아니다. 시민단체가 대통령에게 요청한 공공급식지원센터는 관리나 규제의 대상이 아니라 농업, 농촌, 먹거리의 대안적 희망이다. 직거래 계약재배와 소농의 협동생산 시스템을 구축하고 소규모 동물복지 축산을 육성하고 친환경농산물을 생산하며 신뢰를 바탕으로 소비자와 생산자를 조직하는 일이다. 식약처는 본연의 안전관리 임무에 충실해야 한다. 안전을 지렛대로 먹거리의 생산과 유통, 소비를 기업형으로 왜곡하는 먹거리 적폐를 청산해야 한다. 식약처는 공공급식으로 뻗은 그 더러운 손을 떼라!

시대에 뒤떨어진 낡은 먹거리 기준으로 무장한 식약처에게 공공급식관리지원센터를 맡기는 것은 위생규제와 안전기준을 지렛대로 공장식 축산과 식품 대기업을 키우는 길이다. 식품 대기업과 축산 대기업에게 우리의 생명을 책임지게 할 수는 없다. 그것은 고양이에게 생선을 맡기는 격이다.

"낡은 먹거리 적폐 세력인 식약처의 포로가 된 국무조정실에 고한다"

지난 15년간 학교급식지원조례 주민발의 운동을 주도한 친환경무상급식풀뿌리국민연대는 락스로 과일을 세척하고 식중독만 일어나지 않으면 된다는 '위생과 안전 중심'의 사고방식이 지배하는 학교 현장을 보며 분노하고 투쟁하였다. 그것은 산업화 시대에나 통할 칼로리 영양기준과 위생기준만을 잣대로 하는 식약처의 낡은 먹거리 기준과의 투쟁의 역사였다. 건강한 식재료가 건강한 식단의 기본이고, 그것은 건강한 농업으로부터 비롯된다는 역사적인 인식의 발전을 이루어 왔다.

국무조정실의 〈식품안전 종합대책〉은 역사의 시계를 15년 전으로 돌려놓은 듯 참담한 심정이다. 총51회의 회의와 민의를 수렴했다는데 어찌 250개 단체로 구성된 국내 최대 먹거리 시민단체인 '친환경무상급식풀뿌리국민연대'에게는 단 한 번의 문의조차도 없었다는 것은 충격이 아닐 수 없다.

"우리에게 들어야 할 촛불이 아직 남아 있음을 실감하며 엄중하게 요청한다"

우리는 촛불정부의 힘을 믿는다. 국무조정실은 우선 졸속 대책을 폐기하고 먹거리 시민단체의 의견수렴부터 나서라! 그리고 진정한 종합대책으로 농업과 농촌과 환경과 생태와 건강의 관점이 영양과 위생기준 강화와 어우러진 비로소 진정한 〈식품안전개선 종합대책〉을 만들 것을 촉구한다.

〈국무조정실에 대한 우리의 요구〉
○ 농업과 농촌이 빠진 졸속 식품안전대책 철회하라!
○ 식약처는 먹거리 적폐 청산하고 공공급식에서 손을 떼라!
○ 위생과 안전기준에서 지속가능한 먹거리기준으로 〈식품안전 종합대책〉 전면 개편하라!

2018년 1월 23일
친환경무상급식풀뿌리국민연대

22만 명 국민청원에 응답하라!
지방선거 출마자들은 행복한 급식·안전한 먹거리
지방선거 5대 공약 채택하라!
청와대는 GMO 완전표시제, GMO 없는 급식으로 답변하라!

친환경무상급식풀뿌리국민연대(이하 '급식연대')는 오는 6월 13일 지방선거를 맞이하여 행복한 급식·안전한 먹거리를 위한 지방선거 5대 핵심 공약을 제안합니다. 그동안 15년간 급식연대는 "아이들에게는 건강을, 농민에게는 희망을" 이라는 목표를 세우고 친환경무상급식 운동을 이끌어 왔습니다. 그 결과 학교급식에서 수입 저질 식재료를 퇴출시키고 친환경 우수농산물을 지원하는 지방 조례를 대부분의 광역 및 기초단체에서 만들어 냈습니다. 또한 2018년 현재 대구, 경북을 제외한 전 지역에서 중학교까지 무상급식을 완성시켰습니다. 더 나아가 강원, 인천, 전남, 전북, 광주, 세종, 경기도 일부 기초단체에서는 고등학교까지 무상급식을 실현시켰습니다.

이번 제7회 지방선거에서도 학교급식과 먹거리 문제는 시민의 삶과 밀접한 의제로서 다시 한 번 주목 받을 것을 확신합니다. 우리는 시민 전반의 건강과 지방자치 민주주의를 위한 보편적 요구로 발전시켜 내고자 합니다. 학교급식을 넘어 공공급식과 시민 모두의 안전한 먹거리, 삶의 질 향상을 위해 나서고 있습니다.

우리는 지방선거 5대 공약으로 다음과 같이 제시하고 출마한 모든 후보들이 공약으로 채택해 줄 것을 촉구합니다. 급식연대 차원에서는 각 중앙정당 정책위원회에 제안하여 각 정당의 입장을 모으고 각 정당 후보의 중요 공약으로 채택할 것을 제안합니다. 아울러 각 지역 급식운동본부는 교육감, 단체장을 포함한 출마 후보들에게 공약을 제안하고 적극적으로 정책협약을 추진할 예정입니다. 5대 공약은 다음과 같습니다. 자세한 내용은 첨부 자료로 대신합니다.

첫째, 고등학교까지 친환경무상급식 확대 실시를 제안합니다.
둘째, 방사능·GMO로부터 안전한 급식 실현을 제안합니다.
셋째, 지역 푸드플랜(먹거리종합계획)과 먹거리위원회 운영을 제안합니다.
넷째, 공공급식 전면 확대를 제안합니다.
다섯째, 학교 및 공공급식을 위한 지역먹거리통합지원센터 설립·운영을 제안합니다.

마지막으로 지난 3월 12일부터 4월 11일까지 급식연대를 포함한 57개 단체가 시민청원단을 구성하여 추진한 GMO 완전표시제와 학교급식 GMO 퇴출 청와대 국민청원을 성사시켰습니다. 국민 216,886명이 참여하여 뜨거운 관심과 요구를 표현하였습니다. 조만간 청와대는 책임 있는 답변을 제출해야 합니다. 우리는 이미 대통령선거 공약과 정책협약으로 GMO 표시 강화와 GMO 없는 학교급식을 약속 받은 바 있습니다. 이제 청와대가 적극적으로 수용하고 이행하겠다는 답변을 촉구합니다. 각종 식품회사 및 GMO 수입 이해 관계자에 의해 허위 정보와 압박이 있지만, 대통령선거에서 약속한 대로 오로지 우리 아이들과 국민만 믿고 약속을 이행할 것을 강력히 촉구합니다.

2018년 5월 3일
친환경무상급식풀뿌리국민연대

교육부는 문제 많은 엉터리 급식시스템 강행을 철회하라!!
"일단 사용하면서 문제점을 시정해 나가자"는 교육부 입장?
학생의 건강과 직결된 급식은 실험 대상이 돼선 절대로 안 된다!!

오늘 우리 급식운동단체와 학부모단체 등은 학생들의 건강과 직결된 새 학교급식 시스템의 문제점을 알리기 위해 절박한 마음으로 민의의 전당인 국회에 왔습니다.

교육부는 지난해 2019년 11월에 「나이스 신규 급식시스템」 적용을 강행하기 위해 당시 학교에서 사용하고 있던 나이스 급식시스템의 사용을 중단시켰습니다. 새 급식시스템의 여러 가지 문제는 전혀 해결되지 않았고, 시스템의 편의성도 제대로 개선되지 않은 채 교육부는 일방적으로 「나이스 신규 급식시스템 사용을 밀어붙이고 있습니다.

교육부가 급식시스템을 개편하는 이유는 '전국 학교급식 식재료 규격을 표준화하고 우수한 식재료 사용 기반을 마련하기 위해서'라고 설명하였습니다. 그러나, 개발목적과 달리 식재료는 표준화되지 않았습니다. 그리고 데이터 오류도 신규 급식시스템과 농촌진흥청의 '국가표준식품성분표'의 식품명과 코드명이 달라 영양량 오류 발생의 우려가 있습니다. 이에 따라 영양량 제로인 식품도 55종이나 존재하는 등 문제가 매우 심각합니다. 또한 학교급식에서 사용하지 못하는 식품들이 대거 등재되기도 하였습니다. 알레르기 식품에서는 식품의약안전처의 국가식품정보통합망을 통한 알레르기 유발 식품 정보가 제공되지 않아 오류가 많고, 영양(교)사 개개인이 일일이 입력 작업을 해야 하는 등 그야말로 비효율적인 시스템으로 확인되었습니다.

이렇듯 시스템 시행도 되기 전부터 문제가 계속 드러나고 있습니다. 여기에 더해 학교 영양(교)사들이 쌓아온 공동요리 700여 개의 정보도

새 시스템에는 이전되지 않았습니다. 신규 교사들이 배치된 학교 또는 신규 급식학교에서는 제대로 된 급식 운영이 불가할 만큼 신규 급식시스템의 도입으로 학교가 수년간 애써 쌓은 자산인 식품정보와 요리정보를 한순간 초기화시킴으로써 영양교사의 전문성이 상실되는 결과가 초래되었습니다.

오죽하면 영양(교)사들이 소속된 한국식생활교육연대와 전국교직원노동조합이 1년 동안 수차례 문제제기를 하고 지난 2019년에만 '불완전한 나이스 신규 급식시스템 철회'를 요구하는 서명에 1차(3월, 4천여 명), 2차(11월, 4천 5백여 명)에 걸쳐 현장 영양(교)사들이 참여하였습니다.

영양(교)사들이 새 급식시스템의 여러 가지 오류를 계속 제기해 온 이유는 다음과 같이 학교급식은 학생 건강에 막대한 영향을 미칠 수 있기 때문입니다.

첫째, 식단 작성에 필요한 기본적인 정보 값인 식품 영양정보, 식품 폐기율, 알레르기 정보가 식품공통코드표준화에 실패함으로써 올바른 정보가 입력되지 못하기 때문입니다. 영양(교)사들은 신뢰할 수 있는 영양소를 학생들에게 제공하기 어렵고 특히 알레르기가 있는 학생은 먹을 수 있는 음식이 없는 것으로 나타났기 때문입니다. 이런 심각한 상황을 누가 책임져야 합니까?

둘째, 그동안 영양(교)사, 영양사가 연구·개발하여, 기존 급식시스템에 내재돼 있는 요리정보 및 급식운영 정보가 연동되지 않고 모두 초기화됨으로써 그 방대한 정보를 일일이 다시 입력해야 하는 상황이 발생했습니다. 그리고 여기에 소요되는 엄청난 인력과 시간은 영양(교)사로 하여금 식단을 생산하는 작업 관리, 위생 관리와 안전 관리를 제대로 할 수 없게 만드는 결과를 초래할 수밖에 없습니다.

　이것은 결과적으로 질 좋은 식단 생산 실패, 위생 관리 실패, 안전관리 실패로 이어질 수 있고 이는 급식 만족도 하락 및 음식물쓰레기 증가, 식중독 사고, 작업자 안전사고로 이어질 수 있는 여러 위험에 심각히 노출되는 악순환으로 이어질 수 있습니다. 이는 교육부가 그동안 추구해 온 학교급식 정책 방향에도 명확히 배치되는 것입니다.

　교육부는 이러한 여러 가지 문제제기에 대해 시인을 하면서도 우선 시행을 하면서 수정해 나가겠다고 계속 고집하고 있습니다. 유은혜 교육부 장관은 이런 상황을 제대로 알고 있는지 의구심이 들 정도입니다.

　학생 건강과 직결된 학교급식은 결코 실험 대상이 되어서는 안 됩니다. 여러 문제가 이미 확인되었다면 또한, 앞으로도 문제가 계속 드러날 것이 분명하게 예상된다면 이를 바로 잡고 시스템 검증이 완료된 후에 사용을 해야 하는 것은 너무나 당연합니다.

[우리의 요구]

엉터리 신규 급식시스템의 강행을 철회하라!

1. 교육부는 신규 급식시스템 적용을 전면 재검토하고 그동안 축적한 급식자료 활용방안을 학교 현장과 소통하여 시급히 마련하라!!
2. 교육부는 2020년 학교급식에 구 급식 프로그램을 사용할 수 있도록 당장 재가동하라!!
3. 교육부는 지금의 신규 급식시스템을 완벽히 보완하여 2022년 4세대 나이스부터 적용하라!!
4. 학교 현장 및 급식운동 진영과 원활한 소통과 협의를 위하여 빠른 시일 내(2월 초) 교육부 장관과의 공개 간담회 자리를 마련하라!!

이상의 요구가 받아들여지지 않을 시 학교급식 파행의 모든 책임은 일방적으로 강행한 교육부에 있음을 명확히 밝힙니다. 우리 학교급식 운동 단체, 학부모 단체와 영양(교)사들은 문제가 해결될 때까지 계속 투쟁할 것임을 전국의 학생과 학부모 앞에 단호하게 천명합니다.

2020년 1월 30일
(사)참교육을위한전국학부모회, 친환경무상급식풀뿌리국민연대,
한국식생활교육연대, 전국교직원노동조합, (사)희망먹거리네트워크,
정의당먹거리특별위원회

서울시교육청의 희망급식바우처에 대해 깊은 우려를 표명한다.
결식아동에게 편의점 음식을 제공하는 것이 과연 교육적인가?

서울시교육청은 코로나 장기화로 인한 원격수업으로 인해 결식아동
이 발생할 것을 우려해 1인당 10만원의 제로페이와 모바일포인트를
제공하여 편의점에서 도시락, 과일, 우유, 샌드위치 등을 구입할 수 있
도록 하겠다고 밝혔다.

서울 초중고생 85만명 중 56만명에게 희망급식바우쳐를 시행하고
이에 들어가는 예산 560억은 교육청, 서울시, 자치구가 5:3:2로 부담
할 예정이라고 한다.

코로나 장기화로 인해 학교급식이 축소 또는 중단되고 가정에 머무
르는 학생들이 발생한 것은 작년 3월부터이다. 그 사이에 여러 가지 학
교급식 대안들이 제시되었다. 하지만 교육부와 교육청은 아직도 재난
시기의 급식 방안에 대한 매뉴얼도 없는 상태이다. 작년부터 학부모들
은 급식이 중단되어 많은 곤란을 겪었고 학교급식에 공급하기 위해 친
환경농산물을 생산한 농민들은 엄청난 어려움에 처했다. 이른바 급식
대란에 속수무책인 상황이다.

이번에 서울시교육청에서 결식학생 대책으로 편의점 상품을 구입하
도록 한 정책은 그 취지를 감안하더라도 여러 가지 문제가 있다는 것을
지적할 수밖에 없다.

첫째, 서울시교육청은 이런 희망급식바우처를 시행하면서 학부모,
학교당국, 친환경생산자, 급식전문가 등 급식 관련 주체들의 의견을 제
대로 수렴하였는가? 교육부에서 등교하지 않는 학생들에 대한 탄력적
인 급식 방안을 검토한 바는 있지만 교육청에서 급식 정책을 시행하는
과정에 교육주체들의 의견을 수렴하는 과정이 없었다는 점은 분명한
문제이다.

둘째, 학교급식은 친환경무상급식으로 추진되고 이에 따라 친환경 생산농가 등과 계약재배 등을 통해 안정적이고 안심할 수 있는 급식공급 체계를 운영하여 왔음에도 이런 틀이 일시에 무너졌다는 점이다. 과연 행정의 편리성만으로 급식 정책을 시행한다면 10년 넘게 어렵게 구축해 온 친환경 생산농가와의 신뢰와 공급 구조는 어떻게 할 것인가? 이런 면을 고려하지 않고 편의점 상품 구입으로 결정된 점은 심각한 문제이다.

셋째, 편의점 상품 구입 바우처 정책은 학생들의 건강한 급식, 올바른 식습관 형성 등 학교급식의 목적과 배치되는 점에서 철회되어야 할 것이다. 편의점에서 구입할 수 있는 식품들은 대부분 화학식품첨가물, GMO 카놀라유 등이 들어 있는 경우를 쉽게 확인할 수 있다. 그래서 결식아동의 건강을 생각한다면 더 세심한 고려와 노력이 필요하다.

친환경무상급식풀뿌리국민연대와 서울먹거리연대는 유초중고 학생들의 건강한 급식을 위해 많은 노력을 기울여 왔으며 코로나 재난과 학교급식 중단사태가 길어지는 상황에서 학교급식 차원에서도 재난 대응 매뉴얼이 필요하다는 점을 계속 강조해 왔다. 이를 위해 국회 및 정부, 지방자치단체 차원에서 법 개정 및 대책 마련의 노력을 촉구했다.

작년에는 임시방편으로 코로나 가정꾸러미 배달을 시행하기도 했다. 하지만 이것으로는 부족하다. 누차 강조했듯이 재난상황에 대처할 수 있도록 법 개정과 대응매뉴얼 마련이 추진되어야 할 것이다. 이 과정에서 학부모, 급식종사자, 전문가, 친환경생산자 등 학교급식 주체들의 의견이 수렴될 수 있도록 투명하고 민주적인 논의 과정이 반드시 마련되어야 할 것이다.

2021년 5월 18일
친환경무상급식풀뿌리국민연대, 서울먹거리연대

학교급식 노동자 산재사고는 노동환경이 열악하기 때문입니다.
영양교사에게 급식실 안전 책임 업무를 전가해서는 안 됩니다.

학교급식 노동자 산재사고는 교육감과 학교장의 책임입니다.

최근에 전국의 시·도교육청에서 학교급식 노동자들의 산업안전 관련 업무 책임을 영양교사에게 맡기려고 시도하고 있어 논란이 불거지고 있습니다. 학교급식 업무 중에 산업재해가 많이 발생한다는 이유로 고용노동부는 산업안전보건법 고시를 개정하였고 사업주를 시·도교육감으로 상정하였습니다.

문제는 산업안전 업무를 책임지는 교육감(교육청)이 별다른 대책도 없이 영양교사를 학교 현장의 업무담당자로 지정하여 관련 업무를 떠넘기고 있다는 점입니다. 이는 학교급식의 산업안전 문제를 교사 1인에게 책임 지우려는 것으로 매우 무책임한 조치라고 규탄받아 마땅합니다.

학교급식 노동자 열악한 노동환경 개선이 필요합니다.

교육부 자료에 따르면 최근 3년간(2018~2020학년도) 학교 안에서 일어난 산업재해 발생 건수 2,338건 중 조리 종사원에게 발생한 재해는 무려 1,950건(83.4%)에 달한다고 합니다. 구체적인 재해 발생 사유도 '이상 온도 접촉'과 '넘어짐'이 각각 478건, 541건으로 가장 많았습니다.

이처럼 학교급식실에서 유독 산재사고가 많은 이유는 학교급식실 노동자들의 노동환경이 매우 열악하기 때문입니다. 재해 발생을 예방하고 차단하는 작업환경을 조성하는 것은 기본이며 지금처럼 조리 노동자 1인이 담당하는 과다한 학생 수도 대폭 개선해야 합니다. 이런 문제를 해결할 책임은 분명 교육청에 있으며 학교 현장의 책임은 학교장에게 있습니다. 따라서 교육부와 교육청은 학교급식실 노동환경 개선을 위한 중장기 대책을 조속하게 수립하여야 할 것입니다.

행복한 학교급식은 행복한 노동에서 나옵니다.

전국적으로 친환경무상급식이 시행되는 등 우리나라 학교급식은 짧은 기간에 많은 개선이 되었습니다. 그렇지만 학교급식에 종사하는 노동자들의 노동환경 개선은 더디기만 합니다. 학교급식이 더 안전하고 질 높은 급식이 되기 위해서는 급식실에서 일하는 노동자들의 열악한 노동조건이 개선되어야 합니다.

지금도 영양교사와 급식노동자들이 과다한 업무에 시달리고 있는데 급식실 안전에 대한 업무를 해당 노동자들에게 떠넘긴다면 안전사고가 줄어들지 않을 것이 뻔합니다. 새로운 인력 배치 등이 중요한 이유입니다. 정규직에 비해 비정규직 산재 사망사고가 10배인 이유는 열악한 환경의 노동자들은 상대적으로 안전하지 않기 때문입니다. 따라서 학교급식 노동자들의 행복한 노동조건을 만드는 일에 교육부와 교육청이 더욱 적극적인 노력을 기울여 줄 것을 강력하게 촉구합니다.

2021년 7월 22일
친환경무상급식풀뿌리국민연대

"대통령이 안 하니, 국민이 한다!!"
일본산 모든 수산물 수입금지 및 방사능 식재료 금지,
학교급식법 개정을 요구한다!!

우리 국민과 세계 시민들은 후쿠시마 핵오염수 해양투기를 강력히 반대하며, 일본 육지에 안전하게 보관할 것을 요구하였다. 또한 국민의 힘을 모아 대한민국 윤석열 대통령에게 핵오염수 해양투기에 대한 반대를 표명하고 국제해양재판소 제소 등 '할 일'을 할 것을 촉구했다.

하지만 일본은 세계인의 바램에도 불구하고 무도하게 핵오염수를 바다에 방류하였다. 일본은 세계시민의 생명과 안전을 깡그리 무시하고 자국 중심, 자본 중심의 만행을 저지른 것이다. 생명과 안전에 대한 일본의 새털같은 가벼운 인식은 모두 자본의 이익과 자국의 이익만을 고려한 거대한 야만일 뿐이다.

일본에 바다를 맞대고 있는 대한민국 대통령 윤석열 정부의 행태는 더욱 기가 차다. 허약한 정권을 지키겠다는 일념으로, 미·일·한 군사동맹과 퍼주기식 외교로 인해 국민의 생명과 안전은 희생을 반복하고 있다. 해양투기에 대해서도 방조·묵인을 넘어, 국민혈세를 들여 일본을 대변하는 반국민적, 반생명적 행태를 보이고 있다. 우리를 더욱 분노케 하는 것은 '찬성,지지'는 아니라고, 하급 관료를 통해 입장을 표명하는 무책임과 무능함이다.

더구나 윤석열 정부에서 벌이고 있는 해괴한 먹방 퍼포먼스는 분노를 넘어 자괴감마저 던져주고 있다. 대통령이 정부 관료들과 수산물 회식을 하고, 대기업과 급식업체에 수산물 구매를 강압하는 상황은 도대체 어느 나라 대통령과 정부인지 묻지 않을 수 없다. 자신에 반대되면, 바른말을 해도 공산당, 전체주의세력이라 해묵은 공작정치와 괴담이라고 몰아붙이는 처사는 몰염치의 끝판 왕이다.

우리는 윤석열 정부가 국민을 상대로 벌이는 기이한 온갖 행위의 중단과 그 해악을 규탄하며, 국민의 생명과 안전을 책임지는 정부에 다음과 같이 요구한다.

첫째, 우리는 일본산 모든 수산물 전면 수입 금지를 촉구한다.

정부는 후쿠시마 수산물 수입 재개는 없다 하지만, 사실상 핵오염수 해양투기를 용인한 정부가 얼마나 버틸지 의구심이 든다. 우리는 일본산 모든 수산물의 전면적인 금지를 강력히 촉구한다. 아이들과 건강 취약층뿐만 아니라 전 국민 모두의 안전과 건강을 위하여 단호히 추진해야 할 것이다. 아울러 일본산 수산물의 국내산 둔갑을 방비하기 위한 수산물 유통 이력추적제 확대 강화 등에 대해서도 서둘러 시행하여야 할 것이다. 나아가 비용절감을 목적으로 핵오염수를 인류의 바다에 투기한 일본은, 그 경제적 대가에 책임을 가져야 할 것이다..

둘째, 우리는 방사능으로부터 오염된 식재료 사용을 근절시킬 수 있는 법제도 정비를 촉구한다.

오는 9월이면 정기국회가 시작된다. 현행 학교급식법을 포함한 먹거리 관련 법에 방사능으로부터 오염된 식재료를 사용할 수 없도록 법을 개정하고 방사능 식재료 방지를 위한 법 제정을 촉구한다. 지방자치단체는 이미 여러 지역에서 제정된 방사능 식재료 방지 조례를 전면 추진하여 실질적 제도를 수립하여야 할 것이다. 단위 학교와 각 공공급식 단체에서만의 노력으로 방사능 식재료를 막아 낼 수는 없다. 국가와 지방정부의 시스템을 가동하여 방사능 식재료 사용을 근절할 것을 촉구하며, 국회는 이번 정기국회에서 빠른 시일 내 법제도를 정비할 것을 촉구한다.

셋째, 학교급식지원센터 또는 공공급식지원센터를 통한 공공조달과 역할을 강화하라!

이미 전국에 100개의 급식지원센터가 활동하고 있다. 공적 활동을 확대 강화하여 우리의 미래인 아이들과 건강 취약층의 안전과 건강을 책임질 것을 촉구한다. 급식지원센터를 통하여 방사능 식재료 방지를 위한 활동도 높여 낸다면 신속한 대응 태세를 마련할 수 있을 것이다. 지금은 모든 먹거리 관련 기관이 나설 때이다.

우리는 다시 한 번 후쿠시마 핵오염수 해양투기가 중단될 때까지 끝까지 맞서 나갈 것을 밝힌다. 세계시민과 연대해서 다시는 재앙적인 방사능 물질이 식탁에 오르지 못할 수 있도록 함께 대응할 것을 강력히 천명한다.

2023년 8월 31일
전국먹거리연대 , 환경농업단체연합회,
친환경무상급식풀뿌리국민연대, GMO반대전국행동, 함께 연대하는
단체 등

제20대 국회 개원에 즈음한 친환경무상급식풀뿌리국민연대의 입장
제20대 국회는 민생 최우선 법안으로 학교급식법을 개정하고,
아이들의 행복한 밥을 책임지는 국회가 되길 바란다

우리는 제20대 국회 출범을 축하하며, 국회가 희망을 만들어 내는 민생 살림의 국회가 되길 바란다. 특히, 행복한 밥을 책임지는 국회가 되어야 한다. 제19대 국회에서 보여 주었던 무능함과 무책임이 반복되지 않기 위해서는 총선에서 나타난 민심을 무섭게 새겨야 될 것이다.

지난 총선 과정에서 모든 야당은 안정적 친환경무상급식 확대 중앙정부(교육부) 예산 지원과 공공급식 조달시스템 마련을 위한 학교급식법 전면 개정 방사능·GMO·화학첨가물 등으로부터 안전한 급식을 위한 제도 보완을 약속하였다. 그 결과 20대 국회는 이를 찬성한 정당 소속의 국회의원들이 대거 당선되어 여소야대 국회를 만들어 냈다. 너무도 당연한 결과였다. 이제는 국회의원들이 약속을 이행하고 실천할 순서이다.

우리는 지난 4년간 줄기차게 학교급식법 개정을 위해 노력했으나, 19대 국회에서는 한걸음도 나가지 못하고 폐기됐다. 무상급식이 이미 75% 가까이 실시되고 있는 상황임에도 불구하고 중앙정부는 여전히 아무런 책임을 지지 않고 모르쇠하고 있다. 그 결과 오세훈 전 서울시장, 홍준표 경남도지사와 같이 지역자치단체장의 의지에 따라 커다란 혼란을 반복하거나 지역별 편차를 드러내고 있다. 이러한 혼란으로 우리 아이들은 눈치를 봐야 하고 학부모들은 거리에 나서야 하는 소모전

을 벌이고 있다. 모든 해결의 시작이자 답은 학교급식법 개정이다.

세월호 참사와 더불어 최근 국민을 분노케 하는 옥시 등 부도덕한 기업에 의한 가습기 살균제 피해에서도 확인되었듯이 국민의 안전과 생명에 대해 안일한 모습은 더 이상 용납될 수 없다. 특히, 자라나는 아이들의 건강에는 그 무엇보다 높은 경각심을 가지고 살펴야 한다. 방사능, GMO, 각종 첨가물 등이 우리 아이들의 건강을 해치지 않도록 제도 보완이 시급하고 절실하다.

이제, 새로운 국회가 개원되었다. 아이들에게 행복한 밥을 책임지는 것은 지체할 수 없는 문제이고, 여야가 따로 있을 수 없다. 따라서 제20대 국회는 최우선 법안으로 학교급식법을 개정하여 우리 아이들의 안심, 안전, 행복한 밥을 책임지는 국회가 되길 바란다. 우리 아이들에게서 시작한 행복한 밥은 청년의 밥, 어르신의 밥, 사회적 소수자의 밥을 비롯한 모든 국민의 행복한 밥으로 발전할 것이다. 그 멋진 발전을 기대한다.

2016년 5월 30일 제20대 국회 개원에 맞춰
친환경무상급식풀뿌리국민연대 (상임대표: 박인숙, 진헌극)

학교급식 비리, 식중독 사고에 무능한 정부의 각성과
근본대책을 촉구한다!

무더운 날씨에 개학철과 맞물려 발생한 학교급식 식중독 사고와 최근 경찰 수사로 밝혀진 급식업체의 입찰 비리를 보면서 국민들은 경악을 금치 못한다. 우리아이들에게 안전하게 안심할 수 있는 좋은 먹거리를 제공해야 할 학교급식이 식중독 사고와 이윤 추구의 급식 비리로 얼룩져 있는 상황은 참담할 따름이다.

학교급식 식중독 사고와 급식 비리는 학교급식에 대한 교육당국의 무사안일, 학교급식 식재료 공급 및 검수 등에 대한 안전 불감증, 학교급식 운영 과정에 대한 학부모, 학생의 참여 부족 등이 원인이다.

대전 봉산초 부실 급식은 학부모들의 급식에 대한 민원이 어떻게 철저히 무시되는지를 단적으로 보여 주었다. 용인의 학교급식업체와 영양사간의 유착 비리는 정규교사가 아닌 비정규직 영양사가 급식 비리에 매우 취약함을 보여주었다. 급식업체의 입찰 비리는 현재 경쟁입찰 시스템의 허술함을 단적으로 보여 주었다.

급식운동 시민단체와 국회의원, 전문가들이 지적하듯이 학교급식의 산적한 문제들의 가장 큰 책임은 학교급식 당국, 특히 교육부의 무사안일에 있다. 학교급식 개선에 대한 전문성도 없고 담당할 인력도 없고 예산도 없으니 근본적인 대책도 관리 방안도 나올 수가 없는 구조이다.

학교급식 문제 해결을 위해서는

첫째, 정부가 행정, 재정적인 책임을 회피해선 안 된다. 700만 명에 가까운 유초중고 학생들의 건강과 교육의 문제를 왜 적극적으로 책임지지 않으려 하는지 도무지 이해하기 어렵다. 예산은 곧 정책의지의 표현이다. 의지가 없으니 예산도 없는 것이다.

둘째, 학교급식 조달 시스템을 근본적으로 개혁해야 한다. 현재 입찰 시스템은 투명성에 근거하여 권장하고 있지만 그 허점이 적나라하게 드러났다. 입찰업체가 마음만 먹으면 사기를 칠 수 있는 구조이다. 학교에서 어쩔 도리가 없는 구조이다. 정부가 권장하는 eaT는 전문가들이 지적하듯이 업체와 학교를 연결해 주는 복덕방에 불과하다. 그렇기 때문에 업체 관리가 거의 불가능하다고 비판을 받아 왔다. 대안은 공공조달 시스템이다. 공적으로 학교급식 식재료 공급을 관리해야 한다. 이미 전국의 60여 개 지방자치단체에서는 학교급식지원센터라는 공적인 조달시스템을 운영하고 있는 상황인데 정부는 이런 대안에 대한 검토와 연구도 없는 상황이다.

셋째, 학교급식 운영에 학부모, 학생들이 적극적으로 참여할 수 있도록 하고 식생활교육을 전면적으로 실시하여야 한다. 급식 모니터링과 교육은 허술하기 짝이 없다. 그러다보니 학부모나 학교나 학교급식 문제에 대해 잘 모르고 어떻게 해야 우리 아이들이 건강한 급식을 할 수 있는지도 알 길이 없는 상황이다. 이 문제에 대해서도 교육당국을 질타하지 않을 수 없다. 식생활교육의 중요성으로 식생활교육지원법이 2013년부터 시행되었는데도 교육부는 식생활교육이 얼마나 진행되고 있는지 파악조차 제대로 하고 있지 못하다. 그러다보니 식생활교육에 대한 정책도 부실하다.

넷째, 학교급식에 종사하는 교직원에 대한 문제이다. 학교급식의 안정적인 운영을 위해서는 학교급식 종사자들의 처우가 개선되어야 한다. 현재 10만 명 가까운 학교급식 종사자들은 불안안 고용조건과 열악한 처우에서 일하고 있다. 조리종사원뿐 아니라 영양사들도 마찬가지이다. 이 또한 교육부가 교육청에 내맡겨놓지 말고 정규직인 교육공무직으로 처우를 개선해야 한다. 조리종사원 처우 문제도 식중독 사고가 많은 고등학교가 매우 열악하다. 특히, 고등학교는 2식, 3식을 하는 고강도 노동에 시달리고 있는 현실이다.

이제 더 이상 미뤄서는 안 된다. 국회와 정부는 학교급식의 근본적 개선을 위한 학교급식법 개정과 학교급식 근본 개선에 나서야 한다.

2016년 9월 8일
친환경무상급식풀뿌리국민연대

친환경무상급식 20년 백서 발간 후원회

함께 해주셔서 감사합니다.

강석찬 강은미 강혜승 길도건 김경준 김규태 김남훈 김석순 김선임
김영연 김오열 김정숙 김정택 김홍배 문명우 문재형 문지영 박누리
박미진 박범이 박인숙 박종서 박진도 송정은 신현숙 안산얼쑤 안승문
유정희 윤병선 이두열 이병백 이보희 이원영 전은자 정명옥 조완석
조은래 진헌극 차흥도 채칠성 최낙성 최은순 허태유 허헌중

경기도친환경농업인연합회 광주in아이쿱
농업회사법인(주)네니아(문영진) 두레소비자생활협동조합연합회
상생먹거리광주시민연대 안전한학교급식을위한부산시민운동본부
(재)지역재단 전국교직원노동조합 전국농민회총연맹광주시농민회
참교육을위한전국학부모회 친환경농산물자조금관리위원회
친환경우리농산물학교급식제주연대
평등교육실현을위한전국학부모회 한국친환경농산물가공생산자협회
한국친환경농업협회 한살림연합 한살림생산자연합회
환경농업단체연합회 희망먹거리네트워크

희망으로 일궈 온
친환경 무상급식운동 20년

초판 1쇄 발행 / 2023년 11월 20일

지은이 / 친환경무상급식풀뿌리국민연대
　　　　강석찬 강혜승 구회현 김남훈 김상기
　　　　김선임 김정숙 문명우 박미진 박인숙
　　　　소희주 신인순 신현숙 유정희 윤병선
　　　　이두열 이보회 이성아 이용기 이원영
　　　　정명옥 진헌극 허헌중
감　수 / 김정택 허헌중
펴낸이 / 윤미경
펴낸곳 / 도서출판 다인아트
　　　　출판등록 1996년 3월 8일 제87호
　　　　인천광역시 중구 제물량로232번안길 13
　　　　tel. 032+431+0268 / fax. 032+431+0269
　　　　e-mail. dainartbook@naver.com

ISBN 978-89-6750-150-1 (03370)